李镇西校长手记

Lizhenxi Xiaozhang Shouji

好的管理莫过于示范

李镇西 著

长江出版传媒 长江文艺出版社

图书在版编目（ＣＩＰ）数据

李镇西校长手记：好的管理莫过于示范 / 李镇西著
. -- 武汉 ：长江文艺出版社， 2017.9 （2018.4 重印）
（大教育书系）
ISBN 978-7-5354-9695-9

Ⅰ. ①李… Ⅱ. ①李… Ⅲ. ①中小学－校长－学校管
理－研究 Ⅳ. ①G637.1

中国版本图书馆 CIP 数据核字(2017)第 109834 号

责任编辑：黄海阔　　　　　　　　　　责任校对：陈　琪
封面设计：周　佳　　　　　　　　　　责任印制：邱　莉　　王光兴

出版：　长江出版传媒　　长江文艺出版社

地址：武汉市雄楚大街 268 号　　　邮编：430070
发行：长江文艺出版社
电话：027—87679360
http://www.cjlap.com
印刷：武汉市首壹印务有限公司

开本：710 毫米×970 毫米　　　1/16　印张：19　插页：1 页
版次：2017 年 9 月第 1 版　　　　2018 年 4 月第 2 次印刷
字数：258 千字

定价：36.00 元

教育为谁（代序）

有人说："我们走了很远，却忘记了为何出发。"这话同样适用于对教育目的的思考。为什么要做教育？或者说，教育是为了什么？在这个问题上，我感觉多年来我们的思路是有问题的。

比如我经常看到这样的教育会议通知或什么教育活动的方案，开头往往这样写："为了贯彻落实教育部最近颁发的教育中长期发展规划，我们特举行这次活动……""为了贯彻落实×××领导在全国教育工作会议上的讲话精神，我们特召开这次……""×××领导最近指出……为了进一步落实×××领导的讲话精神，我们特……"当然，最近的教育会议通知一定会加上"为了实现伟大中国梦"之类的表述。总之，给人的感觉是我们之所以要搞教育，就是为了教育部，为了×××领导。当然，党和国家领导人关心教育，这对促进教育发展具有重要意义。但教育本身并不是为了党和国家领导人，也不是为了上面任何一个领导人。因为教育已经有几千年的历史了，有没有×××领导，我们的教育都一直在发展。

还有的学校搞这样"教改"，那样"创新"，这个"特色"，那个"品牌"，是为什么呢？有校长对我说，是为了扩大学校影响，提高学校知名度和美誉度。我想继续追问，你扩大影响提高知名度和美誉度又是为了什么呢？当然我没问，因为我不想让人家难堪。但我心里很清楚，有的校长口口声声说"办人民满意的教育"，实际上他一心追求的是办"局长满意的教育"和"媒体关注的教育"。那么，我还是要问这个朴素的问题：学校的一切行为，究竟是为了什么？

我想到台湾作家张晓风，一次她送儿子去学校，当儿子向她告别后，她看着儿子走进校园的背影渐行渐远，感慨万千。回到家里，写下一篇散文，题目是《我交给你们一个孩子》，其中有这么一段话："世界啊，今天清晨，我交给你们一个欢欣诚实又颖悟的孩子，多年以后，你将还我一个怎样的青年？"这最后一句发问，敲击着每一个有良知的教育者的心。我们的所有教育行为，不都是为了回答这位母亲的发问吗？

也就是说，我们的教育就是为了千千万万母亲的孩子，就是为了我们每天面对的每一个孩子。这就是我们教育朴素的起点，我们的教育就是从这里出发的。

最近几年我一直思考并努力践行朴素的教育。比如，你们看到我们校园里，没有口号，没有标语，甚至许多学校有的什么"校风""教风""学风"之类的都没有。也没有任何我陪领导人视察学校的照片，没有领导人的题词，等等。我就想让学校朴素朴素再朴素，因为教育本来就应该是朴素的。

但我们现在的教育实在是太喧嚣，太华丽。有的校长脑子里想的总是"彰显特色""打造品牌""提升形象""扩大影响"……做了一点点事，都要找来媒体大肆炒作。而且校园越来越不宁静。前几年，某报曾经将我们学校设为教师培训基地，所以经常有外地老师前来参观培训，一时间几乎每天学校都很热闹。我越来越不安，越来越觉得这样做远离了教育的朴素与起点，再加上我们学校本来就还没有取得足以让全国各地同行前来"学习""取经"的成就，于是，我果断终止了这种培训，撤销了培训基地，这得到了该报的理解。去年我公开发表声明：成都市武侯实验中学谢绝任何人前来"学习"，也不接待任何参观。我想让学校回归学校，学校毕竟不是超市不是商场。今天我校接待在座各位是个例外，因为那年我校缺老师，我向阆中市教育局局长求援，汤局长马上给我派来优秀老师。这个情不能不记，所以今天破例接待大家。

现在有的学校热衷于"特色""品牌"之类，我很反感。首先声明，我从不反对学校有特色，我以前任教过的成都石室中学，一进去就感到与众不同，那种氛围，那种气息，就是特色。但现在好多学校的所谓"特色"都是假特色。找几个专家来帮着"总结""提炼""梳理"，于是几个关键词出来了，特色诞生了。要我说，这些"特色"纯粹就是拿来做展板用的，拿来做招生宣传用的，拿来迎接上级检查验收用的，拿来写汇报材料用的……和学生一点关系都没有！和学生一点关系都没有的东西拿来有什么用？说什么"特色立校"，难道没有"特色"学校就"立"不起来吗？这是什么逻辑！

我记得去年一位领导到我校调研，我陪着他转校园，他一边走一边问我："李校长，你们的学校有什么特色没有？"我不假思索地回答："没什么特色呀。"他看了我一眼，好像不太明白我的意思："咦？你怎么会没有特色呢？"我也问他："咦？我怎么会有特色呢？"我解释说，"我们学校才办几年，而形成特色是需要长期实践积淀的。再说，我现在也没想那么多的什么特色，就想让我们的老师认认真真上好每一堂课，认认真真教好每一个学生，认认真真带好每一个班。我呢，认认真真帮助每一个老师成长，就可以了。真正把这四点做好了，学校就算没有特色，又有什么关系？特色是拿来做什么的？"这位领导对我的说法深表认同。

我当时还说，叶圣陶好像说过，教育是农业。那么农业是什么呢？就是该松土就松土，该播种就播种，该除草就除草，该施肥就施肥……一切都顺应庄稼生长的规律，而且每年都重复做同样的事。不会一年一个新花样，一年一个"创新"之类。试想，如果一个农民扛着锄头来到田边，插个牌子，上面写着："我今年要种一亩有特色的庄稼！"我的天！这样的庄稼，谁敢吃？教育也是这样，每年都做那些事——无非就是备课呀，上课呀，批改作业呀，等等。把这些事做好了，这学校不挺好的吗？成天想着"特色"干什么？

何况，现在有的学校所声称的"特色"其实也不是特色。比如，有的学校舞蹈项目很突出，还在全国获奖，于是他们就说他们学校有"艺术特色"。其实所谓"艺术教育"只是你的优势项目而已，因为每个学校都在进行艺术教育，只是你做得更好，在这方面更显优势。再比如，我们学校田径运动很突出，学校在这方面取得了很多成绩和荣誉，我们能不能说我们的特色是田径运动呢？显然不能，因为每个学校都在进行这方面的训练，只是我们在这个项目上取得了更多的成绩，有优势，叫"优势项目"，不是"特色"。我认为，所谓"特色"应该是你独有的；如果大家都有，只是你做得好一些，那只能叫你的"优势项目"。

　　我们学校也搞了一些改革，比如课程改革、课堂改革、新教育实验等等。但我们搞这些，不是为了"彰显特色""打造品牌""提升形象""扩大影响"……而是我们感到针对我们学生的实际情况，需要这样做。也就是说，我们不是因为别人有"模式"，我们也必须有"模式"，或者为了树一面所谓的"旗帜"，或者为了"在当代中国教育界发出自己的声音"……这些我统统没想过，我们就是为了我们的学生。学生的需要，就是我们教育的出发点。

　　我所做的一切，都是回到教育朴素的起点，遵循教育常识，面对我们眼前的一个又一个孩子，坚守良知。我知道我的这些声音，很不合现在教育的"主旋律"，我也不可能改变别人的看法和做法。没关系，我从来没有想过要改变世界，我只是努力不让世界改变我。仅此而已。

李镇西
2016 年 9 月 29 日

目 录

第一辑

朴素最美

办适合每一个孩子的教育

正视并尊重孩子之间的差距和差别。符合每一个孩子特点的教育，就是好教育。

一

通常政府给学校提出的要求是："办人民满意的教育！"于是大家都这样说，好多学校还把这句话写在墙上。

可是，我一直对这话有些疑惑：谁是"人民"呢？

几十年来，我们在讲话中，在文章中，在各种场合中无数次使用过"人民"这个词，但这个词太抽象，似乎包括了很多很多人，又似乎谁都没有包括。

既然不好说，那"办人民满意的教育"究竟是要让谁满意呢？

实际上，我们平时在说这句话的时候，心里想的"人民"多半是两类人，一是各级领导，二是学生家长。这样一来，所谓"办人民满意的教育"就成了"办领导和家长满意的教育"。

教育让领导和家长满意一点错都没有——难道我们的教育要让领导和家长不满意吗？对此，不用多说。我想说的是，我们的教育除了让领导和家长满意之外，还有一个群体被我们遗忘了，那就是我们的学生！我们为什么把孩子排除在了满意对象之外呢？是呀，我们每天都在面对孩子上课，可他们是否满意，却不在我们的考虑范围之内。我们喊了那么多年的"一切为了学生""为了一切学生""为了学生的一切"，可是思考办学目标时，眼睛里却只盯着领导和家长，而把孩子忘记了。

所以我觉得，是不是"办孩子满意的教育"要好一些？

当然要好一些，好就好在这样的理念目中有人——学生。我们教育的出发点和落脚点，都应该在孩子身上——他们现在成长的快乐，他们今后生活的幸福……这些都取决于我们每一天的教育。

<h2 style="text-align:center">二</h2>

但是，我琢磨了一下，感觉这句话还不能让我满意。因为很难或者说几乎不可能有一种教育，能够同时让所有孩子满意。凡是教过书的人都知道，面对五六十个学生，一堂课只能照顾大多数，那么，"前面"的少数和"后面"的少数显然就不会满意。再有，根据多元智能，每一个人的智力都属于不同的类型，或者说，不同的人会有不同的智能组合。可现在，我们对所有不同智能的人都开一门课，提出同一个学习目标。这样一来，所谓"办让孩子满意的教育"也成了一句美丽的空话，"看上去很美"而已。

怎样才能真正让孩子满意呢？

我认为，只有适合于每一个孩子的教育，才能让每一个孩子满意。因此，我们提出"办适合每一个孩子的教育"！

问题又出来了：怎么才算是"适合每一个孩子"呢？"适合每一个孩子"的什么呢？

这当然是一个有相当深度和广度的科研课题，如果交给博导或教授们，足以写成洋洋大观的鸿文巨著。我只是一个中学教师，显然不具备高瞻远瞩的战略眼光，也不具备学贯中西的理论素养。但正因为我是一名基层的中学教师，我同样可以朴素地说：正视并尊重孩子之间的差距和差别。符合每一个孩子特点的教育，就是好教育。

必须先承认一个客观事实，那就是人与人之间是有差距和差别的。差距，指的是在同一领域不同的人所呈现出的不同接受能力和通过同等的努力所获得的不同效果。比如，同样是学英语，大家都很努力，但有人事半功倍，有人则事倍功半，这是因为人与人之间在语言学习或者说接受能力上是有差距的。差别，指的是不同人在不同的领域所呈现出的不同智慧或者说天赋。比如，有人学数学很吃力，但作文却特别好；有人则相反，学数学很轻松，而一写作文便痛苦不堪。著名的多元智能理论对此有相当令人信服的解释，这里不再赘述。

所谓"每一个孩子的特点"，通俗地说，就是每一个孩子精神上的独特之处。

三

我所敬仰的苏霍姆林斯基有一句话经常在我耳边回荡，并震撼着我的心灵："共产主义教育的英明和真正的人道精神就在于：要在每一个人（毫无例外的是每一个人）的身上发现他那独一无二的创造性劳动的源泉，帮助每一个人打开眼界看到自己，使他看见、理解和感觉到自己身上的人类自豪感的火花，从而成为一个精神上坚强的人，成为维护自己尊严的不可战胜的战士。……人的充分的表现，这既是社会的幸福，也是个人的幸福。"前几年，我读到了法国前总统萨科齐在 2007 年秋天写给全法教师的一封信，信中有这样几句话："教育就是试图调和两种相反的运动，一是帮助每个儿童找到自己的路；一是促进每个儿童走上人们所相信的真、善、美之路。"

无论是苏霍姆林斯基所说的"帮助每一个人打开眼界看到自己"，还是萨科齐所说的"帮助每个儿童找到自己的路"，都是一个意思：教育必须针对每一个独一无二的孩子，并满足他"自己"无与伦比的精神世界——性格、志向、兴趣、智慧、能力……这方方面面的独特性，都是我们教育者应该也必须关注并满足的。其中任何一个方面，都可能成为"这一个"孩子的精神制高点，成为他一生的自豪所在，让孩子"成为维护自己尊严的不可战胜的战士"！

中国人有一句老话："三岁看大，七岁看老。"但以我几十年教育实践的感受，真还不能简单地以孩子在校时的成绩判断其未来是否"有出息"。每次毕业多年的学生聚会，我总是感慨，当年在班上总有一些孩子属于尖子生，还有一些孩子是中等生，也有一些孩子是学习困难学生，老师虽然嘴上没明说，但心里其实都有"谱"：哪些是聪明的孩子，哪些是笨孩子……可现在，这些

"定位"统统消失了！个个都那么聪明机灵，而且在各自的领域都有出息，包括一些当年成绩不好的孩子，有的成了房地产老总，有的成了大酒店的厨师，有的成了汽修店的小老板，有的成了保险公司的业务员，有的成了电脑维修员……虽然我尽可能地爱每一个孩子，而且我尽量营造一个良好的班风，让孩子们在我的班里尽可能体会到快乐，但是，说实话，对一些孩子来说，这种快乐是有限的。因为应试教育的大背景，因为"唯分数"的评价标准和方式，这些孩子当年在课堂上大多是自卑的，这种自卑实际上抑制了他们自身独有天赋的充分发展，因而他们并没有充分享受成长的快乐，更没有充分体验"人"的尊严。

四

"办适合每一个孩子的教育"，这句朴素的话蕴含着我一直崇尚的"平民教育"价值、"民主教育"精神、"新教育实验"思想和"科学质量观"内涵——

"平民教育"是一种平和朴素的教育，实事求是的教育，从容不迫的教育，是为每一个孩子终身负责任的教育，是陶行知所倡导的"真教育"。"民主教育"坚信，每一个人都有着无可估量的潜能，每一个人不分种族、肤色、性别、家庭背景、经济水平，其天性中都蕴含着发展的无限可能性。"新教育实验"者认为，教育的使命在于塑造美好的人性，进而建设美好的社会；人的完整性首先是建立在善的基础之上的；人应该是完整的，包括他自己个性的完整性；让人成为他自己，一个完整的自己，这才是教育的最高境界。"科学质量观"追求可持续的质量，既要重视学习成绩，也要重视人格塑造、能力培养和全面素质的提高；追求整体的质量，面向每一个孩子，着眼于每一个学生在原有基础上最好的发展；追求和谐的质量，学生的德智体美劳各方面不一定是均衡发展，但一定要协调发展；追求方法、过程与结果相统一的质量，方法科学，过程快乐，结果理想，让孩子现在就享受幸福。

有必要消除一个可能的误解。"办适合每一个孩子的教育"并非只是对"差生"的教育，绝不排斥对杰出人才的培养。既然是"适合每一个孩子的教育"，理所当然地包括了对"超常儿童"的培养，正因为要"适合每一个"，所以我们应该理直气壮地培养学业优秀的学生，因此我们丝毫不会放松对教学质量的追求。如果一个学校只有少数中考或高考"状元"支撑所谓的"质量"，当然不能算是这个学校教育成功；但如果一个学校不能培养出一大批能够考入重点高中或名牌大学的学生，也是学校教育的失败。我们并不反对"高分学生"，只是反对只盯着"高分学生"而无视其他孩子的教育！

"办适合每一个孩子的教育"并非我的原创，甚至也不是当代任何一位教育家的首倡，它不过是两千多年前孔夫子"因材施教"的白话表述而已。"因材施教"在私塾时代也许容易实现，但随着现代学校的建立并实行班级授课制后，所谓"因材施教"就成了挂在嘴边写在纸上的口号，原因就是"一刀切"的教育，将不同个性的学生捆绑在一起齐步走，这样一来，搞"因材施教"几乎没有了空间与可能。

五

现在我们要真正落实"因材施教"，至少必须在课程、教法和评价上有所突破，大胆创新。以我校为例，我初步考虑进行这样的尝试——

首先从课程入手，在保证国家意志（主要是指完成九年义务教育）的前提下，针对不同学生的个性，开设不同的课程，让每一个孩子学有所乐，学有所得。比如，可不可以建立公共课程（国家规定的基础课程）和选修课程（学校根据学生兴趣与爱好开设的课）相结合的课程体系？我还设想，这个体系的课程可分为四大类。

第一，文化基础类。保持现有的国家规定课程不变，以保证学生九年义务教育的完成，但严格按照国家规定设定每门课的课时（因为现在事实上为了应试，不少学校几乎所有课都加了周课时），以腾出时间安排其他课程。

第二，生活技能类。结合学生生活需要的各类技能型课程，如烹饪、理发、服装设计、礼仪接待等等。学生文化基础差异很大，如果一刀切地考重点高中，显然会让相当一部分学生成为失败者，因此，根据他们的特点，并结合将来的生活需要，有针对性地开设一些生活技能类的选修课，在此基础上，初中毕业前夕甚至可以开办一些职高衔接班，这体现了真正的"因材施教"。

第三，公民教育类。国家新课程培养目标提出了培养合格公民的时代要求，要求学生"具有社会主义民主法治意识，遵守国家法律和社会公德；逐步形成正确的世界观、人生观、价值观；具有社会责任感，努力为人民服务；具有初步的创新精神、实践能力、科学和人文素养以及环境意识"。我们可以通过一系列校内外实践活动，对学生进行包括理解民主的意义，增长公民知识，形成公民技能和养成公民品质，成为负责任的新公民等等的教育。

第四，艺体特长类。培养学生的艺体特长，开办一些相应的艺体课程（包括各种艺体兴趣的社团活动），力争使每一个孩子都至少拥有一门艺术爱好，并同时掌握一项健身技能，让学生成为身心健康、情趣高雅的新市民。

以上四类课程，着眼于并充分体现了学生德智体美劳综合素质的提升，但又打破了"德智体美劳"的机械划分，课程之间彼此交叉互相补充——很难说哪一门具体的课程究竟属于德育、智育还是体育、美育或劳动技术教育，应该说，我们的教育理想与学生的发展目标都在其中了。

六

配合课程改革，我还设想，能否尝试大胆改革现有的班级模式、教学方式和授课时间，以保证课程改革的成效？

班级模式改革：第一，拟采用大班和小班相结合的灵活的班级模式，以满足必修课与选修课的开设，即国家课程采用现有的班级教学，而选修课则根据学生自愿而分为不同的小班教学。第二，到了一定的年级，在学生及其家长自愿的基础上，根据不同学生的个性特点，编制不同类型的特色班，以满足不同学生的发展需要，更好地实施"适合每一个孩子的教育"。第三，大胆尝试，逐步过渡为"走班制"上课，充分地调动师生的积极性。

教学方式改革：拟继续深入进行"民主课堂"（即"充满民主教育精神、维护每一个孩子尊严"的课堂）的探索。关键是变革课堂教学中的师生关系，一切教学活动都着眼于帮助学生学习。变教师"教"的过程为学生"学"的过程。结合我校实际，深入进行"导学稿"加"小组合作"的课堂教学模式。

授课时间改革：根据不同内容的课程，采用长短课的方式，将各类课的教学时间予以协调整合。

课程改革与教学改革相配套，必须要有相应的评价改革。这又分为校内评价改革与校外评价改革。

校内评价改革：对学生的评价，我们希望将定性（成长记录袋）与定量（考试分数）相结合，技能测试与"学分"累加相结合，学业水平考核与综合素质评估相结合。对教师的评价，我们准备探索更加科学（既符合一般教育原则又符合具体实际的教学实际）且便于操作（忌繁琐）的教育教学评价模式。

校外评价改革：所谓"校外评价"包括教育行政主管部门与社会各界对学校的评价，但主要是前者。我们希望上级教育行政部门能够建立体现素质教育思想与科学质量观的全面评价体系，根据我校的特点与特色进行科学评价。

以上设想目前虽然仅仅是纸上谈兵，但并非空中楼阁。我曾经对朋友说过我的这些愿望，他说在现行教育体制下，这几乎是"梦想"。我笑了笑，没有反驳。但我想到了多年前我一篇文章中的几句话："按某些世俗的观点，我至今书生气十足，不能算一个'成熟'的教育者。但有一点我很自豪，那就是我至今还真诚地怀揣着我心中的教育理想，而且'居然'还想一点一滴把这理想付诸实践。"有人说我的理想不过是"梦想"，但我要说，对于教育者来说，有梦想和没梦想是不一样的，精神状态不一样，行动方式也不一样。我当然知道，我的理想（梦想）也许只能有百分之一成为现实，即使如此，我也愿意付出百分之百的努力！"现在，是"追梦"的时候了！

七

写到这里，我必须为"实验班"正名。多年来，"不许以各种名义编'实验班'"已经是上级教育行政部门的"铁律"了。只要媒体曝光，凡是"编实验班"的学校校长无一例外都要被"严肃处理"。因此，根据学生不同的特点而编各种"实验班"成了绝对不能碰的"高压线"。我理解上级教育行政部门如此三令五申的初衷，因为的确有太多（或者几乎都是）的学校打着"因材施教"的幌子，以"实验班"的名义简单按分数高低将学生分成三六九等，实质上是在冠冕堂皇地变相歧视甚至放弃"后进生"。但我要理直气壮地说，正如不能因为有地沟油就不许经营任何食油一样，我们也不能因为有人玷污"因材施教"的声誉，就放弃了真正的"因材施教"。按学生的个性，将学生组合为不同特色的"实验班",真正让教育适合于每一个孩子,让所有孩子都学有所乐,学有所得,这有什么不好呢?"一刀切""一锅煮"的教育绝不是"教育公平",而"因材施教"才真正把"教育公平"落到了实处。

每一个孩子是否满意,当然不是检验教育是否成功的唯一标准,但绝对是最重要的标准之一。只有每一个孩子满意了,各级领导和学生家长才会真正满意。因此,从这个意义上说,"办适合每一个孩子满意的教育",同"办人民满意的教育",一点都不矛盾。我越来越认为,做教育首先是做良知。每人只有一次生命,孩子们只有一次青春,如果我们的教育没有让孩子生命更加活泼,青春更加绚丽,我们寝食难安,心受煎熬。对于教育者来说,满足孩子的个性发展,帮助每个孩子找到自己,成为最好的自己,是最大的功德;办适合每一个孩子的教育,让他们享受成长的快乐,是最大的良知。

2011 年 9 月 1 日

我想办一所没有"特色"的学校

朴素比"特色"更美丽，良心比"品牌"更珍贵。孩子心灵和他们的未来，才是我们真正应该关注的"市场"！

学校一定要有"特色"吗？

面对这个问题，有人会惊讶："这还用说？"

是呀，这是一个热衷于谈"特色"的时代。几乎所有学校都在争创"特色"——你弄"书法教育"，我就搞"剪纸教育"，你做"人人都会拉二胡"，我就来个"学阿拉伯语从娃娃抓起"……

仅仅增加一门选修课，就叫学校教育的"特色"吗？

当然，也有学校的"特色"不仅仅体现在选修课，而是在"理念"上、"模式"上甚至"培养目标"上都有"创新"有"突破"：比如"让学生拥有诗意的人生"，比如"312课堂模式"，比如"培养走向世界的现代中国人"……

于是一种"教育服务"应运而生。某些专家，某些机构，专门到学校帮着"提炼""梳理""总结"该校的"特色"，于是很多简洁整齐的句式，或夹杂着数字或字母的短语满天飞，比如"教学共生，师生互动""6S教育""五合教学"……

写到这里，我的脑海里无数"新理念""新模式"以及表达学校"特色"

的词语源源不断涌现出来，只是因为怕得罪人，于是很世故地不一一点出罢了。

现在很多学校的所谓"特色"，要么是凭空杜撰的几个富有"特色"的标签——比如，标榜"××教育"，但其内容却和其他学校一样，并没有什么独到之处；要么是多开了一门或几门国家规定课程之外的选修课；还有就是学校的什么体育或艺术"传统项目"，如篮球项目、舞蹈项目等等。

究竟有没有真正的特色学校？当然有。所谓"特色"，应该是在学校管理、课程设置、教学模式、文化传统等方面表现出的与众不同的风格、个性或独特性，而绝不仅仅是开了某一项选修课或课外社团活动，更不是提出了一个别人没有说过的概念。

也许我观念比较保守，我一直对义务教育学校大谈"特色"以至"特色"泛滥感到疑惑。愚以为，就义务教育阶段——特别注意，我这里说的是"义务教育"——的学校而言，至少在教育方针（含培养目标）上很难说有什么特色。教育方针由党和政府制定，比如我国现阶段的教育方针是党的十七大报告提出的："坚持育人为本、德育为先，实施素质教育，提高教育现代化水平，培养德智体美全面发展的社会主义建设者和接班人，办好人民满意的教育。"这是国家意志，显然不允许也不应该允许各学校自作主张在教育方针上还有"特色"。培养目标也是如此。基础教育，顾名思义，就是对学生全方位打下全面素质基础。培养在人格、知识、能力、体质等方面素质较高的"社会主义建设者和接班人"，是所有义务教育学校的共同目标，难道还有其他富有"特色"的目标吗？当然，如果是职业高中或大学，在培养专业性人才方面确立自己的特色，那是理所当然的。但我说的是义务教育。

这样一说，是不是小学和初中就不可能有特色了呢？当然不是。我只是说在根本的教育思想上，还是慎提"特色"为好。而在我上面所说的"学校管理、课程设置、教学模式、文化传统"等方面，教育者完全可以实事求是地展示出自己的个性，或者说"特色"。

如果要简洁地表达我对"特色"的观点，那么应该是：第一，我不反对特色；第二，我反对假特色；第三，真特色是做出来的而不是说出来的；第四，一个学校有特色固然好，没有特色也不要紧；第五，比特色更重要的，是孩子的快乐与收获。

这里，我要强调的是，真正的特色不能速成，它需要实践，更需要时间。所谓"需要实践"，就是说特色是做出来的，不是"说"出来的。很遗憾，现在好多"特色"恰恰是"说"出来的。好多学校为了"彰显特色""打造品牌"，或为了迎接什么大型的验收检查，赶忙请来专家帮着"提炼""梳理"，找几个别致新颖、言简意赅的短语，"特色"便诞生了。

所谓"需要时间"，就是说特色是一种长期的坚守，是一种历史的积淀，是瓜熟蒂落，是水到渠成，是同行心服口服的认定，是社会众望所归的认定。从这个意义上说，开办三五年的学校，最好免谈什么"特色"——更别提什么"三年打造名校"之类的口号了。但现在一些学校的"特色"则不需要时间，学校刚刚落成，便向教育局"申报特色项目"了。当然，也有一些教育行政部门，热衷于让各个学校"申报特色"，人为地展现"一校一品"，这是典型的教育浮躁。

此文写到一半，我参加了成都市教育局组织的一次课程改革现场活动。活动结束前，副局长左华荣在总结中说："一定要树立正确的办学特色观。许多学校都说'要形成办学特色'。学校的办学特色，实际上就是解决自己的问题所拥有的思想和方法。我特别担心办学特色的功利化、机械化和泛化。一个学校的特色不是刻意打造出来的，应该是一个学校长期发展自然而然形成的，不断积累、完善、升华，是日积月累，是源于实践的。"

坦率地说，我很少听到教育官员如此清醒。会后，我抑制不住激动，罕见地上台握住局长的手"大拍"其"马屁"："说得太好了！"

他谈到反对"功利化的特色"，我理解所谓"功利化特色"，就是为"特色"而"特色"，是假特色。而现在的假"特色"实在太多太多。但教育哪有那么多"特色"？

我想到上半年一位领导来我校视察，我陪他参观校园。他问我："李校长，你们学校有什么特色？"我说："没什么特色啊！"他看了我一眼，好像不太明白我的意思，我解释说："我们学校才办几年，而形成特色是需要长期实践积淀的。再说，我现在也没想那么多的什么特色，就想让我们的老师认认真真上好每一堂课，认认真真教好每一个学生，认认真真带好每一个班，我呢，认认真真帮助每一个老师成长，就可以了。"这位领导对我的说法深表认同。

说实话，当该领导突然问我"特色"时，那一瞬间，我也想过一些词语，比如"平民教育"啊，比如"新教育实验"啊，等等。但这些能够说是我校的"特色"吗？难道只有武侯实验中学在搞"平民教育"吗？难道只有我们学校在搞"新教育实验"吗？

所以，还是老老实实地做好教育应该做的每一件事，就行了。何必要刻意追求什么"特色"呢？

有人曾对我说："李校长，你的没有特色，就是特色！"

我知道这话很时髦，而且显得很"深刻"。但我也不接受。因为我并非为了"特色"而"没有特色"——如此"没有特色"还是在刻意追求"特色"。

我的确想办一所没有"特色"的学校。我和我年轻的同事们，面对的是好多学校不喜欢的孩子——当地失地农民和进城务工人员的子弟。教育局划片分配生源，我们不可能将其中任何一个孩子排除在校门之外。面对这些孩子，我们没想那么多，就朴素地追求"适合每一个孩子的教育"。我们研究的，不是什么"特色"，而是一个一个具体的难题：有的孩子为什么上课心不在焉？他上课为什么听不懂？有的学生为什么要辍学打工？孩子的家长为什么不愿意到学校来开家长会？怎样才能让学生享受学习的快乐？如果考不上高中他将来能够做什么？……当然，我们学校也有相当部分的天资不错的孩子，所以我们同时也在思考：怎么让这些聪颖的孩子最大程度地获得知识，最大程度地提升能力，最大程度地得到发展乃至发展到极致？正是为了每一个孩子——是的，毫无疑问是"每一个"，我们大胆地进行课程改革和课堂改革，同时相应地进行了考核评价改革。

还有和"特色"相关的一些说法，我也常常越想越觉得不是滋味。比如，学校要"打造品牌"，又比如"人无我有，人有我新，人新我精"等等。这些说法，显然是一种办企业的思路，是面向市场的思维。品牌是一个商业概念，它以产品质量取胜，并形成自己独特的信任度、追随度，因而给产品增加了附加值，企业可以为品牌制定相对较高的价格，获得较高的利润。企业打造品牌，产品追求特色，理所当然。

但是，学校是企业吗？学校需要面向市场吗？也许中等职业学校和高等专业学校包括综合型大学的专业设置，和企业有密切联系，而且需要有市场思维，但我想问，义务教育阶段的中小学要"品牌"来做什么？所谓"人无我有，人有我新，人新我精"意义何在？像企业一样争抢市场份额吗？当然，有人会说："是呀，学校有品牌了，有影响了，就有竞争力，才会有源源不断的生源嘛！"且慢，按国家规定，义务教育的小学和初中，不都是由教育局划片或微机排位分配新生吗？你为什么老想着去抢占什么"市场"呢？说白了，不就是抢优生以提高"升学率"吗？不就是收择校费壮大财源吗？当然，这些话是不能摆到桌面上说的，但大家心照不宣。然而，这心照不宣的意图，不是"假教育"是什么？

学校当然要办好，但这不是"对外"的为了什么"品牌"，什么"市场"，而是"对内"的为了我们每天面对的孩子！只要孩子在学校能够享受每一个老师的爱，只要孩子能够喜欢每一堂课，并且真正获得全面发展，学校没有"特色"没有"品牌"没有"市场"，又有什么关系呢？

朴素比"特色"更美丽，良心比"品牌"更珍贵。孩子的心灵和他们的未来，才是我们真正应该关注的"市场"！

这是我们的教育良知所在。

2011 年 11 月 23—29 日

教育不是拿给别人欣赏的

学校的一切都是为了孩子，而不是别人。

　　陪一位来看我的老朋友转校园，自然给他谈起学校的一些事。他认为好多做法"富有创意"，不停地赞叹同时又不停惋惜："怎么不找媒体宣传呢？这些做法多么令人欣赏啊！"我说："为什么要宣传呢？教育又不是拿给别人欣赏的！"

　　但有意无意把教育当"欣赏品"来打造的人还真不少。每当需要"展示教育成就"的时候，比如大型迎检呀或有重要领导来视察呀等等，有的学校总会提前一个月两个月或更早做准备：先声夺人的展板，令人眼花缭乱的橱窗，操场千人的吟诵，流光溢彩的演出……当然，还有被精心"提炼"出来的一套一套的"理念"，这些"理念"又总是通过整齐而富有修辞美感的语句表达出来，诸如"以什么什么为导向，以什么什么为核心，以什么什么为基础，以什么什么为宗旨"或"以什么促进什么，以什么打造什么，以什么推动什么，以什么提升什么"（前一句最后一个词，是后一句开头的词）云云。总之让人感觉，教育原来可以做得如此具有"观赏性"！

　　恕我直言，上述拿给别人（领导和媒体）欣赏的"教育"其实并不是教育本身，那些花里胡哨的玩意儿也不是学校的常态。师生们心里都明白，别管校长在汇报时如何四言八句地吹着学校"特色"、学校的"创新"如何如何，那是说给领导与媒体听的。人家欣赏之后，校园归于沉静，大家该干吗还干吗。平时还是与所有学校一样，上课、备课、作业、考试……毫无"欣赏价值"可言。但教育本来就是这么朴素。

需要特别说明的是，我决不反对实事求是地向上级教育行政部门汇报办学成绩，各级教育局对学校的检查以及各种督促也是必要的。问题是，无论汇报还是检查，所展示的应该是真实的。所谓"真实"，就是学校宣传的和师生平时所感受到的是一回事。北京第十一中学的一项调查表明，93.7%的学生认为"学校平时做的和说的一致"。别小看这个调查结果，在我看来，"说的和做的一致"说明北京第十一中学所做的的确是真教育。

不知什么时候起，有两个词进入了教育领域："包装"和"炒作"。这与学校对发展目标的定位有关——学校究竟是为谁发展的？如果是为孩子的成长而发展，那么无论做什么，孩子天天在学校都看得见摸得着感受得到，哪需要"包装"和"炒作"呢？只有眼光对外（舆论）对上（领导），才需要"包装"给别人看见，需要"炒作"让人家知道。按这个逻辑，教育自然是做来给别人欣赏的。而善于包装，热衷炒作，这似乎是某些校长眼里"打造名校"的一条"规律"。

都说现在的教育很浮躁很功利。芝麻大点事儿，有的校长也会很有"市场敏锐感"地想到媒体，想到"提升形象""彰显特色""打造品牌""扩大影响"……唯独很少想到本校老师和孩子是不是有实实在在的成长与收获。北京第十一中学有97.3%的学生表示"我为进入这所学校感到自豪"，这才是该校真正的成功。

回到那个朴素而深刻的问题：学校的一切是为谁而存在的？我想到了几年前我参观过的帕夫雷什中学。按今天的眼光看，苏霍姆林斯基当年在德育、智育、体育、美育、劳动技术教育以及学生个性发展、教师专业成长等方面的探索实践，是多么"富有创意"呀，又是多么"前卫"呀！但帕夫雷什中学一直没有络绎不绝的参观者，因为苏霍姆林斯基不但谢绝"宣传"，而且他刻意让学校保持一种世外桃源一般的宁静。在他看来，学校的一切都是为了孩子，而不是别人。

帕夫雷什中学离我们也许远了一些，那我就说一个离我们比较近的学校吧。几年前，我去四川省阆中市开会时，偶然看到一所让我感动的学校。这是坐落于离城三十多公里的山坡上的天宫中心学校。我们走进校门，首先看见的是一群孩子给我们表演快板，他们唱的是反映他们生活的"三字经"。然后是三个男生表演他们自己创作的小品，主题是环保。还有一男一女两队小学生在赛歌，唱的都是有关蔬菜的知识。我们来到操场，几百学生正在做课间操，但他们做的操很特别，叫"劳动操"，因为这套课间操是师生们根据劳动的动作创作的。我仔细看，果然在孩子们的比划中有挖地、擦汗等劳动动作。

这个学校的学生除了正常的学习，还要上劳动课。而劳动课就是种菜、养猪等等。我大吃一惊，刚开始还有些不相信，但我参观了学校蔬菜种植园、水产养殖区、生猪养殖园、食用菌种植房、豆芽生植房及农副产品加工园后，不但相信了，而且很感动。我们还看了看学生宿舍。从各寝室里的陈设看，孩子们的家庭显然并不富裕，但室内外都很整洁。听说学校开展学生自我服务管理，包括打扫清洁卫生、整理寝室内务、洗衣、做饭等自主管理实践活动，提高学生生活自理能力，养成良好的行为习惯。学生寝室由自己命名，好多名字特别有趣，比如有谐音的"俭朴寨""舒服家"，有以天宫景点命名的将军庙、天宫院等，各个寝室布置得规范整洁，清新舒适，令人赏心悦目。

我想到当年陶行知所倡导的劳动教育。我看到了真教育，看到了真正的平民教育。尽管这所学校并没有贴"什么什么教育"的标签，也没有"提炼"出"什么什么模式"，学校也毫无"知名度"，但师生们并不觉得失去了什么，或者说没有得到什么。他们怡然自得，且自乐。

因为教育不是对"外"的，而是对"内"的——只要教师幸福并且成功，只要孩子快乐并且成长，就足够了。有没有媒体的追捧无所谓，有没有领导的题词没关系。因为教育不是拿给别人欣赏的。

2015 年 6 月 2 日

武侯实验中学谢绝参观

学校需要的是积淀，而不是浮躁；校园需要的是内敛，而不是吆喝。让校长回到课堂，让学校恢复朴素。

2011 年底，我应《中国教师报》写了一篇新年寄语《2012，我的心愿》。其中有这样的话——

> 我愿中国校园恢复宁静。校园本来应该是宁静的，但问问现在的校长和老师，是否真能如胡锦涛先生所说"静心教书，潜心育人"？无止无休的"验收""迎检"，花样翻新的"特色""模式"……耗费了多少人力、精力、财力？学校不断被折腾。喧哗嚣叫中，教育没有了。越是宁静的校园，才越有真教育。愿 2012 年，每个校园都能成为教育的一方"静"土。

现在两年过去了，我们即将进入 2014 年，中国的校园是否"回复宁静"了呢？恐怕许多校长都会摇头。今天的校园，热闹的依然热闹，折腾的照样折腾。所谓"一方'静'土"，仍然不过是一个美好的"中国梦"。

随便问一个校长，他每天有多少时间是真正花在教育本身上，而又有多少精力是耗在和教育没有直接关系甚至根本就没有关系的事情上？一会儿"维稳"，一会儿"疾控"，一会儿"防汛"，一会儿"创卫"……还有各项"初检""复检"。什么都要"从娃娃抓起"，结果都来抓校长；什么都要"进校园""进课堂"，结果首先是进校长办公室。而且，每一次布置，上级领导都要强调"这是政治任务""要有政治意识"。好像校长不抓教学而疲于应付，才叫"讲政治"。

在各种负担中，我最怕的是接待各种参观访问。几年前，我校也曾对外开放，迎接全国各地的参观者。但无休无止的参观者，源源不断的考察团，让我感到难以承受。几乎所有参观者来了之后，都希望校长出面介绍学校的基本情况和发展，然后由德育教学各部门主任介绍学校的具体操作，还要听课，还要座谈……我多次谢绝，人家都说是"慕名而来"，可如此"慕名而来"，学校正常的教学秩序或多或少受到干扰，校园失去了应有的宁静。学校真是不堪其扰。于是我在《中国教育报》上撰文公开声明——成都市武侯实验中学谢绝参观考察！

曾有校长问我："杜郎口中学、洋思中学等一大批名校都向全国所有学校敞开了大门，为什么你要把自己的学校封闭起来呢？"我总是这样回答，杜郎口中学、洋思中学在教育改革方面做出了突出的成就，的确产生了富有影响也值得推广的经验，他们的开放是应该的。而我所在的武侯实验中学建校不过十年，一切都还处于起步阶段，有什么值得别人学习的呢？当然，我们也在进行教育教学的改革，但这还处于探索阶段，远远没有达到硕果累累而值得推而广之的程度。因此，我们现在最需要的是踏实苦干，潜心探索。

还有人说，一个学校的发展离不开与兄弟学校的互相交流互相学习，不能关起门来孤立地办学。这话说的是。但"交流"和"学习"就一定要走进别人的校园吗？现在信息资讯这么发达，《中国教育报》《中国教师报》《人民教育》以及各教育教学专业报刊，更有各学校的官方网站、博客、微博等各种网络平台，都为彼此了解、交流、学习提供了非常便捷的通道，哪能什么都必须身临其境才叫"学习"呢？

在我看来，所谓"开放"，并不只是对外参观，而首先是心灵的开放，思想的开放，视野的开放。心灵的开放，关键词是"自由"；思想的开放，关键词是"解放"；视野的开放，关键词是"天下"。做到了心灵的开放，思想的开放，视野的开放，哪怕就坚守在学校，一样能够胸襟开阔。而喧嚣不是开放，浮躁不是开放。但现在的学校就是太喧嚣，太浮躁。今天一拨参观，明天一拨考察，动不动就找媒体来宣传，来炒作，来"扩大知名度"，这不是"开放"，这是"折腾"。

我想到了苏霍姆林斯基。几年前，我曾和苏霍姆林斯基的一位学生交谈，了解到苏霍姆林斯基做校长时每一天的作息时间。每天早晨七点到七点半，苏霍姆林斯基在校门口迎接每一个学生，也迎接每一个老师。然后他开始转校园。八点钟开始，各班自己检查家庭作业，并把作业集中到苏霍姆林斯基那里去，苏霍姆林斯基便在公办室检查，看看哪些学生没有交作业。检查完作业后，他便去上课，一节或两节。然后听课，并和老师交换意见，直到中午。下午两点，学生们放学回家了。一直到五点，学校里都非常安静。这段时间，是苏霍姆林斯基阅读和写作的时间。五点钟，学生们又回到学校，开展各种活动，苏霍姆林斯基又来到孩子们中间和他们一起活动，一直到七点钟。七点到八点，是学校的晚会。学生回家后，晚上九点到凌晨一点，又是苏霍姆林斯基的写作时间。如此周而复始，日复一日。

苏霍姆林斯基如此充实而专一的日常工作，简直让今天的中国校长"羡慕嫉妒恨"。有人说，时代不同了，不可能以苏霍姆林斯基当年的工作状态为标准来衡量今天中国的校长工作。但我要说，无论时代如何变化，校园的宁静这应该是起码的也是永恒的办学条件。

校长需要坚守，教师需要笃定。这个要求并不过分。学校不是公园，不是超市，不是农贸市场，不是旅游景点……学校就是学校。学校需要的是积淀，而不是浮躁；校园需要的是内敛，而不是吆喝。让校长回到课堂，让学校恢复朴素。我再次呼唤校园的宁静，并再次声明——成都市武侯实验中学谢绝参观考察！

2013 年 12 月 7 日晚

第二辑

民主管理

学校管理的民主追求

——我是这样学做校长的

民主的生活方式，意味着自由、平等、尊重、多元、宽容、妥协、协商、和平等观念浸透于社会的每一个角落，体现于生活的每一个细节。

一

我至今依然觉得我还在老师们的帮助下学做校长。这样说并不是谦虚。我当然看过一些管理的书，也曾经向国内教育管理的专家们请教过。但是，我觉得最好的学习，还是实践，在游泳中学会游泳。作为校长，每天向老师们学习，我觉得是最好的"校长培训"。

尽管如此，这不意味着我在教育管理上没有自己的主动追求。恰恰相反，如同我把做班主任和教语文视为我实现社会理想的方式一样，我把做校长也作为实现自己社会理想的途径。那么，我的社会理想是什么？简单地说，就是通过教育实践，尝试民主生活，体验民主精神，实施民主启蒙，为共和国培养公民。

我攻读博士学位时，曾写下题为《民主与教育》的论文，我这样表达我对"民主"的理解——

民主，首先是一种政治制度，通俗地说，是一种管理国家的方式。作为一种政治制度（或者说政府形式），民主的核心程序是通过人民的选举（直接选举或间接选举）产生领导人；同时，人民能够通过一定的法律程序参与国家的决策。而这正是民主制度与专制制度的根本对立之处。需要特别指出的是，作为政治制度的民主，其蕴含的最根本的精神实质是对人的尊重——对人的权利（各方面参与的社会权利）和精神世界（思想、感情、个性等等）的尊重。

但是，民主不仅仅是一种政治制度，也是一种生活方式。当然，后者是前者意义上的扩展与引申。这是对民主更为深刻的理解。将民主看作一种个人的生活方式，即认为民主不只是一种形式或者说外在的东西，而是一种内在的修养。这种内在的修养体现于日常生活和与人交往的过程中：相信人性的潜能；相信每个人不分种族、肤色、性别、家庭背景、经济水平，其天性中都蕴含着发展的无限可能性；相信日常生活与工作中，人与人之间是能够和睦相处能够真诚合作的。民主的生活方式，意味着自由、平等、尊重、多元、宽容、妥协、协商、和平等观念浸透于社会的每一个角落，体现于生活的每一个细节。

需要指出的是，作为一种生活方式的民主和作为政治制度的民主不是割裂的，更不是对立的，而是互为因果、相辅相成的。民主的政治制度需要社会土壤，这"土壤"便是民主的生活方式；同样，民主的生活方式需要制度保障，这个保障制度便是民主的政治制度。

但在今天，我们尤其应该强调民主的生活方式之于民主制度的重要性，因为民主的政治制度与民主的生活方式之间的关系，实质上是政治体制与国民素质的关系，所谓"有几流的人民就有几流的政府"。没有民主的道德基础，所谓民主制度不过是空中楼阁而已。因此，如何在民主生活中提高国民的民主素质，进而为民主制度的建立奠定坚实的社会道德基础，这正是民主教育应该解决的问题。

我正是怀着对民主这样的理解和民主理想，来到学校做校长的。甚至可以说，这也是我愿意当校长的唯一原因——我愿意通过力所能及的尝试，看一看今天的中国教育，究竟有多少实施民主管理和民主教育的空间。

二

"立大志，做小事。"这是我经常教育学生的话，我也以此告诫自己。民主，是一个宏伟的理想；但对我来说，民主意味着从学校做起，从班级做起，从课堂做起，从身边的点点滴滴做起。

民主精神之于学校，主要体现在三个层面：课堂的民主教学，班级的民主教育和学校的民主管理。我和我校老师们也正是在这三个方面进行探索。课堂的民主教学，主要表现为对学生学习能力的尊重与引领。通过"导学稿"和"小组合作学习"的有机结合，把教师教的过程变成学生学的过程，把学习的权利还给学生，让学生成为课堂的主人。班级的民主教育，主要表现为对学生精神世界的尊重与引领，把成长的主动权还给学生，指导学生在自我教育和自我管理中走向成熟，让他们成长为人格高尚、个性鲜明、精神自由、行为规范的现代公民。学校的民主管理，主要表现为对教师发展动力和能力的尊重与引领，通过文化建设和制度设计，尽可能给教师自我培养的空间，让教师成为发展的主人。

本来这三个层面都可以展开论述，但今天的重点是谈学校管理，因此，对于课堂的民主教学和班级的民主教育，我暂且略去，而只谈学校的民主管理。

民主治校，是我追求的一种理念和实践。作为理念，其核心是尊重每一个人（教师、职工和学生），让每一个人都有一种主人翁责任感；作为实践，其核心是通过一定的程序让每一个人（毫无例外的是"每一个人"）参与学校的建设，推动学校的发展。民主治校的目的，是充分激发每一个人的责任感和创造力，并培养或增强每一个人（包括校长本人）的公民意识，以实现个人成长与学校发展、个人幸福与学校繁荣的和谐统一。当然，这是一种理想境界，悲观点说，这种理想境界永远不可能抵达，但我们可以朝着这方向努力，在点点滴滴努力的过程中，我们可以一步步逼近我们的理想。

换一个角度说，民主意味着"尊重"与"遵守"：对每一个人的尊重，并彼此尊重；对经由大多数人认同的制度、规则、纪律的遵守，对公共秩序和公共规则的遵守。尊重，是对精神而言，尊重每一个人的人格尊严、思想自由、精神个性、参与欲望、创造能力等等。遵守，是对行为而言，大到一个社会，小到一个团队，规则是和谐有序的保证，某些时候克服个人的欲望而服从大家都必须遵守的规则，正体现了民主社会的重要特征之一。随心所欲，为所欲为，自我中心，不但不是民主，反而会妨碍民主。其实，"遵守"也是一种"尊重"，因为遵守符合大多数人认同的制度，正是对民意的尊重。只是，这里为了突出制度的重要性，因而特别提出"遵守"。

一切由校长说了算的专制主义，当然不是民主。而一切由教师说了算的民粹主义，也未必是民主。民主，是各种思想的理解或包容，是不同利益的妥协或让步，是众人智慧的集中或整合。从这个意义上说，民主是一种和谐。

学校管理的民主追求，在我的实践中体现于四句话："以人为本""以人为善""以身作则""以规治校"。

三

"以人为本"，就是把人（在校长眼里，这里的"人"首先是教师）放在首位，尊重人性，满足人的合理需要（包括精神诉求和物质欲望），维护人的尊严，尽可能让每一个人看到自己的精神发展的空间与前途。"以人为本"当然不应该是口号，而应该成为行动。理念必须化为细节才有真正的生命。

在拙著《民主与教育》中，我曾说过，教育更多的是人文而不是科学。在教育实践中，教育者和被教育者的关系不是人与物的关系，而是人与人的关系——准确地说，教育者和被教育者已经融为一个整体。因此，陶行知说："真教育是心心相印的活动。"苏霍姆林斯基说："教育，这首先是人学！"教育是如此，教育管理也是如此。如果说，在教育中，教师和学生的关系应该是人与人的关系；那么，在教育管理中，校长和教师的关系同样不应该是人与物的关系。所谓"目中有人"，在教师眼里，这里的"人"应该是学生；那么在校长眼里，这里的"人"首先应该是教师。我想再次重复一遍：民主的核心是尊重。爱因斯坦说："我的政治理想是民主。让每一个人都作为个人而受到尊敬。"阿克顿说，民主的实质，就是"像尊重自己的权利一样尊重他人的权利"。因此，体现民主理念的"以人为本"也是一种尊重。

作为校长，面对的是知识分子，因此就应该尽可能按知识分子的特点管理知识分子。什么是"按知识分子的特点管理知识分子"呢？对此，我说不出太多理论，但我有一个朴素的想法，就是"己所不欲，勿施于人"。我以前没有当过校长，但我长期当老师，于是尽量站在教师的角度思考问题。比如，作为老师，我自己不喜欢校长伤害我的自尊心，哪怕我做错了，也希望校长能够和颜悦色地和我谈心，那么，我现在做了校长就尽量不要伤老师的自尊心。又如，作为老师，我不仅仅满足于物质利益的增长，我还要看自己在工作上在学术上在事业上是否有发展空间，那么，我现在做了校长，就尽量为老师们提供或创造发展的机会或空间。由此得出结论，相比起其他劳动阶层，知识分子更讲面子（也就是"尊严"），而且在关注自己物质利益的同时还看重精神关怀。作为校长，维护老师的尊严，满足老师的合理的物质精神需要，就是按知识分子的特点管理知识分子。

在维护老师尊严方面，我有过做得不够好的时候。我曾经对照山东杜朗口中学崔其升校长检查自己的差距，感到自己魄力不够，对老师要求不严。于是，我曾经在大会上对迟到的老师点名批评，还有一次我让犯了错误的老师在全校做检讨。从道理上讲，我这些做法不能说错了。但是，作为成年人，老师都很看重自己的面子，能不能在严格要求、严肃教育的同时，能够充分尊重这些老师的面子呢？因此，我渐渐放弃了这种伤害老师自尊心的教育方式。现在，对于犯了错误的老师，我往往是请到办公室狠狠批评，有时候还让被批评者流泪，但我再也没有当众点名批评过老师们。相反，有时候当有的老师犯了比较严重的错误而我不得不在大会批评的时候，我都让当事人回避，尽可能照顾这位老师的自尊心。我知道"铁面无私"的合理性甚至必要性，但我总觉得，如果能够用更人文的方式教育犯了错误的老师，是不是更好一些呢？也许我这样想这样做有点理想化了，但我们对学生都要强调尊重，何况是对老师呢？

我总是提醒自己，一个优秀的校长一刻也不应该忘记自己也曾经是个教师。

让每一个人都觉得自己很重要，也是"以人为本"理念的体现。所谓"让每一个人都觉得自己很重要"，首要的含义是，面对学校的发展，每一个人都有同等关注和参与的权利，也就是说，哪怕是具体到一个小小的建议，无论是校长，还是老师，无论是职员还是学生，甚至学生家长，权利是平等的，用通俗的话来说，就是说话都是同样有分量的。所以，我在网上论坛里长期设立"征集金点子"的主题帖，让老师们提建议；平时在和老师们谈心的时候，尽可能捕捉老师们的"金点子"。

说实话，现在我也无法保证每一个老师的建议都能够被采纳，但只要我觉得合理而且可以操作，我都采纳了的。比如，某语文老师在网上建议，在会议室、办公室摆放一些绿色植物，既净化空气，又愉悦心情，于是现在我们的办公室和会议室都摆上了花草。又如，和一位数学老师谈心时，她谈到学校的会太多，能否减少一些，以减轻老师们的负担。于是，我们将教研组长会和班主任会错开，由过去的每周都开，到现在的隔周一次。再如，某政治老师给我建议，可以把年级组的管理相对独立，每个年级都由一位副校长直接管理，强化年级组功能。听了他的建议，校长会经过论证，改革了学校管理体制。这些老师在我们学校都是普通老师，但他们的建议却不同程度地改进了学校的管理。对学校来说，他们很重要。

我要强调的是，当我说出"让每一个人都觉得自己很重要"这句话的时候，是有重点指向的，因为我们每说一句话都是有针对性的。所以这句话的实际意思是，作为校长，要尽可能关注那些平时容易被我们忽视的人，让他们感到自己很重要。于是，有一年教师节前，我们通过暗中录像，拍摄了许多普通老师和工人坚守岗位、敬业奉献的普通场面，然后在教师节庆祝大会上播放。于是，在本学期开学典礼上，我发表的新学期致辞是《向普通而光荣的劳动者致敬》，表扬了十五名默默无闻的班主任、科任老师（包括代课老师）、图书管理员、清洁工人、食堂师傅、门卫保安……我这样做，绝非故作姿态，而是在真诚尊重每一个普通劳动者的同时，引领全体学生的价值观，让他们通过身边的人感受到，什么叫作"平凡中的伟大"。

帮助教师成长，满足他们成功的愿望，这是最大的人文关怀。作为公办学校，所有经费都源自教育局拨款，因此作为校长，我手里没有一分钱可供支配的。我当然也想方设法为改善老师待遇而奔走呼号，但毕竟不是我能够决定的，而为老师提供成长的机会，并提供展示他们成果的平台，我却可以做主，因为在这方面我拥有独特的资源。于是，我先后请来国内一流的教育专家（如朱永新、魏书生、程红兵、卢志文等老师）来我校做报告，和老师们面对面地交流。于是，我通过私人关系，让我校班主任每个月都免费获赠《班主任》杂志、《班主任之友》杂志，而且十多位老师还在《班主任之友》上发表专栏文章。于是，我联系出版社，为我们的老师出版专著，以我校老师为主要作者队伍的《李镇西团队丛书》已经列入国家出版社出版计划。目前，由我校郭继红等几位老师合著的《给新教师的建议》已经出版，而《武侯实验中学老师教育随笔精选》和《武侯实验中学老师教育故事精选》已经联系好出版社，正在编撰过程中。这些举措，既满足了老师们的成功感，又或多或少让老师们有些经济收益。作为校长，我很欣慰。

以人为本，通俗地说，就是要关心人。对校长来说，关心老师应该是他的常规工作。我这个人比较粗心，所以在这方面做得并不好。但是我还是力所能及地向老师们表达我真诚的关心。我长期当班主任有一个好的习惯，就是每到孩子们生日那天，我都要送上祝福。沿用这个做法，我当校长也尽量在老师们生日那天送上一份祝福。为了把老师们的生日记住，我想了很多办法：把老师们的生日放在电脑桌面，打印出来揣在身上。后来我想，这份关心不应该仅仅是我个人的，还应该来自学生，所以上学期，我开始把老师的生日告诉学生，让老师能够获得来自孩子们的祝福。再后来，我又想，这份祝福还应该来自整个学校的师生，我应该把我一个人的关心变成整个学校的温暖，所以，从本学期开始，学校在每个老师的生日那天，都在校门口写上几句祝福，并送上生日蛋糕。

另外，对于老师们请病假，以前我曾比较天真地说，不鼓励老师带病上班，因病请假不扣钱，带病上班要扣钱，后来证明这样做不但不现实，也违背了有关规定。但是，从去年九月起，凡是老师请病假，只要我知道，我都要求学校其他校长亲自去家里或医院看望（有时候是我亲自去看望）。对于学校有特殊情况的一些老师，我都尽量利用晚上家访，把真诚的关心送到老师心上。尽管目前我家访过的老师不过三十来位，但我认为，重要的不是走访了多少老师，而是是否真正把每一个老师放在心上。对此我还做得远远不够，我经常感到抱歉的是，至今还有老师的困难我并没有帮助解决。但我会继续尽力的。

四

"以人为善"——本来人们通常说的是"与人为善"，但我这里特意杜撰一个"以人为善"。略加解释："与人为善"的"与"是连词，意思是"和"，"为"是"用""以"，这个词的意思是"和别人打交道要用善良之心对待"；而"以人为善"的"以"是介词，相当于"把"，"为"是"是"，这四个字的意思是："把对方（别人）看作是善良的人。"从字面上讲，"以人为善"就是把每一个人都视为善良的人，并与之和谐相处。对校长来说这一点特别重要。具体落实到我这个校长，就是要最大程度地相信老师，以宽广的胸襟对待每一个老师，包括对自己有意见的老师。我刚到这个学校，曾写过一篇短文，题目是《别把教师当"刁民"》，我这样写道：

> 一个优秀的校长，一刻也不要忘记自己同时依然是一个教师。这话的意义在于提醒我，不要如鲁迅所说的"一阔脸就变"，要多站在老师的角度思考问题。多想想自己当普通教师时对校长的期待——当初自己最反感校长做什么，现在就尽量避免；当初我最喜欢怎样的校长，现在就尽量去做那样的校长。比如，我做普通教师时，最反感校长不信任教师，总把教师当"刁民"，现在我就告诉自己，"一定要无限地相信教师，不要把教师设为假想敌"。

将近三年过去了，我在这个学校也经历了一些小小的风浪，可我现在依然坚守这样的基本原则：不把老师当刁民，相信绝大多数老师都是善良的。

而事实上的确也如此。我们的老师真的经常让我感动。做校长的，就是要去发现老师们的善良。我在网上写过一篇短文《把你的眼睛借给我》，写了我偶然发现的许多普通老师日常工作中点点滴滴让我感动的细节，结尾我写道：

> 上面所谈到的我们老师的感人细节，只是我偶然看到和听到的，这些我知道的事只是实际发生的万分之一！还有更多的爱的细节我还不知道。所以，在这里，我诚恳地请求我们学校的老师们把你的眼睛借给我，帮我

看看，在我们武侯实验中学，还有哪些人值得我们尊敬，还有哪些细节应该载入我们心灵？

两年过去了，这样的细节在我心中积蓄得越来越多了，所以，我曾通过颁发"新教育之星特别奖"的方式，表扬过一些普通老师在细节上表现出来的善良。我曾对初三的老师说，每当我感到累的时候，我就想："我有初三的老师累吗？他们要上晚自习，我不上；他们周末要辅导优生，我不辅导；他们当中不少老师每天早晨要挤公共汽车上班，我不用……"现在我也是这样想的。初三有的老师或许还有这样或那样的不足，但总体上讲，他们都非常善良，非常尽责。

实事求是地说，我对老师们的阅读习惯和思考精神还不太满意，或者说，老师们的专业提升还没有达到我的要求，但从总体上说，老师们的敬业精神，老师们对孩子的爱，老师们的善良，我从来都是深信不疑，并且发自内心地佩服和欣赏的。这是我对老师们最基本的认识，也是我管理学校的出发点。

并不是说，老师们和我的想法随时都能一致，更不是说我的每一个想法都能得到老师们的普遍赞同。但是，真正的民主应该蕴含着一种宽容精神。宽容，也就是要允许别人跟自己不一样——不一样的思想，不一样的个性，不一样的生活方式，等等。人们都知道民主的原则是"少数服从多数"——即"多数法则"，但现代自由民主同时也强调"多数尊重少数"的原则。前者指的是在决策时应以多数人的意见为准，后者指的是即使少数人的意见没有被采纳也应允许其存在。如果你自己怎么想别人就必须这样想，你自己怎么做别人就必须这样做，那么这样的"民主"离专制已经不远了。

宽容精神的核心是思想宽容。当校长一定要有一种雅量，要允许别人发牢骚，尽管我不提倡老师们发牢骚，但客观上这种现象是无法消除的。回想我当老师的时候，不也有发牢骚，甚至埋怨校长的时候吗？这样一想，心里就豁然了。以前我曾经到这个学校来作报告，那时候我的身份是客人，是专家，可以说没有任何人会对我有意见，因为除了做一场报告，我没有在这学校做任何事情。而我当校长之后，就是具体的管理学校。只要管理，就必然会涉及人的行为甚至触及人的利益，且不说我有时候也犯错误，也有做得不好的时候，就算我没有做错，不同的人站在不同的角度，理解也不一样，因此产生意见、误解甚至怨恨，是很自然的。当校长的，一定要有宽广的胸襟，不但要善待理解自己的老师，更要善待不理解甚至和自己唱反调的老师。

对于正确的意见，我没有理由不接受，因为人家是在帮助我当校长。我不止一次因为不了解情况而错误地批评老师，让相关老师很委屈，我一旦意识到自己错了，从来都是当面向这些老师道歉认错。我不觉得这有什么丢面子的。对于一些因误解或不了解情况而产生的不满情绪，我的态度是，在可能的情况下，把真相公开，因为我一贯认为，消除误解的最好办法，是把真相置于阳光之下。我总是相信大多数老师是通情达理的，何况我自己没有什么见不得人的勾当，没有理由不磊落。

曾经有抱怨学校干部奖金太多的短信在老师们之间传播，我便让有关人员把相关数据公开，而且形成任何人都可以随时查看学校每人每月津贴收入情况的制度。至于个别人在网上发表一些不满的帖子，如果有必要我就公开解释，如果没有必要，我就不理睬，泰然处之。因为我相信，这个别老师也是一时激愤所为，未必有多大恶意。如果已经构成诽谤，甚至影响到学校和区里的教育形象，自会有人去追究的，也不用我气急败坏。我没有必要把精力放在这些琐事上。作为校长，应该具备这种胸襟，应该拥有一种君子风范。

对于不同意见，我倒是很关注言之有理的意见，哪怕只有部分的道理。因为这些意见，正是体现了"老师教我当校长"的理念。做校长一定要善于妥协，民主精神就包含着妥协精神。当今世界，尽管还有局部战争，但主流是对话，是谈判，是沟通——一句话，是妥协。在全球化时代，"共识"和"双赢"成了最流行的词儿。"妥协"对各方来说，都是各有所得，也各有所失，总体利益最大就行了。大家坐下来，各自阐述自己的意见，可以旗帜鲜明地亮出自己的观点，双方也可以争论，但同时还要倾听和吸纳对方的意见，最后在有所坚持的同时还得有所放弃，所谓"求同存异"。这里的"同"便是"共识"。妥协意味着在争取自己利益的同时，还必须正视他人的利益。同样有所坚持又有所让步，最终大家各占一块，即"双赢"。可以说，没有"妥协"就没有"民主"。我经常给老师们讲这个道理，同时我也尽量用这个道理来告诫自己。

时任总理的温家宝同志的批示下来之后，区教育局领导希望我对老师们提出"跑步前进"的要求。刚开始，我在大会上给老师们提出这一要求，但不少老师跟我抱怨很难做到"跑步前进"，特别是每天的"五个一"很难做到。还有老师直率地对我说："你不能用你的标准来要求我们!"我冷静一想，觉得老师们的抱怨声中有合理的因素，正如我们不能对学生搞"一刀切"一样，对老师也不能搞"一刀切"，要承认差异，允许每个老师在自己基础上有所提高，而没有必要都整整齐齐地"跑步前进"。所以，后来我对老师们的专业成长便没有再说"跑步前进"，包括"五个一"也只是提倡。还有课堂改革，最初也是希望能够所有老师同时进行，但后来也有老师想不通，不愿做，我想，学校搞课堂改革并没有错，但有的老师由于种种原因不愿搞或搞不好，与其逼着老师在强迫命令下弄虚作假，不如让老师们根据自己的情况选择符合实际的课堂改革。体现"学生主体"的课堂改革精神是一致的，但展现这种理念的课堂方式允许暂时不一样。这样一来，课堂改革也许不那么轰轰烈烈，但可能更加实在而有效。

去年，初三老师对周末补课有意见，并采用了过激的方式来表达这种意见。我知道后，首先想的是老师们的意见中有没有合理的因素？可不可以采纳？如何采纳？最后，我和学校行政部门没有批评更没有处罚任何一个老师，而是和老师们沟通商量，最后学校行政部门和初三老师达成共识，并建立了新的补课模式，收到了很好的教学效果。我一直认为，这是一次体现学校管理的成功范例，它体现了彼此宽容、双方妥协的民主精神。而之所以能够宽容和妥协，是因为无论是学校管理者还是初三的老师们，都有一个基本共识和道德底线，那就是学校的发展高于一切；只有学校发展了，才可能满足和保证每一个人的切身利益。

作为一个校长，我坦然地承认自己并不是一个好校长，并愿意尽量妥协，永远不以任何老师为敌（包括以后可能会对我造成伤害的老师），就是基于对老师们的两个坚定不移的信念：第一，每一个老师都是善良的；第二，每一个善良的老师都是愿意学校发展越来越好的。

五

"以身作则"，就是以自己的行动做出表率。这里的"则"就是准则、榜样。

我经常想，其实许多是非标准人人都清楚，但人们往往用双重标准评价自己和别人。比如，现在人人都痛恨腐败，但内心深处又何尝不在惋惜自己没有腐败的机会？比如，人人都在痛骂专制者，但如果自己有了一官半职，又何尝不是暴君？至于老师，会不会在校长面前是敢怒不敢言的臣民，而在学生面前便是霸气十足的皇帝？面对暴君秦始皇，青年项羽豪气万丈地说出"彼可取而代之"，这句话几乎可以代表无数农民起义领袖的梦想，所以中国几千年王朝更迭，就是一个皇帝取代另一个皇帝的历史。正因为如此，美国开国元勋华盛顿拒绝第二次连任，用自己的行为展示真正的民主精神，令世界感动，更令无数真诚追求民主理想的后来者热泪盈眶。

由于几千年的封建专制文化影响，我们每一个人的内心深处都有着专制的倾向。我甚至可以偏激地说，每一个中国人都有着专制的"原罪"，包括我在内。所以，我必须提醒自己：不要当了校长，便忘记了教师的本色。所以，我不止一次地提醒老师们："如果你把对学生的要求拿来要求自己，你就非常高尚非常优秀了！"

到这学校来之前，我一天校长都没有做过，也没有做过一天中层干部，因此，就管理学校而言，经验几乎为零。但是，我不是没有一点信心，因为第一，我做过多年的班主任，我会把班主任工作中的一些有效做法移用在学校管理上；第二，我做过多年的老师，我会站在老师的角度思考，怎样做比较受老师们欢迎；第三，我面对的每一个老师，都可以给我出主意，教我怎样当校长。做班主任时，要求学生做到的，我尽可能首先做到。当老师的时候，每当学校领导提出什么要求，我几乎是本能地在心里说，你先做给我看看！现在当我作为校长在老师和学生的面前出现的时候，我总是很谨慎甚至有些心虚地想，我的言行符合一个教育者的规范和良知吗？

很多年前，我还是一名普通老师的时候，曾写过一篇杂文批评某些校长：

他们把学校当成自己的私人庄园或者是自己投资开办的企业。他们动辄以"下岗"来威胁老师，唯独没有想到他自己该不该下岗；他们煞有介事地以师德要求老师们，而自己却通过学校基建、统一制作校服等等渠道大肆腐败；他们要求教师对学生循循善诱，可他们却常常对老师拍桌子打板凳；他们要求教师严格遵守作息时间，可他们自己却三天两头不在学校而无人监督；他们要求教师下班后多花些时间在备课、进修或家访上，可他们的业余时间大多在麻将桌上度过……现在社会上对不正常的教师形象提出了许多批评，但不正常的教师形象往往是不正常的校长形象的放大，所谓"上梁不正下梁歪"——没有良知的校长，必然会有缺乏良知的教师！

现在我当校长了，多次重读这篇短文以提醒自己，千万不要做我曾经痛斥过的那种校长！

当校长两年多，我最深切的体会是："最好的教育莫过于感染，最好的管理莫过于示范。"这两句话其实说的都是一个意思：身教胜过言传。

我要求学校中层以上行政干部做班主任，正是基于这样的考虑。我对干部们说："当干部就意味着多干活。老师们都看着我们，我们不能懈怠。如果我们不能作出表率，怎么能够说服老师们敬业奉献呢？"尽管后来因为一些客观困难，部分中层干部没有做班主任，但这些没做班主任的干部都上了课的。特别让我欣慰的是，我们学校除了分管后勤的书记，所有副校长都担任了班主任并上课。写到这里，我在被我的副手们感动的同时，还内疚，因为他们跟着我，付出的更多，而得到的更少。

我也担任了一个班的班主任。实事求是地说，现在我作为校长担任班主任，和过去作为一个普通老师当班主任，还是不太一样，毕竟还有繁重的校务管理工作，我不可能像过去一样把百分之百的精力投入到班上去，所以也不得不找一位老师做助手，但是我做这个班主任，自认为还是尽可能履行了职责的。只要我不外出，只要能够协调好学校管理工作，我都尽可能多地到班上去。上课、开班会、找学生谈心、处理突发事件、家访……虽然很辛苦，但我心里很踏实，而且感到快乐。有时候我在学校管理上遇到困难感到郁闷的时候，我往往就到教室里去，因为只要我来到孩子们中间，我就感到特别开心，所有郁闷都暂时忘掉了。无论是上课，还是做班主任，都让我切身体会到老师日常工作的艰辛，以及学校一些规定的不可操作性。比如，班主任的吃饭问题，午休问题，因为有时候班主任的职责便比一般老师要困难得多。还有，学校文体活动和一些常规教学的冲突——有时候我要在正课以外给所有学生讲点事情都很难找到统一的时间，以及政出多门造成的班主任的无所适从，都是我作为一个单纯的校长所无法体验的。这些问题，我做了班主任也不一定能够立马解决，但至少我多了一份对老师的理解，并开始思考如何改善管理。

要求老师做到的，干部要首先做到。我不敢说在这方面我们已经做得非常好了，但是我们的确是尽量这样去做的。我希望老师们尽可能走进学生的心灵，和他们交朋友。我自己作为校长也经常把各个年级的同学请到我办公室聊天。我经常在早晨上班推开办公室的时候，会看到门缝下面塞着孩子们给我谈心的信件，每当这时候，我总觉得很幸福，因为我终于成了孩子们不怕的校长。

我们要求老师上班不迟到，干部首先要做到。只要不出差或开会，我每天早晨总是在七点左右到学校，很多时候在六点多甚至更早就到学校了。同样，只要是在学校且没有工作上的特殊原因时，我都是六点多或七点多离开学校。以身作则并不意味着干部在每一个方面都和老师们搞"平均主义"，实际上很多时候老师们比我做得更多更好，但是在可能的情况下，我总是希望我和我的行政干部们能够给老师们作出表率。又比如，我要求老师们通过互联网平台交流教育教学经验，在网站发随笔，在论坛发帖子，那么干部也应该带头。可以说，目前在学校网站，发帖最多的是学校的干部。比较突出的有王国繁副校长、易琼副校长，还有年级主任郑聪老师，他们都经常把自己的班级管理体会和教学得失写成帖子发到网上去。

有了率先示范的行为，我们就更能够理直气壮地引导老师们了。在校园里面，无论老师还是同学向我问好，我总会同样热情地回问一声好，甚至主动向老师和同学问好。可是，我某天早晨在学校大门口发现，有少数老师面对学生的热情问好却没有给予同样热情的回礼。第二天，我在全校教职工大会上严肃地说：

　　我请这少数老师们想想，第一，礼尚往来，是不是人与人之间应有的处世准则？第二，如果你热情洋溢地跟别人打招呼，别人毫无表情，你作何感想？第三，我们这样做，会给学生留下什么印象？第四，最让我感到可怕的，还不是学生感到难受，其实学生一点都不难受，因为他们已经习惯了，因为他们觉得老师嘛，当然可以不理学生的。可怕的地方正在这里！尊卑观念、等级观念就这样不知不觉地播撒进了学生的心灵之中！我希望从明天起，我们能够也给学生一个微笑，一声真诚的"同学们好"。包括开车上班的老师，进校门时能够摇下车窗，跟两边的同学挥挥手，说声"同学们好"！我也希望每次离开学校的时候，能够跟门卫师傅说声"再见"。既是我们的素养，也是我们的教育！每一个教师的一言一行都是教育资源，都是课程！因为最好的教育，莫过于示范。

　　令人欣慰的是，从那以后，我们学校的每一位老师都能够给同学们问好了。类似的例子，还有我们的升旗仪式，我刚来这个学校的时候，升旗仪式上站得最端正的是学生，而不少老师则相当散漫随便。两年过去了，我可以非常自豪地说，在武侯实验中学的升旗仪式上，站得最端正的队列，是我们的老师！老师们用自己的行为给学生做了最好的示范。

　　尽管对于校长们做班主任这样的安排，目前在老师们中还存在着一些不同的看法，比如有的老师就对我说："学校管理者还是应该把所有精力用于学校的管理。"我们也在反思总结这样做的得失，但是，"以身作则"已经成为也将继续成为学校管理的一个民主追求。

六

　　"以规治校"，这又是我杜撰的一个短语，意思是"用制度和规章治理学校"。本来我是想用"依法治校"这样一个现成的表述的，但我想，第一，依法治校的主体更多的是教育行政部门；第二，我作为学校管理者，本身并没有立法权，更多的是制定规章制度。所以我用"以规治校"这样的表述可能要符合实际一些。当然，这并不意味着我在管理学校的时候可以不遵守国家的有关教育法律法规。

以规治校，是在学校的微观层面上体现出的一种与民主精神息息相通的法治精神。因为讲民主必然讲法治，没有法治的民主必然是假民主。就国家而言，法治精神体现于宪法至上的观念、遵守法律的观念、权利与义务相统一的观念、依法监督行政权力机关的观念、依法维护自己权利的观念，等等。如果公民没有这些观念，民主的建立是不可能的——而这些观念恰恰是民主的观念。正是从这个意义上，我认为，民主精神与法治精神息息相通。法治的基本原则是"法律至上"和"法律面前人人平等"，这也应该是法治精神的核心所在。"法律至上"意味着不允许存在超然于法律之上的、专断的权力，意味着任何人不会因违反法律以外的行为受到法律的惩罚。是否遵循"法律至上"的原则，是受法律约束的政府与专横政府的界限所在。在实行法治的地方，政府必须依法行政，不能为所欲为。从这个意义上说，法治首先是对政府的约束；而公民自觉地依法监督行政者正是体现了真正的法治精神。

将上面的理解移用于学校管理，就意味着学校要通过老师们的参与制定出一整套规范和制度，以形成大家都必须遵守的公共规则。校长管理学校，必须依据这些规则，校长本人也受制于这些规则；同时，面对这些规则，每一个人都是平等的。20多年前，邓小平同志指出："制度好可以使坏人无法任意横行，制度不好可以使好人无法充分做好事，甚至走向反面。"国家的制度我们无法去参与建立，但在一个学校，校长完全可以带领学校的每一个人参与制度的安排和建设。我并不认为我是一个道德高尚的人，但好的制度可以抑制我灵魂深处的恶，让我的随心所欲变成不可能。同时，好的制度也让我这个校长轻松了不少，因为制度和规则凝聚的是大多数老师的智慧。我始终相信，一百多位老师的大脑绝对胜过我一个人的大脑。通过一定的程序，制定出绝大多数人都认可的规则，然后人人遵守，这是现代管理的有效形式。这里的规则，实际上就是科学的规章制度。但是第一，这里的规则，应该让被管理者参与制定，这体现了对人权利的尊重；第二，好的制度应该让优秀的教师感觉不到制度的存在，而让不自觉的教师处处感到规则的约束。

我来做校长之前，学校已经有了比较成熟的管理规章制度，我有一个基本想法，就是尽量不增加新的规定（注意，是"尽量不增加"而非"绝对不增加"），而是尽量让这些已经有的规定落到实处。如果说我对这个学校的民主管理做了一些有意义的事，那就是我在制度的安排上有所创新，具体说，就是创建了校务委员会、教代会、学术委员会三个机构互相协调又互相制约的民主制度格局。

所谓"校务委员会"，其成员包括学校所有的行政干部。在一些学校，这就是学校所有决策的最高也是唯一的机构。而在这个机构中，往往又是校长一言九鼎，最后是校长说了算。在我做校长后，我尽量避免独断专行，独自决策，而是充分尊重党支部书记，尊重其他行政干部，尊重老师们。当然，这三个尊重不能寄希望于我的品德或者说"自觉性"，而是受制于另外两个机构：教代会和学术委员会。换句话说，我这三个尊重，是制度的规定，而非道德的驱使，是"必须"而非"自觉"。不光是我，整个校务委员会都只是我们学校权力格局中的一部分。

所谓"教代会"，当然是指每个学校都成立了的教工代表大会。但是，我可以非常自豪地说，在我们学校，教代会决不是一种摆设，而是能够发挥实质性作用的权力机构。我刚来不久，便列席了一次教代会，发现不少代表没有来开会。会后我找到其中一位代表，问他为什么不来开会。他回答："教代会纯粹是一种形式，走过场而已。"我当即严肃地对他说："事实会告诉你，我当校长期间的教代会究竟是不是搞形式走过场！"当时，我心里真的很悲哀，同时也很悲壮，我想：如果我们学校的教代会果真成为一种摆设，这将是我这个校长的耻辱！两年多里，我们的教代会显示了自己的硬度，认真通过或否决了校务委员会提出的一些方案。说实话，我个人并不满意每一次教代会的结果，但我满意这种权力制约机制。

所谓"学术委员会"，就是指我们学校的"本土专家"所组成的学术评定机构。这个机构负责我们学校所有教职工有关评优选先、职称晋升等事宜，是我们学校学术评定的最高权力机构。对此，我想多说几句，谈谈我的想法和我们的具体做法。

就制度而言，民主决策需要投票，但民主远远不仅仅是投票那么简单。有时候，简单地投票的结果往往不那么公正。在某些国家，总统由全民投票产生。在我们国家，国家主席由全国人民代表大会的代表投票选举产生。这是应该的。但是，诺贝尔奖从来就不会由"全民公决"产生。试想，如果由全世界人民投票决定诺贝尔奖的获得者，那将是多么滑稽可笑的事！因为决定诺贝尔奖获得者的人，必须具有相当高的专业素养。我想到每当学校要评选先进或晋升职称的时候，按传统的做法，要么是校长或学校领导班子说了算（在这之前还是要征求有关方面的意见），要么由全校教职工投票决定（投票之前由当事人述职）。前者当然是专制，后者则未必是民主——因为专业的隔阂以及其他微妙的因素，选举往往并不是选学术水平和专业能力，而成了选人缘。因此我主张，学校的一切学术评定，既不能由校长们说了算，也不能由全体教师的选票说了算，而应该由学校学术委员会说了算。学术委员会具有学术评定的最高权威，学术委员会作出的学术评定，即使是校长也应该尊重。

因此在我的建议下，我校成立了学术委员会。具体做法是，由全体教师推荐（而不是选举）学术委员会成员，每个教研组每个部门只能推荐一名。学术委员会成员资格：人品端正，为人善良正直，教育艺术精湛，教学能力一流，学术水平上乘，并有突出的教育科研成果（教学质量、论文著作，赛课获奖等等），在一定范围内有学术影响。经过网上推荐和教研组开会讨论酝酿，最后确定了15位同志组成学术委员会。委员会主任由一位德高望重的老师担任。我虽然也是学术委员会委员，但我只拥有和其他委员平等的一票。学术委员会产生后，着手制定相应的章程，以规范学术委员会的工作，并在制度上防止可能出现的学术腐败，接受全体教师的监督。比如，每次学术评定，都必须在老师中进行客观的调研，对被评定对象进行全面的了解和考察，然后以协商或无记名投票的方式产生学术评定结果。学术委员会成立后，已经进行过两次有关中级职称和高级职称的评定，还制定了有关考核方案。这些工作均受到绝大多数老师们的认可。

三个机构互相协调，但又互相制约。校务委员会凡是遇到重大决策，都提交教代会讨论并表决，其结果得到尊重。学校所有学术评定，均由学术委员会独立完成，但事后都要向全校教职工做工作汇报。就行政管理而言，校务委员会是学校决策的最高机构，但这些决策都要尊重教代会和学术委员会的研究表决结果。

在我们学校，还有一个制度，那就是凡遇到和每一个教职工利益密切相关的决策，均要让所有老师参与讨论，并通过投票表达民意（俗称"全民公决"）。比如，几次津贴方案都是经过了"全民公决"的，有时通过，有时没有通过，不管通过与否，老师们都用投票参与了学校决策。不止一次，学校班子的提案被教代会或全民公决否定，而在我看来，被否定的决议中有的是符合老师们的利益的，但由于种种原因大多数老师还是否决了。虽然我很遗憾，但我认为，校长失败了，但民主胜利了。尽管老师们可能没有意识到他们否定的是他们自己的利益，但我把这理解为老师们为民主付出的代价。

作为校长，从某种意义上说我基本上"放弃"了自己的权力。当然，准确地说，其实不是"放弃"，而是"分解"——通过制度把这些权力分解到了不同的部门和机构，并通过一定的程序分解到了每一个教职工的手里，让全校教职工和我一起管理学校，并作出决策。

七

任校长以来，我在学校管理上进行了艰苦而富有意义的民主探索。不能说这些探索没有效果——应该说，两年多来，武侯实验中学的变化是显著的，已经初步形成品牌，包括社会关注的教学质量，也在逐步提升，但坦率地说，效果远远没有达到我期望的程度。

这里面有我自身的先天不足，这里的先天不足当然包括了缺乏行政管理经验，但这不是主要的，主要的还是如何将理论与实践有机融合，我感到自己多少还有些书生气，以及由书生气带来的理想主义和浪漫色彩。当然，教育本身就是为明天而工作，甚至就是理想的同义语，没有丝毫的浪漫绝不是真正的教育。问题是，如何在保持理想的同时，又能深刻地认识现实，进而稳健地推进教育改革？这就不仅仅需要理想，同时还需要智慧。我恰恰智慧不足。

自我反思，我感到自己对改造"土壤"的艰巨性估计不足，有急躁情绪。这里的"土壤"指的是民主得以存在并运行的群众基础和人际环境。离开了对民主有正确认识的民众，民主制度不可能生根开花。前面我说过了，我们学校的老师无论敬业精神还是专业素养都很让我敬佩，但他们和我一样，同样生活在千年封建专制文化的阴影当中，骨子里存在着专制的基因，很难在行动中体现出尊重、平等、宽容、妥协等真正的民主精神。

在学校管理中，不止一次出现这样的情况，抽象地对制度投票，大家都赞成，当制度的具体条款落实到某一个具体的人身上的时候，他会埋怨不公平，而且埋怨的矛头不是指向制度本身，而是习惯性地指向校长。有一年学校根据教代会通过的期末质量奖发放方案分配奖金，结果对拿到金奖很不满意的老师，却来找我这个校长申诉。还有教职工不善于妥协，凡事只考虑自己的利益，而不考虑对方的利益，宁愿鱼死网破也不愿双赢。还有人习惯于以自己为尺度衡量学校的一切，凡是不符合自己尺度的统统是"不民主"……我经常想，如果我们（当然首先包括我本人）不提升自己的民主素养，养成民主的生活方式，再好的制度也没用。

我曾经在学校大会上说过，如果按传统的观念，我们学校需要一位"强势校长"或者说"铁腕人物"。但我不是这样的人物。我就希望通过良好机制的建立，把每一个人的智慧都发挥出来，通过一定的制度和程序参与学校管理。但这样做的条件，是学校存在相对成熟的民主土壤。对此，我略显急躁，甚至有些冒进。人的素质与体制的关系是鸡与蛋的关系，很难孤立地说谁先谁后。"好的制度能够使坏人无法作恶"这是真理，因为"总统是靠不住的"；"有几流的人民就有几流的政府"也是真理，因为"人是万物之灵长"。作为一个基层的校长，我需要的是更加沉着淡定，在继续依靠老师们推进学校民主管理进程的同时，点点滴滴地为改造人的素质——首先是自身的素质——尽点力。

我的理想化书生气的另一个表现，就是有时候我在老师们面前模糊了自己的公共角色。我是一个学者，对教育、对社会、对国家的改革都有自己的思考，我有发表自己观点的权利。同时我又是一个校长，某种意义上说，我是代表教育行政部门管理学校，因此我的话语一旦传播出去，就不仅仅是我的声音，而是行政部门的声音。但我常常以校长的身份发表个人看法，造成一些误会。比如，有时候我坦诚地向老师诉说我的一些不成熟的想法，在我看来，这是一种坦诚，可是因为我的身份是校长，因此我的一番肺腑之言就有可能给老师以误导："李校长都怎么怎么说……"又如，有时我在评论某种教育消极现象的时候，情绪激昂，酣畅淋漓，但相关老师却感到压力，因为此刻，我的身份并不是学者，而是校长。老师不会认为我是在谈论可以争鸣的学术观点，而是校长在批评人——特定的场合，特定的时间，特定的氛围，客观上让我和老师处于话语权不平等的地位。

我应该随时意识到自己的角色，尽可能把握好自己不同的公共角色。单纯的学者，只考虑"怎样做最好"；而单纯的校长，只考虑"怎样做才可行"。作为学者，总是对民主管理充满激情，甚至寄予理想化的期待；而作为校长，应该对民主管理的现实条件和可行性保持清醒的认识，不能过于浪漫而放弃自己应有的行政责任。我有时候混淆二者的界限，对于学校管理来说，不是一件好事。

我这样说，当然不是说，我将停止自己的民主追求，实际上，由我启动的学校民主管理进程已经很难逆转。但是，在今后我将更加稳妥地实施民主管理。这里的"稳妥"，主要是指在推出新的改革举措之前，我将尽可能让自己和老师们的想法达成共识，而不是我自己以"启蒙者"的姿态，把改革强加给学校。就目前而言，我思考最多的问题，除了老师待遇的提高之外，就是教育改革的深入。

我知道，目前我们学校的老师成长进入了一个瓶颈，由我任校长带来的兴奋和时任总理的温家宝同志批示所激发的欣喜渐渐趋于平静，老师们的精神面貌普遍进入了一种心理学上所说的"高原状态"，不同程度地存在着职业倦怠。与此相伴的，是学生的学习倦怠。

这两个"倦怠"其实都是同一原因，那就是成功感的缺失。我们学校的区位环境，决定了我们的大多数服务对象是当地的老百姓，这些失地农民和外来务工人员的孩子，不可能拥有和城里孩子一样的文明言行和文化素质。可是，一样的课程，一样的教材，一样的考试，一样的评价……大多数学生很难有成功感，大多数老师也很难有成功感，每天所做的似乎都是无用功，而且日复一日，月复一月，年复一年，焉能不倦怠？因此，我就在思考，我们既然是"实验"中学，既然是平民教育，为什么不可以在课程设置上进行一些改革？也就是说，我们能不能面对我们的学生实际开设一些对他们既有用又有趣的课程呢？由课程改革带动课堂教学改革，进而带动评价改革，让每一个孩子学有所用，学有所乐，老师们也从中感受到自己存在的价值和工作的成就。

当然，这只是我的想法。目前我正在找一些老师探讨可行性，下一步还要进行一些调研，我打算把这个问题交给老师们决定，让大家都来思考策划，把我个人的想法变成大家的愿望。另外，关于所有校长都当班主任，在老师中也存在不同的意见，究竟这样做对学校发展利大于弊，还是弊大于利？还有，学校安排工作如何既服从学校大局，又兼顾个人的愿望？对老师的考评，如何既科学量化，又切实可行？这些问题，我都打算交给老师们论证，用老师们的智慧决定学校的发展。

也许在一些人看来，民主不过是空中楼阁，可望而不可即；甚至还有人认为，民主不适合中国的现有国情，因为中国人现有素质不配享受民主。但我信奉陶行知的话："民主的时代已经来到。民主是一种新的生活方式，我们对于民主的生活还不习惯。但春天已来，我们必须脱去棉衣，穿上春装。我们必须在民主的新生活中学习民主。"邓小平同志也曾经说过："没有民主便没有社会主义，没有社会主义的现代化。"两年多来，我正是怀着这样的民主理想，引领着老师们"在民主的新生活中学习民主"。我们的民主管理探索尽管还不成熟，但我和我的同事们已经用行动初步证明：中国人是完全可以学习民主、实践民主和享受民主的。本文结束之际，我愿意重复一遍前面说过的话，从某种意义上说，教育只是我实现社会理想的途径。我的理想就是，为未来更加民主的中国奉献更多的公民。

——我希望这也能成为我们学校老师的共同追求。

2009 年 4 月 22 日—5 月 5 日

教代会

我认为应该"正确地提意见，提正确的意见"。所谓"正确地提意见"指的是出发点和态度。出发点是为学校发展，态度是"以人为善"。

上周学校召开教代会，讨论一份关于学校管理的补充条例，内容涉及教师转岗、年度考核、常规管理等内容。但因为争议较大，最后表决没能够通过。

我觉得这是常态。方案不完善就修改吧！学校领导听取了老师们的意见后，对原方案进行了大幅度修改，并将方案拆分为四：关于转岗、关于考核、关于管理、关于科研。

昨天下午再次开教代会。会前我和何书记议论这几个方案。我们对考核方案还不太满意，觉得改得不好，这个方案今天就不表决了，只是征求意见。另外三个表决。

第三节课，开教代会。我先讲话——

上周教代会没有通过补充方案，我觉得这是很正常的。因为方案本来就是供代表们讨论的，并不是非要通过不可。通过，或者不通过，都是常态。民主就是妥协，就是"扯皮"，就是不同利益团体的博弈。在我们学校，不同教研组，不同年龄段，不同岗位，不同性别，甚至已婚教师和未婚教师，都有不同的利益重点，大家对一个方案有不同看法，很正常。通过讨论，甚至争论，能够找到最大公约数，通过一个大家都能接受的方案，当然好；如果暂时没有找到这样的方案，也不要紧，继续讨论，继续修改。我们要习惯这种生活方式。

我知道，在有的学校，教代会形同虚设。那么我们这个教代会是真是假，大家已经看到了。我知道在中国，很多所谓"民主"都是走过场，不过是形式而已。但我立志要在我的职权范围内尽可能实施具有实质意义的民主管理。

我为什么要搞"实质民主"？因为这是我的理想。我就是想试试，在中国有没有可能推行真正的民主管理？其实，本来有些东西是不必通过教代会的，比如如果有老师不批改作业怎么办？这些教学常规的处理完全不必通过教代会，因为本来就有劳动纪律约束；又比如转岗的问题，有老师想转岗，这本来也不必通过教代会，只要校长办公会研究，有岗位就同意转岗，没岗位就不同意转岗，很简单的事。根据上级的要求，只有重大问题才通过教代会，比如以前的津贴发放办法，比如绩效工资发放办法，等等。这些必须通过教代会。对一般小事的处理，校务委员会，也就是校长办公会就可以定了，甚至在一些学校，校长一个人就可以决定了。但我之所以想通过教代会制定制度，就是想尽可能让老师参与管理。

我们学校有三个机构：校务委员会（即校长办公会）、教代会和学术委员会。这三个机构各有侧重，互相制约，又互相配合。比如评优选先、职称评定，在一些学校都是校长办公会先征求群众意见，然后根据有关条例进行评定。但在我们学校，这些要通过学术委员会，我连委员都不是，当然也就无权过问，连手都插不上。我们的教代会是非常"硬"的，不止一次否决校长办公会的提议，还否决过我的提议。

我觉得，学校是大家的，大家的事情就大家商量着办。即使我们觉得有些方案很合理，对老师的根本利益有好处，但老师们既然暂时想不通，那就不急于通过。记得有一年，我提出一个奖金分配办法，如果通过，老师们每个月平均可以多收入几百块钱，但全体老师投票表决时没有通过。没有通过就没有通过，这有什么关系？学校是大家的嘛！我们的教代会代表的代表性还要增强，比如在我们学校代课的老师也应该有代表，招聘老师也应该有代表。不能因为他们人少，就没有代表。

教代会代表是参与学校管理的，所以每次开会都应该积极发言，包括提意见。但是，这毕竟是在教代会上提意见，不同于饭桌上的牢骚，所以，我认为应该"正确地提意见，提正确的意见"。所谓"正确地提意见"指的是出发点和态度。出发点是为学校发展，态度是"以人为善"。所谓"提正确的意见"，有人会说，我怎么能保证我的意见正确呢？这里的"正确"是指建设性意见，而且可操作。比如，你对某一条不满意，你说"这不好"，这不是建设性意见，这是简单地否定。如果你说"应该公正"，这是建设性意见，但不具备操作性。所以，应该提出你认为可以操作的意见。因为你不是普通老师，你是教代会代表啊！你是在参与管理，要有这样的主人翁姿态。

我说完之后，何书记把四个方案发给各位代表，并提醒，考核补充方案不表决，只是征求意见，另外三个方案无记名投票表决，如果不同意，可以写出具体的修改意见。

结果，管理补充方案和科研补充方案通过，转岗方案没有通过。

最后我再次发言——

谢谢老师们！你们的确是在认真地履行自己的职责。我原以为，方案又通不过，没想到三个供大家表决的方案通过了两个。大家还提出了修改意见。真的感谢大家！

我到这里做校长六年了，一直秉持一个理念："老师教我当校长！"我知道有的学校的校长是一言九鼎，说一不二。但我没那魄力，我只有不断听取大家的意见和建议，改进工作。

尽管我不会当校长，但在老师们的帮助下，我觉得我还是有成就感的。现在的学校和六年前比已经有了很大的发展，全国闻名。这百分之八十的功劳是老师们的，但我可能也有百分之二十的苦劳吧！比如，我们学校的民主机制，我们的教代会作用，这就是我的自豪！我希望以后我离开这个学校，能够给学校留下的就是这样的机制。谢谢大家！

代表们用热烈的掌声认可我的发言。

我很感动。

搞民主就是要有胸襟，要有气度，要相信绝大多数老师是通情达理的。我相信，武侯实验中学的发展是不可逆转的！

2012 年 5 月 18 日

我们的学术委员会

学校的一切学术评定，既不能由校长们说了算，也不能由全体教师的选票说了算，而应该由学校学术委员会说了算。学术委员会具有学术评定的最高权威，学术委员会作出的学术评定，即使是校长也应该尊重。

就制度而言，民主决策需要投票，但民主远远不仅仅是投票那么简单。有时候，简单地投票的结果往往不那么公正。

当然，凡是涉及每一个人切身利益的决策应该让每一个人都投票，比如我们学校的津贴发放办法。但有的则不必甚至不应该让所有人都投票。

在某些国家，总统由全民投票产生。在我们国家，国家主席由全国人民代表大会的代表投票选举产生。这是应该的。但是，诺贝尔奖从来就不会由"全民公决"产生。试想，如果由全世界人民投票决定诺贝尔奖的获得者，那将是多么滑稽可笑的事！因为决定诺贝尔奖获得者的人，必须具有相当高的专业素养。

我自然想到我们学校的各类学术评定。比如，特级教师和各级骨干教师、学科带头人的产生，还有每次的职称晋升等等，过去往往是两个极端：要么由校长或副校长们说了算，要么搞全校教师选举投票。前者当然是专制，后者则未必是民主——因为专业的隔阂以及其他微妙的因素，选举往往并不是选学术水平和专业能力，而成了选人缘。

因此我主张，学校的一切学术评定，既不能由校长们说了算，也不能由全体教师的选票说了算，而应该由学校学术委员会说了算。学术委员会具有学术评定的最高权威，学术委员会作出的学术评定，即使是校长也应该尊重。

因此我在学校提出建议，成立学术委员会。具体做法如下——

由全体教师推荐（而不是选举）学术委员会成员。全校所有教职工，都是推荐对象。大家可以以教研组为单位推荐本组的学术委员会成员候选人，也可以以个人名义推荐学术委员会成员。推荐的时候，可以跨学科推荐其他学科的人选。推荐的方式，可以开教研组会推荐，然后把名单交到发展研究室，也可以直接在这个帖子后面跟帖，写明你要推荐的人和推荐理由。

学术委员会成员资格：人品端正，为人善良正直，教育艺术精湛，教学能力一流，学术水平上乘，并有突出的教育科研成果（教学质量、论文著作、赛课获奖等等），在一定范围内有学术影响。

学术委员会产生后，必须制定相应的章程，以规范学术委员会的工作，并在制度上防止可能出现的学术腐败，接受全体教师的监督。比如，每次学术评定，都必须在老师中进行客观的调研，对被评定对象进行全面的了解和考察，然后以协商或无记名投票的方式产生学术评定结果。

我希望，今后我们学校校务委员会、教代会和学术委员会能够互相制约，同时又互相协调，共同推进我校的民主管理进程，使我校能够得以更好更快地发展。

经过民主程序，2008年7月1日，我们学校的学术委员会正式成立。委员来自每个教研组和行政班子。我作为行政班子的代表被推为学术委员会委员，但我不是主任，只是一个普通的委员。学术委员会第一任主任是唐安全，他是数学教研组组长。

又经过反复讨论，几易其稿，《成都市武侯实验中学学术委员会章程》也正式被教代会通过——

第一条：为了充分发挥学校骨干教师在治学中的作用，发扬学术民主，使学校重大学术问题决策科学化、民主化，促进学校教学、科研工作，特设立学校学术委员会，并制定本章程。

第二条：学校学术委员会是学校最高学术评议、咨询机构。独立开展学校学术评议、咨询及考核工作。

第三条：学术委员会遵循党的有关教育、科研工作等各方面的方针政策，与时俱进，开拓创新，提倡协作攻关和良好的科研道德，发扬学术民主和科学、公正的良好风尚，积极推进学校的科学研究、学术活动及教学成果评定的开展。

第四条：学术委员会的职责。

（一）评审、鉴定教学科研成果，负责学校教师职称评、聘，参与选拔教师和对教师进行学术评议、审议事项。

（二）选拔学术带头人，发现和推荐优秀人才，向有关部门推荐科研先进个人或集体。

（三）负责我校教师学术方面的考核和评定工作。

（四）完成教师论文的评选与推荐。

（五）完成校长办公会委托的其他学术任务。

第五条：学术委员会的组成：

（一）学术委员会由我校学术造诣深，业绩突出，思想作风正派，有全局观念，办事认真公道的专家及有关职能部门负责人组成。委员一旦离职、离岗后，即自动终止委员资格。

（二）学术委员会由委员7人组成。

（三）学术委员会设主任1人，主任由校长办公会指定。

（四）学术委员会委员由学术委员会主任提名，全校教师表决，实行差额选举，日常办事机构设在发展研究室。

（五）学术委员会主任主持学术委员会日常工作，并享受学校中层干部待遇。

第六条：学术委员会应受理教师就审议问题的投诉。

第七条：本条例由学术委员会负责解释。

第八条：本条例自校长办公会通过之日起施行。

学术委员会刚一成立，恰逢学校面临职称评定工作。暑假第一天，我请唐安全老师来学校，和他商量高级职称和中级职称聘任的问题，还有教师年度考核优秀教师人选的确定。我说，这件事交给学术委员会，这对学术委员会是一个考验。我希望，通过这次评定，学术委员会能够在全校老师面前树立起公正与权威的形象，并引导一种正气。

我给他看了看在学术委员会成立之前，年级组交来的通过投票选出的年度优秀老师，他也觉得这个名单很荒唐，一些老师明明很差劲，却被"选"为"优秀"。唐老师说，这是因为大家都习惯于"轮流坐庄"。我们决定摒弃这种做法，让学术委员会的成员看材料，看数据，看成绩等等，来确定优秀。职称评定人选，也这样产生，不搞庸俗投票，而要根据真实的表现和业绩确定人选。

八月下旬，新学年第一次教工大会上，参加职称应聘的中高级老师述职。这次上面给我们学校3名高级职称的聘用指标，可我校有高级教师资格的老师有8个；给我们10个中级教师的聘用指标，可我校有中级职称资格的老师有30个。矛盾是很尖锐的。

述职结束后，老师们对这38名候选老师进行了民主测评。

中午，我找学校学术委员会主任唐安全老师商量下午怎样确定中高级教师的聘用人选。我们一致认为，这次是学术委员会第一次进行学术评定，事关学术委员会的声誉和信誉。不能简单看投票，委员会的老师应该独立评议。同时，一定要强调学术委员会委员的保密。

下午，学术委员会开会，唐老师首先讲了几点：

保密：如果发现泄密者，将承担严重后果（开除出学术委员会，在评优晋升方面受到一定的限制，给予一定的经济处罚）。

作用：为学校职评小组提供最后决定的依据。这次评定要过三关：学术委员会，职评小组，校长会。我们是第一关，一定要把好关。

先讨论一级教师，再讨论高级教师。讨论高级教师的时候，涉及今年评职称的有关老师回避。

程序：先看材料，然后提出名单讨论，如果有争议，再看民主测评的结果，或者投票决定。

条件：工作态度（教学常规，出勤，敬业），教育业绩，课改科研……

不看上午的民主测评结果，独立操作，只有在遇到某些老师有争议的时候，同等情况下，参看上午的测评结果。

根据唐老师说的精神，我们开始讨论一级教师的聘用人选，大家先传看材料，然后每个人都写一份自己认为可以聘用为一级教师的名单，然后综合讨论，最后我们确定初步人选。这个名单特意多写了几个，提供给职评小组参考。

我对名单中的两位老师提出了异议，这两个老师工作态度比较敷衍。但经过讨论，我还是尊重大多数人的意见，将其确定为聘用人选。

在讨论高级教师聘用人选的时候，唐老师首先提出了一位老师去年主动让出高级教师聘用指标的事，说今年应该考虑这位老师，何况该老师的教学能力和效果也很不错。大家听了唐老师的提议，都同意。唐老师又提出邹显惠也应该考虑，大家也没有意见，都觉得无论从哪个方面说，邹老师这个高级教师都是当之无愧的。

余下还有一个名额究竟放在谁的身上？这产生了一些争议。经过半个多小时的热烈甚至有些激烈的争论，依然争持不下，于是决定靠无记名投票来定夺。

最后，我谈到年度考核的优秀老师名单的产生。我说，以前都是轮流当优秀，这不对，既然是优秀，就应该是真优秀。这个名单还是由学术委员会产生，每一个委员写一份 15 个优秀老师的名单。

委员们认真写出了自己心目中的优秀老师。

第二天，我把那天学术委员会确定的年度考核优秀教师的名单交给副校长们审议，大家都没有什么意见，最后确定了年度考核评为"优秀"等级的老师。

我请唐安全到我办公室，并对他说："明天教工大会，你给老师们就这次学术委员会的工作作一个汇报。重点是两个内容，一是我们的评议过程，这是工作程序；二是为什么要确定这些老师为一级教师和高级教师的聘用人选。"

教工大会上，唐安全老师代表武侯实验中学学术委员会给全校老师汇报了这次学术委员会的工作情况——

我校高级教师、一级教师评聘人员举荐情况汇报

昨天下午，学校职称评聘小组已经公示了今年我校高级教师、一级教师的聘任名单：

中学高级教师（3 名）：邹显慧　易　琼　邓永辉

中学一级教师（10 名）：唐剑鸿　饶振宇　张唐森　赵春丽　何　敏
　　　　　　　　　　　唐　真　杨翠蓉　徐全芬　杨小平　孙煜平

名单产生的基本过程是：民主投票→学术委员会举荐聘任候选人名单及排序→校职称评聘小组确认→校长会议审批→公示名单。

作为为校职称评聘小组提供最后依据的校学术委员会，有必要将整个举荐过程以及提名的主要理由，向全校教职工作一个简要的说明。

今年申报职称评聘的老师共 38 人，其中申报中学高级教师的有 8 人，申报中学一级教师的有 30 人。他们都是经过区、市职称评审小组确认的完全符合申报条件的优秀教师，都有胜任所报职称的工作能力，理当全聘。但由于市、区拨给我校的聘任名额太少（高级教师仅聘 3 人，一级教师仅聘 10 人），因此这项工作十分艰难，需要认真、慎重、细致地对待。

学术委员会首先研究评选条件，最后议定三条：一是工作态度，二是教育教学效果，三是课改科研情况。此外还议定了在相同条件下的一些适当的处置措施（如年龄教龄的长短，民主评议得票的多寡等）。

其次议定了评聘程序：先评一级（全体委员参加）再评高级（吴杰老师、安迎新老师既是学术委员会委员又是被评者的老师，因此回避）。

具体举荐步骤是：先由各个学术委员会委员认真阅读被评者的申报材料，再以无记名的形式在所发名单中（每人 1 份）选出自己的举荐对象并标出序号，最后统计结果，按票数从高到低举荐高级教师候聘者 5 名，一级教师候聘者 13 名，并确定他们的排序。

下面仅以几位候聘老师的情况，说明学术委员会的举荐理由：

邹显慧老师，其工作态度，教育教学，课改科研等各方面都有突出的表现，这已为校内外绝大多数的师生所公认。我们认为她的入选，理所当然。何况邹老师还有两年就将退休，几十年的辛劳耕耘，几十年的积累贡献，也是他人难以比拟的。更可敬的是邹老师去年没评上高级教师，却依然无怨无悔，一如既往地为学生操劳，为教育尽力。

易琼老师，素质高，人品好。工作责任心极强，教育教学效果突出。常与其他老师（如郎廷明老师等）探讨教育教学问题，常在学校网站上提出一些发人深省的教育问题与老师们探讨……这些都得到委员们的一致好评。此外，易琼老师去年就被评为高级教师，在聘用投票时，排名第4（当时在10名申报者中聘任9名）。为了照顾排名第10的一位老教师，易老师主动提出放弃评聘。这种舍己为人，顾全大局的精神，着实令人感动。

邓永辉老师，工作态度，教育教学，课改科研方面的业绩，一直为同行所称道。多篇教育教学论文发表，多项教研成果获奖，奠定了邓老师入选的优势。更感人的是邓老师对待分外工作也十分积极主动，例如我校每年的招生接待，他都承担了大量的工作，对学校的发展，作出了重大的贡献。

徐全芬老师，工作认真负责，教育教学成绩突出，在教改教研中勇于探索，善于反思，多篇随笔，真切感人。几年来，徐老师一直坚持用业余时间进修硕士学位。这种持之以恒的学习精神，正是获得职称并能称职工作的保证。更突出的是徐老师在"5·12大地震"中，能不顾自己的安危，主动组织学生撤离险地。而她却从不张扬，这就更令人感动了。

前面说过，此次申报职称的38位老师，都符合所报职称的所有条件，都能胜任所报职称的工作，都是优秀老师。如吴杰老师，唐朝霞老师等，他们专业水平高，业务能力强，教育教学效果好。但实在是名额太少，在评议他们时，每个委员心里都感到"一样的滴血一样的痛"。对于他们的暂未受聘，我们深感抱歉。

总的说来，这次学术委员会的职称评聘的举荐工作，还是比较顺利的。我们认为：我们所议定的评选条件是比较合理的；所履行的程序是比较科学的；每个委员所表现的工作态度是很认真、很慎重的；所有委员的评议是没有私心的（如吴杰老师、安迎新老师虽是委员也未入选）。因此，我们所举荐的名单与全校教职工民主投票的结果是相吻合的，因而也是比较公正的。

绝对无私，也许有人做到过，但绝对公正，就只能是人类永恒的理想了。只有更民主，更科学，才能更公正。因此，对于今后的职评工作、评优工作，我们学术委员会将研究一种量化的评价系统（如由校办公室提供考勤资料、学生和家长的反馈信息以及民主投票的结果等，由教导处出示教学成绩及排名情况等，由发展研究室确认课改教研成果等）。然后由学术委员会按适当的比例打分并算出总分，作为评价依据。这种用量化的方式去评判优劣，也许会更合理，更公正一些。

此外，老师们对这次学术委员会的评聘举荐工作，有何建议？有何意见（想骂也行）？希望能跟帖表明，当然也可与学术委员们交谈或者向学校领导反映。这样做的目的是让我们学术委员会今后的工作更民主，更科学，更好地为全校职工服务。

唐老师讲完之后，我补充说："这次也有不足，就是有的老师材料不够翔实，我们在讨论研究时就缺乏足够的依据。我希望以后对教师的评价能够量化，比如工作态度30分、工作质量40分、教改科研30分，然后每一项都细化，这样，以前我们是选先进，现在我们是评先进，以后我们应该是算先进。"

几年过去了，依靠学术委员会，我校的职称评定和评优选先工作，基本上风平浪静。我担任了一届学术委员会委员后，第二届改选时，我主动退出了学术委员会。

2012年7月2日

第三辑

课堂魅力

如何在课堂中渗透民主教育？

课堂应成为学生思考的王国，而不只是教师思想的橱窗。不许学生说错，无异于剥夺了他们思考的权利。

我一向不赞同给教育贴标签，包括给课堂贴标签。但是，为了表述方便简洁，这里把体现民主教育理念的课堂，临时称作"民主课堂"。

我知道，"民主"是一个很时髦的话题，"民主"的概念甚至已经泛滥成灾，而且"民主"这个词的含义太丰富也太模糊了。所以，要谈论这个话题，首先要明确，我是在什么意义上使用"民主"这个概念的？

说到"民主"，我们都知道这首先是一种政治制度，通俗地说，是一种管理国家的方式。作为一种政治制度（或者说政府形式），民主的核心程序是通过人民的选举（直接选举或间接选举）产生领导人；同时，人民能够通过一定的法律程序参与国家的决策。而这正是民主制度与专制制度的根本对立之处。

但"民主"的含义，显然还不止于此。从不同的角度，人们还可以对民主内涵有多种理解。比如，民主又是一种机制，这意味着权力的互相制约；民主又是一种原则，所谓"少数服从多数"；另外，民主还被理解为一种工作作风，其表现是"让群众说话""广泛听取不同意见"，等等。

更重要的是，民主也是一种生活方式。我认为，这是对民主更为深刻的理解。将民主看作一种个人的生活方式，即认为民主不只是一种形式或者说外在的东西，而是一种内在的修养。这种内在的修养体现于日常生活和与人交往的过程中：相信人性的潜能；相信每个人不分种族、肤色、性别、家庭背景、经济水平，其天性中都蕴含着发展的无限可能性；相信在日常生活与工作中，人与人之间是能够和睦相处能够真诚合作的。

我越来越确信，民主的实质是对人的尊重。对此，阿克顿说得非常简明：民主的实质，就是"像尊重自己的权利一样尊重他人的权利"。爱因斯坦如是说："我的政治理想是民主。让每一个人都作为个人而受到尊重，而不让任何人成为崇拜的偶像。"由此可见，爱因斯坦将民主与平等联系在了一起。

民主的生活方式，意味着自由、平等、多元、宽容、妥协、协商、和平等观念浸透于社会的每一个角落，体现于生活的每一个细节。

民主的生活方式，还意味着"尊重"与"遵守"：对每一个人的尊重，并彼此尊重；对经由大多数人认同的制度、规则、纪律的遵守，对公共秩序和公共规则的遵守。尊重，是对精神而言，尊重每一个人的人格尊严、思想自由、精神个性、参与欲望、创造能力等等。遵守，是对行为而言，大到一个社会，小到一个团队，规则是和谐有序的保证，某些时候克服个人的欲望而服从大家都必须遵守的规则，正体现了民主社会的重要特征之一。随心所欲，为所欲为，自我中心，这些都不是民主。

需要指出的是，作为一种生活方式的民主和作为政治制度的民主不是割裂的，更不是对立的，而是互为因果、相辅相成的。民主的政治制度需要社会土壤，这"土壤"便是民主的生活方式；同样，民主的生活方式需要制度保障，这个保障制度便是民主的政治制度。

民主的政治制度与民主的生活方式之间的关系，实质上是政治体制与国民素质的关系，所谓"有几流的人民就有几流的政府"。没有民主的道德基础，所谓的民主制度不过是空中楼阁而已。

我所说的包括"民主课堂"在内的"民主教育"，是在生活方式这个意义上使用"民主"这个概念的。也正是在这个意义上，我认为，民主教育的使命，就是培养具有民主生活方式的公民。

但是，这里的所谓"培养具有民主生活方式的公民"绝不能仅仅是一句动听且鼓舞人心的口号，而必须落实于教育行动。换句话说，民主教育的理念必须要有明确的载体。

这个载体，可以是学校的各种德育途径和形式，但我更看重课堂教学。不是说德育途径不重要，而是因为一个简单的道理：师生在学校最多的时间是在课堂上度过的，如果离开了这个主阵地，单纯通过主题班会等德育形式对学生进行民主品质和民主能力的培养，是难以奏效的。

说到课堂，我还想谈谈对课堂功能的理解。过去我们很多人往往把课堂功能仅仅理解为传授知识，后来又增加了培养能力、发展智力。这样的理解始终没有与课堂和学生的精神成长相联系。我认为，课堂教学既应该传授知识、培养能力、发展智力，更应该将人类文明的精神成果注入孩子们需要滋养的心灵：善良、正义、忠诚、气节、民主、自由、平等、博爱、宽容、人权、公正……特别需要指出的是，我这里所说的"注入"，绝不是脱离教学内容进行生拉硬扯的强加或牵强附会的联系，而应该自然而然地融汇在教学过程中。

那么，我所说的"民主课堂"应该"自然而然地融汇"哪些民主精神呢？

1. 充满爱心

我始终认为，在民主教育的大旗上，有一个大写的"人"字：它是目中有"人"的教育！因此，所谓"充满爱心的教育"就是把学生当人的教育，就是充满人性尊重和人文关怀的教育。

从某种意义上我们甚至可以说，民主教育就是爱的教育。一个真正的教育者必定是以人为本的信奉者和实践者。他有温馨的爱心和晶莹的童心。只有童心能够唤醒爱心，只有爱心能够滋润童心。离开了情感，一切教育都无从谈起。

充满爱心的课堂，要求教师在教学过程中，对每一个学生而不仅仅是少数"优生"都投以关注与尊重的目光，同时要求教师以自己的爱心去感染学生，让孩子之间也彼此尊重与善待。

充满爱心的民主教育，就是充满人性、人情和人道的教育。

2. 尊重个性

这里的"个性"，与"共性"相对，指的是一个人在天赋、智慧、能力、兴趣、气质、行为等方面表现出来的或潜在的独特性甚至独一无二性。当然，个性本身在价值上是中性的，因此"尊重"在这里不是"迁就"，而是在理解的基础上，尽可能根据学生的个性予以积极的引导，从而让每一个学生都成为最好的自己！

尊重个性就是尊重差异，这就要求教育者在教学内容的组织、选择和教学方法的使用等方面，都必须考虑学生个性的独特性和差异性。尊重学生的个性，还意味着不用升学与否这一把尺子来衡量学生是否成才，而是尊重不同个性学生未来的不同发展，坚信每一个学生都会在今后的社会生活中找到自己的位置。

尊重个性的民主教育，特别体现于对待长期以来被传统教育忽视或冷落的"后进生"的态度上。这就意味着教师对"困难学生"倾注更多的爱心、耐心和信心。如果我们的课堂只着眼于"尖子生"，而冷落甚至无视那些所谓"差生"，如此"教育"没有半点民主可言！

相反，具有民主精神的教师，会对"困难学生"倾注更多的爱心、耐心和信心。由于智力状况、学习基础、家庭教养、个性特征等因素的差异，学生发展很难绝对均衡同步，往往总有部分学生暂时滞后或掉队。具有民主情怀的教师，就应该通过教学设计，让他们找到能够体现自己个性尊严的角色，从而尽情挥洒其独具魅力的创造色彩，并自由舒展其澄明自然的心灵空间。在民主教育的课堂上，每一粒种子都能破土发芽，每一株幼苗都能茁壮成长，每一朵鲜花都能自由开放，每一个果实都能散发芳香！

3. 追求自由

民主教育首先是充满自由精神的教育，这种自由精神尤其应该体现于对学生心灵自由的尊重。

尊重学生心灵的自由，教师自己就必须是一个心灵自由的人。教师应拥有一种追求真理、崇尚科学、独立思考的人文精神，并以此去感染学生。我们实在无法设想，一个迷信教材、迷信教参、迷信高考题的教师会培养出富有创造精神的一代新人。

尊重学生心灵的自由，就要帮助学生破除迷信。这里所说的"迷信"，主要是指学生长期以来形成的对教师的迷信、对名家的迷信、对"权威"的迷信和对"多数人"的迷信。我们应该明确告诉学生：世界上不存在万能的"圣人"。老师也好，名家也好，"权威"也好，都不可能句句是真理；我们所学的课文，即使是千古名篇，也不可能绝对完美无瑕；虚心听取别人的意见是应该的，但这些"意见"只能供我们独立思考时参考，而对某个问题的认识，对某篇文章的看法，我们只能忠实于自己的心灵，不能盲目从众。绝不能用别人的思想代替自己的思想。

尊重学生心灵的自由，就要让学生在课堂上畅所欲言。教师应该让学生的思想在课堂上自由驰骋：面对教材，面对知识，教师和学生之间、学生和学生之间应该平等对话；在平等的基础上，交流各自的理解甚至展开思想碰撞。教师当然应该有自己的见解，但这种"见解"只能是一家之言，而不能成为强加给学生、强加给作品的绝对真理。

尊重学生心灵的自由，就是尊重学生思想的自由、感情的自由、创造的自由。自由精神当然不是民主教育所独有的内核，而且也不是民主教育的全部内容，但没有自由精神的民主教育，便不是真正的民主教育。

4. 体现平等

民主教育要求每一位教育者重新审视师生关系。教师的职责无疑是"传道授业解惑"，但这并不意味着教师在知识的任何方面都超过了学生，教师更不应因此而以真理的垄断者自居。尊重学生，就包括尊重学生的思考，真正优秀的教师应该是学生的引路人，也是和学生一起追求新知、探求真理的志同道合者。合作和学习的态度，就是平等精神在民主教育中的体现。

与学生同志式地探求真理，就应尊重学生发表不同看法的权利，并且提倡学生与教师开展观点争鸣。学生的认识也许比较肤浅，他们的看法也许比较片面甚至有错误之处，但在发表自己观点的权利上，他们和教师是平等的。教师绝对不能因为学生的"幼稚"而剥夺学生思想的权利。

平等，还不仅仅是人与人之间尊严的平等，更重要的是人与人之间权利的平等，特别是学生受教育的权利的平等。学生是否真正享受平等的受教育权利，在很大程度上还取决于教师是否真正平等地尊重每一个学生：教学活动，是让少数"精英学生"独领风骚呢，还是让所有学生都参与？上公开课，只是让个别"尖子生"举手答问以显示教学效果呢，还是让每一个学生都积极参与讨论以展示所有学生的真实思维状况？毕业复习期间，是只重点抓部分升学有望的学生呢，还是面向所有不同学习层次的学生……如此等等，都体现出教育者是否真正平等地尊重学生的权利。

教师不但应该自己对每位同学一视同仁，而且还应该在教学中营造一种同学之间也互相尊重、真诚友好、平等相处的氛围。让学生在这平等的氛围中感受平等，并学会平等。

5. 重视法治

尽管"法治"是一种治理国家的手段，但其精神实质无非是依靠体现公共意志的规则（法律）来实施管理，而且所有人都必须遵守统一的规则。正是在这一精神实质上，民主教育与法治精神得以沟通——民主精神同时也就是法治精神。

让学生依据共同制定的规则参与教学管理，是民主教育中法治精神的突出体现。学生作为学习的主人，其主体性不仅仅体现在主动学习和积极思考方面，也体现在参与教学的管理方面。既然尊重学生，而且承认教师的所有工作从根本上说都应服务于学生，那么，学生对教学更应有建议、评价与监督的权利。教师没有理由不尊重学生的这个权利。对真正的民主教育来说，教育者与被教育者的互相监督是理所当然的。当然，长期以来，教师对学生的建议、评价和监督已经成为理所当然，无须强调；而学生对老师的建议、评价和监督则至今没有引起重视，因此，我们现在更看重后者。

6. 倡导宽容

离开了宽容谈民主教育是不可思议的。民主本身就意味着宽容：宽容他人的个性，宽容他人的歧见，宽容他人的错误，宽容他人的与众不同……作为教师，当然承担着教育的使命，对学生不成熟的乃至错误的思想认识负有引导的责任。但是第一，学生的不成熟乃至错误是一种成长现象，其中往往包含着求新求异的可贵因素，如果一味扼杀便很可能掐断了创造的萌芽。第二，宽容学生的不成熟和错误，意味着一种教育者的真诚信任和热情期待：相信学生会在继续成长的过程中自己超越自己，走向成熟。第三，教师的引导，前提是尊重学生思想的权利，然后通过与学生平等对话（而不是居高临下的训斥），以富有真理性的思想（而不是所谓的"教师权威"）去影响（而不是强制）学生的心灵。

教师的宽容，说到底仍然是尊重学生思考的权利，并给学生提供一个个发表独立见解的机会。不要怕学生说错，不跌跟斗的人永远长不大，所谓"拒绝错误就是毁灭进步"，正是这个意思。课堂应成为学生思考的王国，而不只是教师思想的橱窗。不许学生说错，无异于剥夺了他们思考的权利。在充满宽容的课堂上，不应只有教师的声音，教师更不应该以自己的观点定于一尊，而应允许学生有不同的看法，在教学的过程中引导学生独立思考，提倡学生展开思想碰撞，鼓励学生发表富有创造性的观点或看法。努力使整个教学课堂具有一种开放性的学术氛围，让不同层次的学生既有共同的提高也有不同的收获。

当然，宽容不仅仅是教师对学生的宽容，也包括学生对老师的宽容，更包括学生之间的宽容。独立思考绝不是唯我独尊，更不是拒绝倾听他人意见；相反，在对话探究的过程中能具备海纳百川的胸襟是一种极为可贵的民主品质。教师应善于在教学过程中以自己的宽容向学生示范，在鼓励每一个学生珍视表达自己见解的权利的同时，也尊重别人发表不同看法的权利——既勇于表达又善于倾听，既当仁不让，又虚怀若谷。

7. 讲究妥协

在现代生活中，善于妥协是一种明智，一种美德，也是一种与人合作的前提。能够妥协，意味着对对方利益的尊重，意味着将对方的利益看得和自身利益同样重要，更意味着尊重他人的精神世界。平时我们所说的"取长补短""求同存异"都含有妥协的意思。

在民主教育过程中，如果说"宽容"是善待他人的不同观点，那么"妥协"则是对话双方都勇敢地接纳对方观点中的合理因素,彼此相长,共同提高。妥协也不是简单地向对方"认输",而是服从真理以完善自己的认识。对教师来说,这本身也是对学生的一种民主精神示范。

妥协的前提仍然是平等。教师要乐于以朋友的身份在课堂上和学生开展同志式的平等讨论或争辩,并在这过程中主动汲取学生的合理见解。其实,更多的时候,所谓"妥协"并不是绝对的"甲错乙对"因而甲方在思想上向乙方"投降",而是"双赢"——即在讨论争辩中,双方都不断吸收对方观点的合理因素进而使双方的认识更接近真理。当然,也有这种情况,面对学生正确的批评,明明错了的教师更应该承认错误接受批评,并尽可能改正错误。

妥协,常常还体现在师生之间的"遇事多商量":大到制定的教学计划是否可行,小到每天布置的作业是否适量,以及教学内容的选择、教学进度的调整、教学形式的改革等等,尽管教师起着主导的作用,但学生的参与也是必不可少的。还需要指出的是,我们提倡的妥协不仅仅是教师向学生妥协,也包括教会学生妥协。在班级生活中,同学之间、班干部之间、班干部与普通同学之间、班与班之间……在处理日常事务时,都免不了会有意见不同的时候,这时教师就应该引导学生学会倾听与吸纳,多站在对方的角度考虑问题,切忌狂妄自大、唯我独尊,让学生在妥协中学会与人共事,学会真正的民主生活方式。

8. 激发创造

民主是对人的本质的解放,而人的本质在于创造。发展学生的创造精神,是民主教育的使命——注意,我这里说的是"发展"而不是"培养"。所谓"激发创造",在我看来,不是对学生进行"从零开始"的所谓"培养",而是"发展"他们与生俱来的创造性——首先是要点燃学生的思想火炬,让学生拥有自由飞翔的心灵。我坚信,每一位学生都有着创造的潜在能力,所以,教师要做的,是提供机会让学生心灵的泉水无拘无束地奔涌,说通俗一点,就是要让学生"敢想"。创造,意味着思想解放。而学生一旦获得了思想解放,他们所迸发出来的创造力往往远远超出我们的意料。

学生创造性思维的产生,有赖于教师创设一个宽松和谐的教学气氛。我们应使每个学生都具有心理上的安全感,从而在没有外界压力的气氛中充分展开认识活动，所以说，师生之间互相尊重、互相信任、互相学习的平等和谐关系，是发展学生创造性思维的重要前提。然而，恰恰是在这一点上，我们过去的教育却有意无意地剥夺了学生的精神自由，毋庸讳言，由于种种原因，中国封建文化的残余至今还阻碍着我们的教育走向民主与科学。在师生关系上，一些善良的教师往往不知不觉甚至是"好心"地损害了学生的尊严和感情；在某些语文课堂上，不但没有师生平等交流、共同研讨的民主气氛，反而存在着"唯师是从"的思想专制——学生的心灵已被牢牢地套上了沉重的精神枷锁，哪有半点创造的精神空间可言？

我认为，民主教育首先是目中有"人"的教育。真正的教育者理应把学生看作有灵性的活生生的人，而不是教师见解的复述者，更不能成为教师完成课堂教学任务的道具！我们不应把学生的大脑当成一个个被动接受知识灌输的空荡荡的容器，而应看作是一支支等待我们去点燃的火炬，它一旦被点燃必将闪烁着智慧的火花、创新的光芒。因此，发展学生的创造力，与其说是手把手地教学生怎样去做，不如说是给学生提供一个个发表独立见解的机会，让他们的精神自由地飞翔。

上面我谈了民主教育的八个特点，当这些特点体现于教学过程之中时，我们把这样的课堂称作"民主课堂"。所谓"民主课堂"，通俗地说，就是充满民主教育理念的课堂，它意味着教师对学生能力与潜力的无限信任，意味着教师必须尊重学生原有的基础与个性，意味着师生是在探求知识真理道路上志同道合的同志和朋友，意味着还学生自主学习的权利，意味着让学生成为课堂的主人……"民主课堂"是建立在师生人格平等基础上的课堂，是以师生积极交流对话为主的课堂，是学生真正成为学习主人的课堂，是充满生命幸福与人性光芒的课堂！

"民主课堂"的核心理念："让学生成为课堂的主人！"这是"以人为本"的教育理念在课堂上的真正体现。让学生成为课堂的主人，就必须变革课堂师生关系，把教师"教"的过程变为学生"学"的过程，让教师的"教"服务于甚至服从于学生的"学"。

"民主课堂"的基本操作模式："导学稿"加"小组合作"。"导学稿"是学生学习的"路线图",是"民主课堂"实施的有效载体,或者通俗地说,是帮助学生如何学习的"指南"。"小组合作"是学生学习的形式,是"民主课堂"实施的有效方式,是学生依据"导学稿"所采取的行动。

以上是我对民主课堂的理解和解说,也表达了我目前的课堂改革追求。注意,这里说的是"目前的课堂改革追求",而不是"目前的课堂改革现状"。之所以要强调是"追求",是因为这些民主课堂的特征或者说课堂改革要求,目前来看,有点理想化,远没有成为我校每堂课的常态。或者说,我所提出的民主教育的八个特征,是我们课堂改革的蓝图。但是,毫无疑问,我和我的同事们正在依据这蓝图"施工",我们正坚定地向这理想迈进。

最后,我还想就我们微观的课堂改革与宏观的社会进步之间的关系谈几句。世界的民主潮流越来越势不可挡,这是客观事实。作为社会主义中国,我们正在将民主的基本理念与我国的具体国情相结合,建设具有中国特色的社会主义民主政治,这也是客观事实。改革开放三十年来,中国的巨大进步,既体现于经济实力的迅猛增长,也体现于精神文明的日益提升——其中最突出的表现就是国人公民意识的觉醒。中共中央早就宣告:"发展社会主义民主政治,建设社会主义政治文明,是全面建设小康社会的重要目标。"建设小康社会的标准之一,是"民主更加健全"。我这里所说的"民主教育"的使命,正是为即将到来的"民主更加健全"的社会培养民主主体——具有民主精神的现代公民。因此,经济的发展,社会的开放,思想的解放,时代的呼唤,世界的挑战……使中国的社会主义民主政治呼之欲出,也使中国的社会主义民主教育应运而生。而这里的民主教育必须落在课堂——给课堂注入更多的民主精神,让课堂不但成为传播知识培养能力的空间,也成为造就公民的摇篮。

理想的教育应该成为充满民主气息的教育,成为对学生进行民主精神的教育,成为为民主社会培养公民的教育。从这个意义上说,民主的确是教育进程的必然。

2011 年 2 月 20 日

执教示范课

学习不是看小品，学生必须通过自己的学习才能真正掌握知识，培养能力。因此，无论老师讲得多好，只要学生没动起来，这样的课就不过是老师一个人在表演而已。

学校搞课堂改革，最近年轻老师在献课，我也打算上一堂课，用新理念新模式来上。备课《春之怀古》，写导学稿——

同学们：

大家好！

很高兴我能够和你们一起来阅读欣赏一篇散文《春之怀古》。

就一般情况而言，我们读一篇文章的流程应该是怎样的呢？我想，是不是至少应该分四个步骤：首先，要把文章读一遍，或者朗读，或者默读，总之至少要读一遍，能够多读几遍当然更好。其次，要扫除字词障碍，在读的过程中，必然会有不太熟悉的字或词，那就要动手翻工具书查一查，把字音读正确，把意思弄懂。前面两个环节做好之后，再仔细读，目的是感受文章的妙处，找出你认为写得最好的语句，或者说最能打动你的地方，将这些部分勾画出来，想想：好在什么地方？你有什么联想？如果可能，可以和周围的同学交流交流。最后一个环节，就是要从文章中提出问题，不懂的地方，迷惑的地方，甚至怀疑是作者写错了的地方，都可以提出来，自己思考，或与同学讨论碰撞。这四个步骤，简称为"朗读""除障""欣赏""质疑"，还可以俗称为"读一读""查一查""画一画""问一问"。我们学《春之怀古》就尝试用这样的方法去学习，好吗？

【预习　导学】

一、朗读（读一读）

有表情地把课文至少读三遍。

读的时候，拿着笔，在不认识的字词上做记号。

二、除障（查一查）

1. 听说过这篇文章的作者吗？如果知道，请说说你对作者的了解。如果不了解也不要紧，请你通过工具书、参考书或网络查一查好吗？并把作者的有关情况简要写在下面。

2. 在你刚才朗读文章的时候，一定有不少生字难词吧？请查辞书字典把这些字词弄懂。你都查了哪些字词呢？请把它们写在下面，并写出其读音和意思。

三、欣赏（画一画）

我相信，这篇文章一定有让你怦然心动的地方——或者是某个字，或者是某个词，或者是某句话，或者是某个段落……请你把它勾画出来，并写上批注（直接写在课文上，不用写在这里），谈谈你为什么觉得这个地方写得好。

四、质疑（问一问）

1. 动脑筋推敲文章的内容和语句，提出一个值得研究的问题考考周围的同学，但你要能够知道这个问题的答案。请把这个问题及其答案写在下面。

2. 写出一个你不能解答的疑问。

【交流　分享】

一、互相考一考

各小组内交流各自查的生字难词。然后，小组之间互相考考。

请小组同学交流对作者的了解，然后请一个同学给大家说说。

教师补充作者的其他作品。

二、一起读一读

全班同学齐读。

分小组比赛朗读。

教师朗读。

三、大家说一说

小组内交流，每个同学都说说自己被文章打动的语句。

请小组派代表轮流起来对全班说说他们的感动。

教师说自己的感动。

四、彼此问一问

小组内交流各自的疑问。

请小组派代表提问题去考其他小组的同学。

全班自由提问。

教师提问：这篇文章究竟要表达什么？仅仅是对春天的赞美吗？

五、总结收获

1. 你新学了哪些字词？

2. 作者通过这篇文章究竟要表达什么？

3. 你在写法上有哪些新的收获？

4. 试试能否仿写一段话。

这既是一份学生的导学稿，也是我的教学步骤。结果课堂效果的确不错。既尊重了学生主体地位，也没有失去教师的主导作用，同时不减语文课应有的人文气氛。老师们评价很高。

但也有老师说："您是在教材以外选的一篇文章，中考是不会考的。您能否在现行教材中选一篇来上呢？这样更有说服力。"

好，我接受这个建议，决定再上一次探索课，课文选定为传统篇目《狼》。

我写了一篇导学稿——

《狼》导学稿

教学构想:

第一,真正把课文还给学生,把学生推到前台,让他们充分展示,把以前本来由我做的事统统交给学生!

第二,体现层次差异,尽可能因材指导,让不同基础的学生都有成就感。

第三,让激烈紧张的气氛始终充满课堂,让小组之间的比赛贯穿整个教学过程的始终。及时计分,当场奖励。

第四,培训小组长,让小组长成为小老师。

1. 学习内容:《狼》

2. 学习目标:

A 级目标,翻译全文,一词多义,明白写法。

B 级目标,翻译全文,一词多义。

C 级目标,翻译全文。

3. 重点难点:文言文翻译的方法。

4. 自学指导。

课前准备与自学:

一、对学生进行集体培训,转变学习观念,让他们意识到,学习是自己的事,一切都得靠自己。

二、摸清学生的层次,合理分组。

三、培训小组长:1. 维持组内学习秩序;2. 通报组内学习情况、考试分数和提出的难题等等;3. 辅导其他同学学习。

预习指导:

同学们,这里老师给你们提出了五点自学要求,请你们认真做:

1. 反复朗读课文,直至能全文背诵(A),或背诵第三第四两段(B),或熟读全文（C）。

2. 根据注释，疏通文句，完成课后练习二（就做在书上），并用笔在课文上勾画出你感觉最难懂但是你又弄明白了的十个字。

3. 完成课后练习一（在课文中勾出有关的句子）：A 层次全部完成；B 层次完成 1、2；C 层次完成 3。

4. 设计微型试题（出题者要有正确答案）：

（1）听写（找十个字，每个字 2 分，共 20 分）。

（2）给下列加点字注音（十个字，每个字 2 分，共 20 分）。

例：缀（　　）行甚远

（3）解释下列加点字（十个字，每个字 2 分，共 20 分）。

例：弛担持刀

（4）翻译下面的句子（两个句子，每句 10 分，错一处扣 2 分，共 20 分）。

5. 写出你自学中没能解决的难题，比如哪个字不理解，哪个句子不知道怎样翻译，等等（一个难题 5 分，共 20 分）。

导语

同学们：

我很高兴能够和你们一起来学这篇《狼》。

文言文同学们不是第一次接触了，可是你能不能把一篇文言文很准确地翻译为现代文呢？我们今天学这篇《狼》的主要目的是学会翻译。说到文言文翻译的方法，其实很简单，就五个字：增、删、移、留、换。

所谓"增"，就是增加字数；所谓"删"，就是删去不必要或翻译出来反而影响表达的字和词；所谓"移"，即调整语序以适应现代汉语的习惯；所谓"留"，就是保留人名、地名以及和现代汉语词义、句式和习惯相同的字词；所谓"换"，就是古代用语与今天表达习惯差异较大的字词必须换掉，使其表达清楚。

好了，我们今天就根据这五个字来试着翻译这篇课文，好吗？

课堂研讨与分享

第一个环节（检查预习情况，找出学习困惑；教师"一查"自学进度、效果）

组内互考：将预习时出的微型试题拿出来，同层次的同学互相考，然后互相批改打分。

各小组长宣布本组的分数段和堆积的难题。

表扬满分和高分的同学，表扬出题无错的同学。

比赛计分规则：凡是按要求出了试题的，小组记 10 分；累加所有试题的得分。

第二个环节（围绕困惑对学、群学）

合上课本，拿出活页课文，分小组互相翻译课文，力求遵循前面五个字的原则。教师巡视，参与学生研讨，发现问题。

比赛计分规则：老师根据各小组学习状态，加 10~50 分。

第三个环节（以小组为单位，在组长组织下，"展示"学习成果，谓之"小展示"；教师"二查"展示过程中暴露的问题）

不同层次的同学翻译课文，其他同学纠正。小组长记录翻译中的问题。AB 层次的同学归纳出至少三个一词多义的词。A 层次的同学还要说出自己最欣赏课文哪一点，或课文有哪一点不足。

比赛计分规则：老师根据各小组学习状态，加 10~50 分。

第四个环节（教师根据小展示暴露出来的共性问题，组织全班"大展示"）

1. 组际竞赛，通过抢答解决刚才暴露的难题。小组之间互相考句子翻译。

2. 每个小组将一词多义的词写在小黑板上，同时说出自己对课文内容或写法的感受。

比赛计分规则：挑战者计 5 分，应战者答对计 10 分，答错扣 5 分。

小黑板展示根据质量计 20~100 分。

第五环节（学生归位，整理知识，组内互测；教师了解学生掌握的情况，引导学生写学习总结和反思）

每个同学当场出一套微型试题。

格式：

（1）听写（五个字，每个字4分，共20分）。

（2）给下列加点字注音（五个字，每个字4分，共20分）。

（3）解释下列加点字（五个字，每个字4分，共20分）。

例：弛担持刀

（4）翻译下面的句子（两个句子，每句10分，错一处扣2分，共20分）。

（5）默写一二三五自然段中任意两个自然段（错一个字扣1分，共20分）。

先出完题的，马上自行复习应考；所有学生出题完毕后，立刻交换互考，然后互改互评。

教师通过小组长，了解学生们考试得分的情况。

比赛计分规则：凡是按要求出了试题的，小组记10分；累加所有试题的得分。

如果有时间，举行小组之间的背诵比赛。

公布各小组得分，当场发奖。

组内口头交流总结与反思，课后写在本子上：

1. 我的进步（和过去有什么不同？我有什么进步？）

2. 我的收获（新学了什么知识？学会了什么方法？）

3. 我的遗憾（还有什么遗留的问题没有解决？打算怎么解决？）

4. 对老师的评价（老师用这样的方法好不好？如果好，为什么好？如果不好，为什么不好？如果觉得好，那还需要怎么改进吗？如果是百分制，你给老师这堂课打多少分？）

导学稿设计好了，上课的班级也确定了——初一（18）班。

我遇到一个问题：如何分组？也就是说如何确定学生的 ABC 三个层次？高效课堂规定六人小组，而每个组应该有 AABBCC 不同的层次。这就带来几个问题：一、如何确定这不同层次的学生？二、从理论上讲，不同学生刚好占全班人数的三分之一，但实际上未必；ABC 层次的比例在不同的班肯定是不同的，那么在这种情况下，老师如何分组？如何保证每组都有三个层次的学生？三、这样分，学生的自尊心是否受损害？四、如果学生偏科，也就是说假如某学生语文是 A 层次，但数学却是 B 层次，是把他确定为 A，还是 B？

如果不下深水实践，我这个校长真还发现不了这样的问题。

经过和该班语文老师周艳和班主任老师任昌平商量，我决定在班上征求学生的意见再说。是呀，这样的难题为什么不问问学生的意见呢？不是说尊重学生吗？

我来到班上，先问同学们："我到这班上来过吗？"

学生说没有，甚至还有学生说没有见过我。

我说："呵呵，那我这次将给你们上两节课。请问，你们说，李老师为什么要选你们班呢？"

学生七嘴八舌："我们班风正，学风浓！""前次我们上公开课上得好！""我们好学！"……

我说："你们说的都很对，还有一个很重要的理由没有说到。"

学生迷惑了，看着我。

我笑着说："因为你们的任老师是我的老朋友了！还在上个年级，他就是我的领导了，而我则是他的下属！"

学生们更迷惑了，我说："因为那时他当班主任，我是他的助手副班主任呢！"

学生们笑了。

"而你们的周艳老师也是我的好朋友，所以嘛，这次上探索课，我自然要选老朋友的班啦！"

然后我问："李老师先搞个调查，无记名调查。调查之前，你们都趴在桌上，不许看别人，我问了问题之后，你们根据你们的真实意愿举手。"我之所以要这样，就是想让同学们真实表达意愿，而不是看到别人举手便从众也举手。

学生们都把头埋下乖乖地趴在桌上了。

然后我对两位老师说："任老师和周老师回避一下，好吗？"

任老师和周老师走出教室之后，我问："凡是喜欢上语文课的举手！"

全班同学整整齐齐举起了手。

我请同学们抬起头来。然后请任老师和周老师回到教室。

我问："你们说，周老师上语文课都有哪些优点呢？"

同学们纷纷说："幽默风趣！""很负责！""能和我们做朋友！""奖惩分明！"……

"有没有什么不足呢？"我问。

有一个同学说："希望周老师不要发那么大的火。"

"嗯？"我有些不解，"周老师为什么发火呢？是对你发火吗？"

那个男孩不好意思地点头。

我问："是你违反了纪律吗？"

他说是的。

我又问："周老师发火的时候辱骂你没有呀？"

"没有。"

我乐了："那不要紧，违反了纪律当然该批评，该发火，哈哈！"

同学们也笑了。

我又问："你们说了周老师那么多优点，值得李老师学习。那么，你们希望李老师怎么教你们呢？"

同学们又开始七嘴八舌："希望老师和我们做朋友！""希望李老师幽默一些！""希望李老师让我们讨论。"……

我说："给你们说一件事。2007年，李老师刚到这个学校来做校长不久，有一天在食堂，周老师对我说：'李校长，我十年前就听过你的课，是在广汉讲《孔乙己》，上得非常好！'周老师说的是1997年我参加四川省语文教学大赛的事，那次我获得了一等奖！"

同学们惊叫了起来。

我问："那时你们多大呀？"

同学们说："刚出生呢！"

我笑了："那我可以这样说，还在你们躺在妈妈怀里吃奶的时候，李老师就获得语文教学大赛一等奖了，哈哈！"

同学们也笑了。

"李老师的课的确上得好，好到什么程度呢？差一点点就赶上你们周老师啦！"

同学们笑得更开心了。

"但是，我今天要说，我以前的这些所谓上得好的课，都不能算好课！因为在这些课上，只是我讲得好，学生听得虽然很专注，但实际上他们并没有多少收获！只是我在讲，而不是学生在学。就好比看赵本山、小沈阳的小品，再精彩再幽默也不过是消遣娱乐而已。但学习不是看小品，学生必须通过自己的学习才能真正掌握知识，培养能力。因此，无论老师讲得多好，只要学生没动起来，这样的课就不过是老师一个人在表演而已。就像你们学游泳……"

有个学生在下面说："好比学骑自行车……"

我说："对，我就以学骑自行车为例，如果爸爸只给你说怎么掌握龙头，怎么把握平衡，却不让你自己去尝试着骑，最后你依然什么都不会。所以，学习的过程是自己探索尝试的过程，这是老师不能取代的。因此，在我将要上的课上，同学们必须参与，这样的课堂才会快乐！"

最后涉及分组的问题："还有一个问题要和大家商量，就是我的课要根据不同学生的基础分别提出要求，你们说需不需要把你们分成不同的层次呢？"

好多学生都说不需要。我说："还是表决吧！请把头趴下。凡是希望分层次的同学举手！"

我看了一下，举手的不多，大概有十多个。我又问："如果李老师准备把同学们按学习基础分为 ABC 三个层次，哪些同学愿意自己是 A 层次呢？"

有十多个同学举手，我对其中一位说："你负责登记一下 A 层次的同学，好吗？"

然后我又问："哪些同学愿意是 B 层次呢？"

有三十多个同学举手。我说："这些同学到任老师那里登记。"

我问："有没有同学觉得自己应该是 C 层次呢？"

有三个同学举手。我说："你们去周老师那里登记。"

最后我说："希望同学们认真预习，在课堂上积极参与，到时候我会组织小组之间比赛的，看哪个小组取得好成绩。如果同学们上得好，以后李老师就来多给你们上课，好不好?"

"好!"同学们都鼓起掌来。

两天后的上午第一二节课，我在初一（18）班教《狼》，程序基本上都是我事先设计的导学稿。

应该说，这次我颠覆了我以前的教学模式，把课文交给了学生，把学习交给了学生。虽然比起杜郎口中学的课堂还有差距，但对我来说已经是一个了不起的进步了。

接下来的语文组讨论中，大家对我的课予以积极的评价，也谈到一些困惑。我说，当人类第一次用一块石头去砸另一块石头的时候，人类就诞生了，因为人第一次使用工具，尽管这个工具很粗糙。同样，今天的课远远谈不上完美，但对我来说，是一个突破，是一个进步。从这个意义上说，我很满意。希望大家一定要有信心，我们一起来探索。若干年后，当我们的课堂成熟之后，回头看今天的苦闷与茫然，我们会非常欣慰。因为这里的苦闷和茫然，都源于我们的责任感，我们想做事，只是一时遇到了困难。就像学生，只有好学的孩子才会为学习焦虑，不想学习的人怎么也不会有来自学习的苦闷的。我们一起来探索，我们一定会成功的!

我突然想，干脆我在初二年级找一个平行班，用传统的教学模式再教一次《狼》。我想以此比较一下，哪种效果更好。

我给老师们说了我的想法，大家都说好。

当天下午，我在初一（4）班再上了两堂课，同样教《狼》，教学方式是传统方式。

教学程序:

一、从一副对联引入课文："有志者，事竟成，破釜沉舟，百二秦关终属楚;苦心人，天不负，卧薪尝胆，三千越甲可吞吴。"

二、学生预习:1. 熟读课文;2. 自己根据注释扫除生字障碍。

三、学生朗读课文。

四、听写生字。

五、教师逐字逐句讲解翻译。

六、总结：1. 一词多义；2. 古今异义；3. 写作特点。

七、课后练习。

这堂课都是我在讲，因为我语言还算生动幽默，学生们听得非常专注。

次日，我利用早读课，在两个班同时搞了一个关于《狼》相关知识的测验。

两个班的试卷都批改完了。分数段的分布如下——

	100 分段	90 分段	80 分段	70 分段	60 分段	50 分段	40 分段	30 分段	平均分
18 班	4	18	16	6	5				86.24
4 班		5	12	17	7	5	3	1	71.9

这个成绩充分说明了课堂改革的效果。

2010 年 5 月 28 日

重上《致女儿的信》

> "无法预约"并不意味着教师事先可以无所作为，也不意味着教师课前的备课是无关紧要的。不，教师的预设是一种蓄势待发，究竟是否"发"、何时"发"，取决于教师高屋建瓴的教学预见和明察秋毫的教学意识。

　　如何将小组合作的学习方式，与语文学科的特点有机结合？如何既尊重学生的心灵自由，又不失教师的积极引导？如何既让学生参与课堂，又能够体现教师的个人素养与教学风格？这些都是我校语文老师探索的课题。

　　为此，我今天上午第一二节课在初三（1）班上了《致女儿的信》。本来这篇课文我非常熟悉，不看教材我都可以轻松讲授，而且语文组的老师也听过我上这篇课文。因此，如何上出新意，是我课前思考的问题。

　　当然，并不仅仅是为了让老师们听出新意，更主要的是要让孩子们有收获。说到孩子们的收获，我还面临一个挑战，就是这篇课文他们是学过的。学过的课文如何读出新意，读出深度？

　　尽管我似乎不用刻意备课了，在我脑海中什么都是现成的，而且教学提纲的 PPT 都是现成的，但是昨天晚上和今天凌晨，我还是一直在琢磨，如何让这堂课达到学生主体与教师主导的有机统一？早晨五点刚过我就起来了，重新思考教学思路。我和苏霍姆林斯基的女儿的私人交往，当然是我独有的资源，但我不能仅仅凭这所谓"独有的资源"吃老本。我洗脸刷牙都在琢磨，究竟怎样才能突破自己？

我看了看现成的 PPT，我想如果有时间我可以补充一些关于爱情的内容。为了这个"如果"我特意把"爱情天梯"的图片加进了 PPT。我预设的教学提纲（程序）是——

研讨课文的大体结构。

思考：

这封信给你的第一感觉是什么？

这篇课文是以什么形式谈爱情的？为什么要以这种方式？（这封信在写法上和一般的信有什么不同？）

最能触动你的语句是什么？

有什么不懂的问题吗？

这封信在写法上，和一般的信有什么不同呢？

作者为什么要用童话给女儿解释"什么叫爱情"？

在写法上有什么值得欣赏和借鉴的？

思考探究：

1. 结尾两段，奶奶和父亲都是在谈论"这就是爱情"，但两人所说的侧重点有什么不同？

2. "只有人才能够爱。同样，从人本身来说，只有能以人的方式去爱的人，才成为真正的人。"这句话同前面那一句话如何照应？

3. 如何理解："做一个幸福的人，只能是在你成为有智慧的人的时候。"

根据课堂情况补充有关爱情的素材，比如林徽因，比如爱情天梯。

介绍作者及其女儿，介绍我与苏霍姆林斯卡娅的交往，还有卡娅写给我学生的信。

虽然这样设计，但一切还得视课堂情况而随机应变。两节课上完了，老师们（包括多次听我上这篇课文的老师）都赞不绝口，而我的自我感觉也还可以。当然不是无懈可击，但我觉得至少有以下值得我得意的地方：

第一，根据学生的情况来调整自己的预设。

因为学生已经熟悉课文了，所以我本不打算让学生朗读课文，这样可以节约点时间，但一开始我就感到孩子们对课文并不是我想象的那么熟悉，于是我临时决定让全班齐读课文。这个变化是因学生而起。有趣的是，我在和学生一起朗读的过程中，对课文有了新的发现和感悟。这对我是一个意外的收获。

本来学生朗读课文之后，我是想让他们从总体上把握一下课文的结构和内容，但我读了课文之后，我突然意识到，现在问学生"对课文的第一印象"是最恰当的，是最适时的，否则"学脉"（也是"教脉"）就断了，而且我觉得没有必要让学生们专门研究结构，因为一会儿他们研讨课文内容时必然涉及结构。于是，我让学生们朗读结束便交流"第一印象"，课堂顺序特别自然流畅。

本来我是打算把课文讲完后，再集中介绍苏霍姆林斯基和他女儿卡娅的，但当读完课文我问孩子们对苏霍姆林斯基的了解时，好多孩子还是比较茫然的。于是我临时决定把本来放在最后讲的内容提到前面来讲，我给学生们讲苏霍姆林斯基，讲我和卡娅的交往，让学生们因为我而对卡娅感到亲切，他们听得津津有味。但是我"留了一手"，特意没有讲卡娅给我的学生写的信，我想把这个内容放在下课前，这样，这篇课文就因卡娅和我的交往而前后呼应。

课前设计精细并不意味着教师的课堂必须按部就班，有的年轻老师正是因恪守教案的预设而显得拘谨呆板、捉襟见肘。实际上，课堂上出现的所有"变数"对教师都是一种挑战，这种挑战激发着教师的智慧、灵感和创造冲动。课堂上的许多精彩之处其实正是因此而凸显的。课堂上，教师的预设没有什么是不可变的。唯一不变的，是对学生思维及其外在表现的关注。

第二，随时生成一些"教学点"，同时又去掉一些预设。

讨论"作者为什么要用童话来解说爱情"时，孩子们特别热烈，多数孩子都说是"生动形象""通俗易懂"，但我参加一个小组讨论时，有学生说："爱情就像童话一样纯洁美好！"我特别有共鸣，马上让这孩子给大家说说她的这个观点，然后我引导同学们思考："如果要用文体来比喻爱情，什么文体最恰当？"孩子们饶有兴趣地和我讨论：小说吗？不，小说充满传奇，充满跌宕起伏而大起大落的故事，而爱情并没有那么多的传奇，很多时候是很平淡的，就像文中所写，无非就是"你看看我我看看你，眉目传情"而已。剧本吗？更不是，因为剧本的矛盾冲突比小说还要集中。诗歌吗？也不，爱情需要浓烈地抒情，但不可能天天都那么浓烈地抒情。（讲到这里，我夸张地说：比如，你回家要是看到爸爸正在深情地对妈妈说，老婆，我爱你！你肯定会吓坏了，或者说，爸，该吃药了！学生大笑。）是说明文吗？不，爱情不是一二三四的解说。是议论文吗？不，爱情不是抽象的说理。而爱情的最高境界应该是童话！一样的纯洁，一样的浪漫，一样的美好，甚至有时候一样的朦胧。

我对这段课堂情境非常满意，很难说是学生启发了我，还是我引导了学生，是我们共同生成了这个"教学点"。

在谈到对这封信的第一印象时，一个孩子说，作者太了不起了，居然这么坦率地给女儿讲爱情。我迅速抓住这个话题，深入追问："你敢问你爸这个问题吗？"他说不敢。于是，我即兴在班上搞了一个调查："哪些同学想过爱情？""哪些同学向爸爸妈妈问过爱情的问题？"这一下让孩子们活跃起来，他们羞涩而又活泼，课堂上顿时妙趣横生。最后我很庄严地说："再过十年二十年，你们可能也会成为爸爸妈妈，希望你们的儿女向你们请教爱情的时候，你们能够像苏霍姆林斯基一样。"

本来我准备了我引导女儿了解和理解爱情的故事，这个故事也很生动，如果给孩子们讲讲，必将为课堂增添情趣。但因为课堂教学的"脉流"没留到那里，我便毅然舍去了。如果为了课堂妙趣横生，而非要把我准备好的材料抛出来，效果未必好，有可能很别扭。

第三，引导学生理解并学会"语言的敏感"。

在讲《致女儿的信》这个课文题目时，我问孩子们："这个标题中的五个字有没有感到别扭？"这是我事先想好的问题。学生们也许开始并没觉得这个标题有什么不妥，可我这么一问，他们便认真推敲起来。"哎，还真有点别扭。"有同学嘀咕道。越来越多的同学觉得是有些别扭。我问："哪个字别扭？"他们说："致。""为什么？"我追问。孩子们说："'致'这个字用在这里太正式，太庄严。而父亲对女儿写信不用这么严肃。"我说："是的。习近平写信给奥巴马，可以用这个字。但父亲对女儿的信，用什么字就可以了呢?"孩子们说:"给。"我说:"好,用'给'就行了。这个标题是编辑取的。从意思上说,也说得过去,它并不是病句,但不是特别贴切,不得体。大家一定要有对语言的敏感。"

后来讨论时,有同学们对"她那双乌黑的眼睛显露出沉思和不安的神情,不知为什么,她用一种特别的,从未有过的目光看了我一眼"这句话进行品味剖析,我和孩子们一起研究。我说,"沉思"是在想这个话题怎么说才能让小孙子明白;"不安"是为小孙子开始思考这样的问题而略有担心。"一种特别的,从未有过的目光"是"看长大了的孙子的目光"。我特别说:"如果按常理,那应该先用'不安'这个词,再用'沉思'这个词。这才符合思维逻辑,因为不安而想如何解释。这里也许是翻译的原因,也许是苏霍姆林斯基的写作瑕疵。当然,也许是我的理解有误。不管怎样,我在这里不是追究词语顺序是否用对了,而是告诉同学们,读书读文章就是要有这样对语言的敏感!"

后来读到"上帝从那目光中发现了一种他所不理解的美和某种从未见过的力量。这种美胜过天空和太阳、大地和麦田——胜过上帝所创造的一切。这种美使上帝迷惑不解,惊慌不已"时,他们很容易敏锐地发现了前面"他所不理解的美"与后面"迷惑不解"的联系,还有"某种从未见过的力量"和"惊慌不已"的照应。这就是对语言的敏感。

第四,捕捉学生的思维之火,点燃教师的机智之光。

有些精彩的确是无法预约的。但是,"无法预约"并不意味着教师事先可以无所作为,也不意味着教师课前的备课是无关紧要的。不,教师的预设是一种蓄势待发,究竟是否"发"、何时"发",取决于教师高屋建瓴的教学预见和明察秋毫的教学意识。具体说,就是课堂上,教师要非常细心而敏感地关注孩子的思维。

在"有什么不懂的问题吗"这个环节,一个女孩说:"现在社会上有许多爱情悲剧,离婚率也很高,许多家庭并不幸福。这让我们怎么理解爱情的美好?"这个问题提得很好,切合当今中国的现实,因为这个问题,让孩子们从爱情的童话中回到真实的生活,把课文和生活打通了。这是这个女孩的思维之火。这是学生提出的一个我没想到的突发问题。对这个问题的回答,并不难,因为我本身就准备了林徽因和梁思成的爱情故事,还有"爱情天梯"的故事,我趁机讲这两个故事顺理成章，从教学脉络上看也很自然流畅，但是，我设计的教学重点（思考探究：1. 结尾两段，奶奶和父亲都是在谈论"这就是爱情"，但两人所说的侧重点有什么不同？2. "只有人才能够爱。同样，从人本身来说，只有能以人的方式去爱的人，才成为真正的人。"这句话同前面哪一句话照应？3. 如何理解："做一个幸福的人，只能是在你成为有智慧的人的时候。"）还没有开始，如果现在就抛出那两个故事有点早，按我的想法，应该是思考探究完了后我再讲那两个故事的。但是，难道为了我的预设而无视学生此刻最需要解答的问题吗？当然，我可以这样说："这个问题很好，我们过一会儿再来讨论，好吗？"这样也不是不可以，但毕竟不够自然，会让课堂有一种生硬的断裂感。然而，如果完全抛弃我的预设，同样会损害我追求的课堂流程的完美；而且教师完全被学生"牵着鼻子走"毕竟也不好。

那么有没有一种两全其美的办法呢？

在那一瞬间，我大脑剧烈地运转着。经过几秒的思考，我有了主意。

我微笑而从容地说："是的，现在社会上不幸福的婚姻也不少，因为并不是每个人都能够享受爱情的。其实苏霍姆林斯基在这封信中已经说到这个观点。大家看看信的最后两段怎么说的。请大家读读这两段，并思考奶奶和父亲都是在谈论'这就是爱情'，但两人所说的侧重点有什么不同？"

教室里顿时书声琅琅。然后我和孩子们一起讨论并得出结论：奶奶重点谈爱情是人类永恒的美、力量和纽带，父亲重点谈什么人才配拥有爱情，那就是以人的方式去爱的人，而这种人才是真正的人。

我进一步追问："信的最后一句话'只有能以人的方式去爱的人，才成为真正的人。如果不善待爱情，便不能提高到人类美这一高度，就是说它不仅仅是能够成为人、但尚未成为真正的人的一种生物罢了'，与前面哪一句话相照应？"

学生迅速重新浏览课文，并很快找到，情不自禁地朗读："做一个幸福的人，只能是在您成为有智慧的人的时候。"

"太好了！"我继续追问，"什么叫有智慧的人？"

有同学说"心态"，有同学说"正确的观念"。大家议论，我们一起讨论："这里的智慧，包括理智，包括情感，包括心态，包括思想，包括必要的物质条件等等。"

我说："爱情的智慧，首先是对爱的理解。大家还记得你们在初一的时候我给你们讲《一碗清汤荞麦面》时说的喜欢和爱的区别吗？"

不少同学点头，说："记得。喜欢是占有，爱是付出。"

瓜熟蒂落，水到渠成。我很自然地展示出了林徽因美丽的肖像，讲林徽因和梁思成的爱情，以此解释什么叫"爱是不计任何回报的付出"。孩子们都被感动了。然后我说："如果说林徽因和梁思成离我们太远，那么我再讲一个当代真实的爱情故事。"我展示出了"爱情天梯"的照片和两位幸福老人的照片。这时有个女生跃跃欲试，举起手来。原来她知道这个故事。于是我让她给大家讲这个动人的爱情故事。

女孩讲得比较简略，不太完整，但依然感动了大家。然后我继续亮出一张张照片，补充叙述这个故事："两个恋人不惜一切代价私奔进入深山，与世隔绝，这就是'爱情'；六十多年的时间他们始终相爱，这就是'忠诚'；丈夫死去，而老婆婆依然不愿搬下山去而痴痴地守着她的'小伙子'，这就是'心灵的追念'！"

有学生开始擦眼泪，后面听课的老师眼圈开始红了。

第五，把自己的阅历融进课文，融进课堂。

我五十多岁，从教三十二年，时间赋予我丰富的人生阅历，这阅历自然就是我的教学资源，甚至是课程资源。其实，我根本没有想过要有意把自己的故事和课堂教学联系在一起，但是因为我很投入，对课文的理解很深入，甚至说，我走进了课文作者和她的女儿的内心，便情不自禁地在教学中自然而然地展示着自己的经历，自己的情感，自己的思考，自己的心灵。我讲我下乡种果树的经历，讲生理的成熟不等于精神的成熟；我讲我和卡娅15年的交往，讲我理解的卡娅是如何对待爱情的；我展示卡娅给我学生写的信，震撼着孩子们的心；我结合自己的理解讲"喜欢是占有，爱是付出"，学生和我一起陷入沉思；我用"爱情天梯"的故事，讲我对爱情的理解，让孩子们看到在这物质化的时代，依然有着古典的爱情……

一位老师听了我的课，在给我的手机短信中说："人即是课，课即是人。人创造课，课也创造人！而您，是拥有那么鲜活灵动的童心的人，因此我们从您的课堂获得的，是修养、学识、经历以及更为重要的积极向上的人生态度。"

这话当然过奖了，但"人即是课，课即是人"的确是我欣赏的一种课堂境界，也是我和所有语文教师应有的向往与追求。

不是说这堂课就完美无缺，实际上这堂课也有遗憾，但我毕竟在尝试着超越自己，而这种超越，其实也是一种回归，回归到教学乃至教育朴素的起点——对人的关注。我不敢说我已经做得很好，但我在努力。

2013 年 11 月 21 日

潘玉婷老师的课堂魅力

从课文出发，触动了孩子们的心灵，也拨动了老师的心弦，师生双方精神交融，就是最好的语文课。

潘玉婷老师的语文课，是孩子们特别喜欢的。那天上午第一节课预备铃响了，我来到潘老师的班上听她讲《再塑生命》。下面是我的听课记录——

四个学生背诵古典诗文：《春夜喜雨》《咏蝉》《爱莲说》《沁园春·雪》。

学生鼓掌鼓励。

请四个学生板书课题：《再塑生命》

请一个同学向听课老师介绍上节课的学习环节。

学生：第一，小组讨论合作；第二，上黑板展示；第三，写出问题。

教师布置学生分组学习并讨论导学稿上的预习内容，时间十分钟。

"你认为海伦·凯勒是一个怎样的女孩？"……

我看到，学生们讨论得非常热烈。讨论结束后的小组，把自己小组讨论的结果和展示方式写到小黑板上——

1小组：将自己心中最美的语段、句子与大家一起分享。

2小组：海伦·凯勒是一个倔强、勇敢自信、不屈不挠的人，对学习执着追求，对爱的真谛不懈追寻。

3小组：以朗诵的方式展示爱的含义。

4小组：朗诵一首诗歌，联系全文谈谈莎利文是怎样的一位老师？

5小组：形式：访谈，对莎利文老师及海伦·凯勒进行访谈。

6小组：表演形式：开心辞典。

7小组：先朗读，再赏析。

……

6小组学生开始展示：开心辞典。

一个男生自动走到讲台做主持人，请一个同学提问，其他同学回答。

一个女生问课文中某一句是什么含义，其他同学竞相回答。

主持人问爱的含义，其他同学踊跃回答。

主持人：作者连用三个"光明"，想表达什么？

学生1：想看到世间万物的渴望。

学生2：表示了当时海伦·凯勒的心里是非常郁闷的，铺垫了下面莎利文的出场。

另一小组开始展示：主持人请大家朗读课文。学生们朗读得不但整齐响亮，而且很有表情，都很投入。

主持人：大家朗读了这几段，有什么感想？可以自由说说。

学生："世界上还有比我更幸福的孩子吗？"这句话说明海伦非常爱莎利文！

主持人：大家是否喜欢莎利文老师？

大家说：喜欢。

主持人：喜欢莎利文老师哪些地方？

学生发言积极踊跃："是一个伟大的老师""是一个很了不起的老师""莎利文老师是一个很有耐心的老师，请大家看这一段……"

4 小组主持，先朗诵一首诗：《老师，您辛苦了》。

6个孩子轮流朗诵，虽然有的孩子比较羞涩，但每一个孩子都很认真，很动情。

主持人：听了刚才的诗，我们感受到了老师的伟大。请大家谈谈对莎利文的认识。

学生：莎利文老师非常伟大，因为她教子有方。

老师提问："教子有方"？可以这样说吗？

争论开始：有的认为不能，因为海伦并不是莎利文的女儿，有的人说可以，因为莎利文已经把海伦当作自己的女儿了。

大家开始讨论莎利文的形象。

另一组开始模拟采访海伦·凯勒。

一个女生扮演海伦，主持人采访："没见到莎利文之前，你的内心是怎样的？""为什么你说莎利文对你来说是重塑生命的人？"

一个男生扮演莎利文，主持人采访："你认为海伦·凯勒是怎样的人？"

学生的回答非常精彩，其他同学补充。

另一个小组上台，请大家朗读课文。

主持人问：读了这一段，同学们有什么感受呢？

同学们踊跃回答。

"这段说明海伦·凯勒把莎利文看得比自己父母还重要。"

"这段说明海伦·凯勒对莎利文的深深依恋。"

同学们鼓掌。

听着课，我感慨万千。我想到我多年前在成都石室中学当班主任的时候，也有不少老师来我班听课，往往有老师会说，进了李老师的班，总感到一种特殊的气氛，好像进入了一种"场"。我多次听潘老师的课，无论是在阶梯教室还是她班的教室里，我也能感到一种特殊的"场"，一种特有的气氛。这种气氛，正是她今天语文课成功的条件和土壤。语文课远不只是语文技术的展示，而是综合了很多因素，包括班风。我们今天在课堂上看到的同学们之间的互相尊重，还有环境布置，包括一些细节，比如前面黑板上的"每日分享"等等，同样的黑板切分和栏目设置，是不是其他教室也这样？这些都说明了班风。

潘老师这堂课无疑是成功的，成功的标志就是学生都很投入，都在参与。这堂课可圈可点的地方很多，比如，潘老师对"教子有方"的引导与点拨，我个人感觉这是整堂课最精彩的地方。当学生发言说莎利文老师"教子有方"的时候，我心里还在笑，这个学生乱用词，但仔细一想，又觉得可以这样用。正这么想，潘老师插话了，她问学生们用这个词说莎利文和海伦·凯勒的关系是否恰当，学生们开始争论。这个争论不仅仅是辨析用这个词是否恰当，而是把学生对课文的理解引向了深入！像这个问题，我想潘老师肯定不会是先想到，是无法预设的，这是一个课堂生成的问题，但潘老师抓住了这个问题并引导讨论，就把学生的认识深化了。这体现出潘老师的教育机智、教学敏锐和平时的积淀，没有这些，潘老师是很难临场发挥的。所以，潘老师这堂课的成功，就在于她把"尊重与引领"结合得很好，不因尊重学生而放任自流，也不因引领而走向专制。

还有一次去听潘老师的课，好像是讲《紫藤萝瀑布》，中间有一个细节我至今印象很深。她让学生结合课文中的一个句子仿造新的句子。结果一个女生说："潘老师，您不要对我们失望，我们是爱您的……"女孩说着便哽咽了，好多学生都哭了，潘老师也流泪了。我没反应过来，心想，这是怎么了？下课后，我才从潘老师口中得知，原来早读课上，潘老师因为学生们不好好早读批评了他们，学生们很惭愧，觉得对不起潘老师，所以在课堂上，便情不自禁地向潘老师即兴说出了那句感人的话。这个插曲似乎有些"节外生枝"，因为和语文教学没有直接关系，但我要说，从课文出发，触动了孩子们的心灵，也拨动了老师的心弦，师生双方精神交融，就是最好的语文课。在这样的课上，孩子们享受着潘老师，潘老师也享受着她的学生们。

2010 年 3 月 8 日

第四辑

推心置腹

把心献给老师们

优秀老师和平庸老师的区别，就在于坚持，或者说坚守。大家都有理想有热情有童心，但优秀老师能够持之以恒，而平庸老师随着年龄的增长，或者遇到挫折，慢慢就消沉了，一颗心就开始生锈了。

上午，我与唐真和郭艳梅夫妇谈心，主题是"追求卓越"。

谈心前，我叫他俩先看看我的几篇文章：《和孩子一起编织生命的故事》《平凡不普通》《教育，是一种悲壮的坚守》。他俩看完了来找我，唐真还在我的文章上勾勾画画，还有批注。

我充分肯定了他俩的为人品质和工作态度。我说今天我找你俩谈心，不是因为你们犯了什么错误而要批评你们什么，而是我觉得你们还可以更优秀。

我着重谈了追求上进对自己职业生涯的意义："如果满足于应付，那么你会很平庸。"

唐真插话："还有几十年啊！那会很痛苦。"

我说："是呀！因此要有一种内在的追求，不是为别人，而是为自己的生命更有质量，为自己的生活更有幸福感。"

我结合教育教学谈了我的研究思考，还有专业阅读和写作，鼓励他们不要甘于现状，要保持刚参加工作时的那种热情和童心。我还特别强调，不能受不良风气的影响："我的意思不是要你和谁过不去，不是的，我的意思是你要有是非标准，心里有数，外圆内方，守着自己内心的信念。"

我们谈了两个多小时。结束时，唐真对我说："李校长，你放心，你今天找我们谈心不会白谈的。"

下午，我约向蓉、陈淑英、陶杨梅、易婵娟谈心。谈心前，我也叫他们先读我那几篇文章。

四位老师都是去年大学毕业后到我校的，工作还不到一年，简直就是小姑娘。我说："平时我很忙，对你们关心不够。你们热情而纯真，今天我想和你们随便聊聊。"

我请她们先谈谈近一年来的感受。

易婵娟首先说："过去在学校，只要自己把自己的事做好就可以了。现在，我一站在讲台上，看见那么多双眼睛看着我，我就觉得我是他们的信仰，我就感到我有一种责任。"

我说："是的。我刚参加工作的时候，嗓子嘶哑了，下班回宿舍，看到门缝里塞了一包治喉咙的药，我很感动。第二天到班上去问是谁送的药，没有一个学生承认，但大家都对着我神秘地笑，好像他们都共同守着一个秘密，但就不告诉我。他们的眼睛明亮而机灵，让我特别感动。当天我写下一首诗，题目叫《眼睛》，后来还发表了。"

易婵娟继续说："有三个学生不听话，我叫他们到办公室去，他们开始还很抵触，后来我学习了一些老师的做法，不是简单地批评，而是和他们聊天，慢慢地他们不抵触我了，愿意和我交谈，给我说了心里话，说他们为什么上课不认真。于是我趁热打铁，给他们谈了许多，对他们进行教育，最后他们非常可爱，说：'易老师，以后我们有什么不懂的就来找你！'我很感动，有一种成功感。"

我说："这就是教育的幸福。教育的幸福就是这点点滴滴。"

然后对她的发言进行了点评："这些教育故事很好，你用笔记录下来多好！这样的记录多了你便积累了教育智慧。从你的故事中，至少可提炼出这样一些观点：1. 如何走进学生的心灵？就是要平等、尊重。2. 学生学习兴趣是由成功感引发的。就像我们学校的老师去学驾驶，如果师傅老是骂我们，本来会的动作也不会了。相反，如果师傅给我们一点成就感，我们的兴趣就来了。

3. 教育上有困惑是正常的，我们要有从容的心态去面对，去研究。"

　　她说："我还有一点困惑，就是如果我花在这些后进生身上的时间太多，教学进度就会拉下，而且这些学生往往有反复。我不知道该怎么办。"

　　我说："学生反复是正常的，这就是我们的学生。我们要动脑筋的，就是如何减少学生的反复。"

　　易婵娟说完之后，陈淑英说："学生在下面坐着，我感到他们那么信任我，他们的每一个问题我都应该解决，但是学生的差异很大。学生的层次感，让我很有压力，因为学生的差距太大了。"

　　我说："陈淑英的《我的第一堂课》写得不错。这次这篇文章也收入了随笔集。我还给你写了点评呢！"我给她读了我的点评——

　　　　这篇朴实无华的文字，竟然让我格外感动。我想到我的第一堂课，那是一种纯真的期待，一份纯真的感情。陈老师这堂课还很稚嫩，但已经有了很好的开头，甚至开始有了自己的小粉丝。愿陈老师永远保持这份纯真的期待和感情。我永远注视并祝福你！

　　她不好意思地笑了。

　　她说："我也有很感动的时候。有一天早晨我走进校门，看到你们班的同学在做操，他们看到我了，便一起向我问好。当时我好感动啊！"

　　我说："老师的幸福和感动就在这点点滴滴不起眼的地方。"

　　向蓉说："原来大学的同学在成都教书的不少，我在他们面前很牛的，因为我们学校很大气，很漂亮，环境很好，而且我们在武侯实验中学可以听很多专家的报告。一年来，我也读了不少书。我在教育上也有进步。对成绩不好的学生，最初是批评指责，改变教育策略后，这位学生最喜欢我，还经常向我问好。"

　　我说："每个学生都渴望得到老师的尊重和关注，尤其是那些后进生。你对学生好一点点，学生都会记住的。"

　　她说："我有责任心，也有热情，但是我也有我的弱势，就是管理学生缺乏经验，我这个人性格比较软，管不住学生，特别是在15班，学生在课堂上真让我生气。所以现在我有时候感到激情不再，因为被学生气啊。我认为，班主任和老师的凝聚力很重要。比如 18 班，自从谢华做了班主任，变化很大。另外，我建议期中考试能够考地理，为会考做铺垫。"

这时候，我感觉办公室门外面好像有人，我把门打开。原来是两个初三的女生。我赶紧说："哦，是两位小姑娘啊！鬼鬼祟祟干什么啊？"我跟她俩开了个玩笑，然后说："请进来啊！"

两个小姑娘说："李校长，星期五上午，请与我们初三毕业班一起照毕业照。"

我说："呵呵，我真荣幸！没问题！我一定参加。谢谢你们啊！"

两个学生走了之后，我请陶杨梅说说她一年来的感受。

陶杨梅说："我觉得我没有经验，比如如何激发学生的兴趣。我很希望老教师能够带一带我们。我们应该多听老教师的课。我前次听了李校长的课，现炒现卖，还很有效果呢！我觉得对学生要多谈心，不要老是吼。"她讲了一个她和学生在课堂上的故事，很感人。

我说："给你一个任务，今晚就把这故事写下来。我听潘玉婷老师说，你以前在我校实习的时候还不想当老师呢！"

她说："是的，是潘老师让我喜欢上了当老师。"

我要她多向组内的潘玉婷、胡成、郭继红等几位优秀老师学习。

四个小姑娘说完之后，我说："听着你们的发言，我被你们的纯真感染了，我好像回到了我的年轻时代，回到了 1982 年春天刚踏上讲台的那一天。这种热情和理想，应该永远保持下去。"

然后我给她们提了如下建议——

第一，永远保持现在纯净的童心。这很难，但一定要保持，其支撑点是把教育当成信仰，不为名利工作，而为自己工作，不能让自己的心生锈。我现在跟许多老师谈心，都对他们说，要回忆一下自己刚参加工作的时候，也就是你们现在的状态。随着时间的推移，很多人会有职业倦怠感，你们要警惕。要有高远的志向。要想透，说到底我们是为自己而工作，为自己的幸福人生而工作。你们看了我写的《和孩子一起编织生命的故事》，一个孩子就是一个故事，我们帮着他编织。其实，每一个老师的一生也是一个故事，精彩与否全取决于我们的精神状态。有人的一生是戏剧，跌宕起伏，荡气回肠。有人的一生是诗歌，优美精粹，优雅凝练。有人的一生是散文，从容淡定，厚重隽永。有人的一生，是无序的文字，杂乱无章，平庸乏味……我希望你们的人生是戏剧。你们现在已经有了一个非常精彩而纯真的序幕，未来还有很多悬念等着你们。你们永远都不要气馁，永远都不要退缩。优秀老师和平庸老师的区别，就在于坚持，或者说坚守。大家都有理想有热情有童心，但优秀老师能够持之以恒，而平庸老师随着年龄的增长，或者遇到挫折，慢慢就消沉了，一颗心就开始生锈了。你们要警惕，要把纯真保持到永远。

第二，我还是要强调爱心。教育是从爱出发，进入人的心灵，传播爱，培植爱。刚才听了你们的讲述，我很感动。你们现在和孩子们有感情，孩子们也爱着你们。这是教育非常重要的条件。只有心心相印，教育才谈得上真正的成功。尤其是要爱那些后进生，他们更需要尊重。别看他们平时满不在乎，其实内心深处还是渴望老师的关注和尊重的。因为他们平时很少被尊重，所以，老师哪怕给他们一点点爱，他们也是非常珍惜的。还有，学生往往比老师大度。有时候学生犯了错误，老师狠狠批评后还在生气，可孩子们见了老师一样亲热地打招呼，叫老师好。我们老师做得到如此大度吗？这方面，老师要向孩子学习。所以我们要多想想孩子好的一面。当然，爱孩子，也包括科学地严格要求。严格要求，也是爱的一种体现方式。这里强调"科学地严格要求"，就是说要讲究方法。学生犯了错误，一样可以斥责，甚至大发雷霆，但任何时候，无论老师多么气愤，都不能打学生，也不能说损害学生自尊心的话。比如，那天有个老师批评学生："这是你爹妈教的吗？"学生一下就火了，于是师生矛盾激化。其实，这个老师是很爱孩子的，但她没有意识到，冲动中说出的一句话，会激怒孩子。你看，任何一个学生都不允许老师伤害其父母。对学生严格要求，前提还是要和学生建立感情和信任。只要孩子依恋你，只要和孩子有了感情，嬉笑怒骂皆成教育。爱学生一阵子容易，难的是永远都爱孩子。十年前，我的《爱心与教育》之所以能够引起轰动，就是人们觉得我十多年持之以恒地爱孩子不容易做到。其实，在我看来，保持对孩子的爱是很自然的，没有什么做不到的。

第三，要善于积累智慧。对学生的爱，意味着责任。责任就意味着要持续不断地帮助学生成长，同时自己也成长。这是一场持续终生的"战争"，敌人当然不是学生，而是我们在教育上遇到的困难。离开了教育智慧，爱是空洞的。如果真正爱孩子，就要研究。对孩子的爱，能够使一个老师变得聪明起来。因为爱孩子，我们就会想，怎么才能不辜负孩子的爱呢？那就要把他们教好。怎样才能把他们教好呢？那就要动脑筋研究教育啊！从哪里开始研究呢？就从我们遇到的困难开始研究。刚才你们都提到缺乏经验，我无法对你们教学上的具体困难一一提出具体的建议，但我想说的是，智慧就是从难题中来的。你们每遇到一个难题，就把它当成课题来研究。长期这样带着一颗思考的大脑工作，你们就会越来越有智慧。要乐于和后进生打交道，这是最好的教育科研，也是最好的成长路径。任何一个名医都不是靠医感冒而成为名医的，而是靠医疑难杂症成为名医的。别人医不好的病，他都能医好，渐渐地他就成为名医了。同样的，名师也是这个道理。只教本来就很优秀的学生是成不了名师的，只有善于转化后进生，把一个个后进生教成了优秀学生，你才算是真正的名师。所以说，教育智慧更多的是从研究转化后进生中积累起来的。你们读我的《爱心与教育》，读《李镇西和他的学生们》，里面的万同还有陈鑫，当初是多么让我头疼啊！可是，正是在和他们打交道的过程中，我积累了教育智慧。你们的教育之路还很长，还有无数困难等着你们，你们要意识到，正是这些困难能够成就你们，不但让你们变得有智慧，而且也能让你们感到教育的幸福。

第四，要加强阅读。我知道你们都很忙，但再忙也不要放弃了阅读。你们知道，我是非常忙的，但我每天无论如何要抽时间阅读。外出开会，我都要带一本书，有空就读。要把阅读当作一种生存方式，或者说是我们生命的一种呈现方式。就像每天都要洗脸刷牙吃饭一样，每天都要阅读。我这里有很多书，以前我都是赠送，现在我不送了，因为送给老师，老师觉得这书来得太容易，而且反正是自己的，所以往往不读，而是放在书柜里。现在我都是借，规定时间归还，并且要求在书上勾画批注，要有阅读的痕迹。以后这些书读的人多了，就会留下不同老师的批注，这本书多么有价值！存放在学校图书馆，若干年以后，比如一百年以后的老师看到这些书，会有怎样的感慨？我希望你们养成勤于阅读的习惯，这是你们一生源源不断的精神养料。

　　第五，要勤于写作。你们刚才讲的那些故事，如果写下来都非常精彩。经常记录自己的教育故事和感受，就是总结提炼你们的教育智慧。你们不要说自己文笔不好。我没有要求你们写小说诗歌，不过就是用朴素的笔记录自己的教育生活，最好是写故事，怎么做的就怎么写，不写要动脑筋的。如果每天都能写一点，或者说一周写一篇，甚至一个月写一篇，一年两年下来，你们都会有一笔财富。每天的生活经历都是财富，记录每天的教育故事，就是采矿，时间一长，经过提炼，这些矿藏都会变成黄金！这是教育对你们的馈赠。我特别提倡你们跟踪一些特殊学生的成长经历，这也是你们的教育经历。这样的故事写起来也很有意思，因为每一天都充满悬念。我当年记录万同的故事就是这样的。一个优秀老师和一个平庸教师还有一个区别，就在于是否坚持记录自己的教育实践。如果我们不及时记录，很多教育财富就从我们的指缝中白白流失了，多可惜啊！其实，每一个人都是能写的，只是有的人喜欢找各种理由来原谅自己："今天太累了！""算了，明天吧！""要劳逸结合嘛！"最后什么都没有写。前段时间，我看张瑞莉老师写的故事相当不错，我说："你的做法并不比我差，写的东西不亚于我，可为什么我是专家，而你不是呢？就是因为你没有坚持，而我坚持了。"所以，你们不但要写，还要坚持下去。我会不断督促你们的。希望以后我能够为你们出专著。

　　第六，不要受不良风气的影响。我们学校有许多优秀的老师，比如潘玉婷、邹显惠等老师。你们要多向她们学习。但是，我们学校也有一些平庸甚至风气不好的老师，千万不要受他们的影响。有的人喜欢斤斤计较，喜欢议论是非，喜欢打小算盘，境界很低，你们千万不要受影响。客观环境有很多我们都不满意，但我们一时也无法改变，能够改变的只是我们的心态。要在内心坚守信念，保持内心的宁静和纯真。目光要放长远一些，不要斤斤计较于眼前的得失。要培养自己宽广的胸襟。最近我读到一篇文章，里面说，我们阅读不是为了让知识把我们的心灵占满，而是为了让我们的心胸得以荡涤因而空旷清澈。这话说得真好。我们就是要拥有一种博大的胸襟，长远的目光，让自己更加高尚，更加纯净，更加豁达，这样我们才能拥有真正幸福的精神世界。

　　最后，我说："我虽然很忙，但我愿意帮助你们。你们以后有了任何困难都可以随时找我，或者往我电子信箱写信。"

离开办公室的时候，我说要借书给她们读。我让她们在我的书柜上选书，陶杨梅选的是《教育碎想》，易婵娟选的是《中学课堂管理》，陈淑英选的是《摸不着门》，向蓉选的是《教育中的心理效应》。

2009 年 6 月 23 日

幸福就在寻常中

幸福就是一种心态。你对差生埋怨一万句，第二天他还得来上课，你还得给他上课，给他批改作业，何苦呢？

上午，分别与两位年轻的班主任——王柯娟老师和徐芬老师谈心。
王老师给我谈到十多年前刚参加工作时自己的一个教训：

当时有一个班的学生很难管，结果学校安排让我去当班主任。我实在看不惯那些学生，我的心理有些变态，想把一个学生弄回去，就是撵出学校。于是我和他"约法三章"，违反了什么什么规定就不要他读书了。

有一次他抽烟，被我抓住，我就兑现诺言，翻山送他回去。到了他家，有一个细节，让我现在想起来都很感动——他家在农村，家里有狗，我一走到家门口，狗向我扑过来，那学生怕我受伤害，一下扑过去把狗按着。我当时很感动。他的婆婆见我来了，很是热情，给我煮汤圆吃，然后又去把孩子父亲从地里叫回来。父亲见我要求他儿子不读书了，赶紧给我求情。但我没答应，坚持我的决定。结果就把这孩子丢在家，我自己回来了。

说实话，当时我还是有一点点歉意的，但只是一点点。更多的是终于扔下一个差生包袱了，如释重负。但几年后，我开始反思。起因是几年后的一天，我从学校门口出来，在市场碰到那孩子的家长，他很热情地叫我，还捧着橘子让我吃，感谢我教过他的孩子，感谢我翻山越岭送孩子回家。我当时真的很尴尬，也很难过。如果是现在，我肯定不会那样做了，我至少不会站在学生的对立面，我会分析他犯错误的原因，帮助他进步，即使要按校规处理，也会尽量柔和些。

我说："你的惭愧，证明你的良知还在。这份良知也是你后来成长为优秀老师的重要原因。"

她还说："带班关键是要用心，用心管班级。感情第一，制度第二。如果和学生有了感情，哪怕老师有些言行过分了，学生也能理解。批评学生对事不对人，不会伤害感情的。前段时间有一个学生抄作业，我批评了他。他认为我管得太严，和我顶撞。我没有单纯地压制他，而是课间和他慢慢聊，还和家长聊。后来我认为这是个教育契机，不仅仅是教育这个孩子，而且可以教育全班孩子。我就开了一堂班会课，先给学生播放一个演讲视频，是谈如何理解老师尊重老师的。本来我一直认为这个班的学生心比较硬，但看到一半，许多学生都哭了。第二周，学校举行主题班会比赛开班会，说到理解和尊重老师，没想到第一个发言的就是那个因抄作业被我批评时顶我的男生。他话不多，但很真诚，他说，王老师，我犯了错误还和您顶撞起来，我对不起王老师。说着说着，他流泪了。在那一刻，我也流泪了。"

她谈到学生给她的感动太多太多："初三事情多，我经常很晚才回家。读小学的女儿有时候没人接。那天晚上都六点钟了，我还在教室里和学生摆龙门阵。女儿突然给我打电话，说爸爸没去接她，她已经在学校门卫室等了两个半小时了，我很着急，忍不住埋怨起我老公来，说好去接怎么没去接呢？但当时我也不可能去接。我想着想着就很生气，便忍不住流泪，结果被学生发现了。学生说他们小时候也是这样，放学后经常在学校等爸爸妈妈。他们见我还在流泪，都安慰我。有一个男生就递上纸巾，很多很多纸巾，其他学生都不停安慰我。那一刻，我很感动！"

我说到我正在网上和一些老师就"班主任工作是一场战争"进行讨论，她说："班主任工作肯定有很多棘手的问题，确实需要智慧，但把班主任工作看作是一场战争，会很累，很痛苦，因为老想着要制服、战胜学生。学生无论多么令人头痛，孩子毕竟还是孩子。"

我对王老师说："平时对你关心不够，找你谈心的时候不多，但我真的非常敬佩你。你工作不是做给别人看的，是为自己的幸福，为孩子的前途。但作为校长我就想，我能为你做什么呢？工资是国家发的，我无法给你增加工资，生源是教育局划片找来的，我无法改变你的学生对象。那么我能做什么呢？就是让你体验教育的幸福，帮你尽可能成长。比如，你今天给我讲的故事就可以写下来，这是你成长的足迹。我可以给你修改后拿去发表，这本身就是成就的一种体现。"

王老师离开了办公室，我又把徐芬老师请来和她谈心。徐芬老师长期担任班主任，特别是基础比较差的班级的班主任，觉得很有乐趣。我问她乐趣何在？她说："转化了一个学生后就很有乐趣，有成就感。"

我请她举个例子。她说：

　　本学期转来一个学生，爸爸妈妈在西藏工作，平时这孩子就在成都和爷爷奶奶住。但爷爷奶奶管不住他，于是他转学到西藏读了一个学期。这学期又转回来了，后来到我班上。

　　他家庭条件很优越，可能是父母爷爷奶奶的宠爱，这孩子行为习惯特别差。我开始给他讲学校规矩，犯一次提醒一次。前次运动会上，他带手机到学校来，是他妈妈没用的手机。后来被学生会的干部发现了，他就把口袋弄个洞，把手机塞进去。学生会干部没搜到，问他，他说不是他的手机，是旁边学生的。被冤枉的同学当然就不高兴了，于是两个人争吵起来。他还装得很像，好像真的没带手机来。另外一个孩子比较老实。后来我单独和他谈心。我当时很气，觉得他没把我放在心里。刚开始他还是不承认。我问他是什么手机，他说是苹果手机。我发现他对手机了解得很清楚，其实他已经露馅了。我再问他，你有没有手机？他说没有。我说那好，我给你爷爷打个电话，问问你有没有手机。上周上课他玩扑克，看扑克牌后面的酒瓶图案，我就说过要给他爷爷打电话，所以他有点害怕。一听说我要给他爷爷打电话，他便哭了，承认了手机是自己的。

后来我就和他谈了很久。我慢慢地了解到，他家庭很富有，家里很爱他，对他娇生惯养。以前他确实没带手机，这次带是因为想要，而且是美国的，想炫耀。本来按规定，缴了的手机是期末才还给家长的。但这次我就宽容了他，当时便还给他了。他说我不给别人讲你还我手机了，如果有同学问我，我要看他可信才给他说。我说，如果人家知道我现在就退了手机给你……他说，嗯，徐老师就没威信了。

因为我的宽容，他的确变化很大。他平时特别好动，上课爱走动，爱吃东西。但最近有了进步，进步还不小。我就特别有成就感。

说到"幸福"，徐老师说："幸福有时其实很简单。比如上周五的文艺汇演，我班节目没选上，学生很失望。教师准备节目时，参演的主要是班主任，我也去了。我事先没给学生讲，想给他们一个惊喜。我上台之后，因为换了衣服，化了妆，开始学生没认出我。只是说'这个老师很惊艳'，后来有同学认出来了。下来后大家都围着我转，兴奋地叫：'徐老师，徐老师!'都夸我，还帮我出主意，说如果把靴子换成什么颜色，如果衣服换成什么什么，就更漂亮! 那个兴奋劲啊，就像他们上台表演一样。这点点滴滴，让我很感动。"

我又提到"战争"的话题，她说："并不是老师教育学生非要成为战争。有时宽容一些更好。上届带班我的追求就是不要让学生太有个性，一定要对学生有所控制。但本届就改变了一些，宽容了一些。学生反而更守纪律。我经常情不自禁地把学生当成孩子。如果我的孩子可爱，我就想，这些可爱的地方我的学生身上也有的；如果我的学生惹我生气了，我就想他们的缺点我娃娃身上其实也有的。"

徐老师平时也属于默默无闻的那一类，而且心态特别好。我对她说："我平时和你接触不多，但我知道你平时从从容容，不慌不忙，你当然也有发火的时候，但你总能调整自己的心态。幸福就是一种心态。你对差生埋怨一万句，第二天她还得来上课，你还得给他上课，给他批改作业，何苦呢? 我很欣赏你。愿意帮你继续成长，并获得成功!"

2012 年 1 月 6 日

小何老师的郁闷与幸福

永远不要以学生为敌，永远要意识到学生是在成长中的孩子。

昨天课间操的时候，小何老师调整队列，有几个男生不服从，小何老师批评了他们，他们就不高兴，说了一些不尊敬小何老师的话。今天经过龚林昀老师的帮助，这几个男生都承认了错误。但小何老师还有些郁闷，于是我把小何老师叫到我办公室，和她谈心。我先请她讲了讲事情的经过。她说完后，说自己心里还有些疙瘩。

于是，我给她提了如下建议——

要大度。学生犯了错误，甚至冒犯了我们，我们不可能不生气，但不要老是生气。尤其不要记恨学生，学生毕竟是学生，小孩儿嘛！不懂事，我们作为老师，作为成人，不要和他们计较。要有这样的胸襟，要有一种宽容。永远不要以学生为敌，永远要意识到学生是在成长中的孩子。

要坚韧。也就是要有耐心。成长中的学生不可能一下子就很优秀，对于那些比较差的学生，更不可能短时间内变成优秀学生。后进生的特点就是反复。昨天承认了错误，今天又犯错误，太正常不过了。学生改正了错误，让我们高兴，但几天后又旧病复发，也很正常。作为老师，就是要有耐心。我从来不相信那种什么"通过一次谈心""通过一次报告"等等，某个学生一下子就"变后进为先进"，教育从来就没有这样的神话。所以，你要有打持久战的思想准备和智慧。

要从容。面对犯错误的学生，千万不要表现出来惊慌失措，更不要哭鼻子，或者说"不教你们了"。这样只能在学生面前显示你的无能。作为人，我们都有七情六欲，有喜怒哀乐，但作为老师，我们要尽可能在学生面前表现出从容不迫，处变不惊，这是一种自信的体现，也是一种智慧的表现。我的教育生涯中，遇到过太多的困难，遇到过太多的头疼学生，但现在回头一看，那么艰难的坎我都翻过了，我就有一种自豪。我们学校的徐芬老师去年九月接一个很糟糕的班，当时她很郁闷，我也是这样对她说的，我说明年六月这个班毕业时，你一定会自豪地想，去年我那么艰难，不也过来了吗？你会有一种幸福。

要记录。建议你把这件事记录下来，这是你的成长过程。这过程中你的感悟，你的收获，包括你得到的帮助。写作，不是功利性地想"发表论文"，而是积累智慧。我经常说，我们的教育要给学生的未来留下充满人性的温馨记忆。其实，这个记忆也是我们自己的。我写了几十本书，都是我珍贵的记忆。你现在刚刚开始工作，未来的日子还长，你一定要通过实践和写作，给自己留下温馨的记忆。

小何老师说："我就是那年听了您的报告才决定一定要到武侯实验中学来工作的。"她说，2010年我去西华大学给研究生讲课，她很感动，于是研究生毕业后她便特意前来应聘。

我说："谢谢你对我的尊敬！但我多次说，求职是恋爱，工作是结婚。你来这个学校之前，可能有许多美好的憧憬，但其实教育就是每一天都做琐碎的事，也有许多烦恼。不过，你还要多想想学生让你感动的地方。这次，学生让你生气了，你就应该多想想他们好的一面。你工作半年来，有没有被学生感动的时候呢？给我说说。"

她笑了："昨天就有的。昨天我在讲台上站着，没注意讲台上有水，结果一个男生赶紧伸出手臂，用衣袖使劲擦桌子，我好感动呀！还有，那天我在办公室趴在桌上休息，咳嗽了一声，突然就有人在我背上轻轻地拍，我一抬头，原来是我的一个学生，当时我很感动！"

我说："是呀，这就是点点滴滴的感动。"

她又说："还有上次，学生问我哪一天的生日，我说这不能告诉你们，是秘密。但几天后，学生给我买来一个大蛋糕，我说不是我的生日呀！学生说，不要紧，我们不知道您哪一天的生日，我们就把今天当作您的生日，提前给您过生日。"

我都被小何老师讲的故事感动了。她去年才来我校教数学，后来接替一位生孩子的老师中途担任班主任，虽然是中途担任班主任，但孩子们很快便认可了她。

我说："虽然只有半年，但我已经从不少老师口中知道了你的工作很不错，方方面面都很认可你的。你要继续向其他优秀老师学习。你给我说说，在我们学校，你最敬佩哪些老师？"

她一下被问住了："我觉得我周围的老师都很好呀！真的。"她想了想，说："潘玉婷老师非常优秀！"

我问："你听过她的课吗？"

"没有。其实我现在也没有和潘老师接触过，但很多老师都对我说潘老师的优秀，说她很有智慧，课也上得非常好。我还没来得及听她的课。"

"噢，现在你还没接触过潘老师，就知道了潘老师的优秀！"我说。

"嗯！"她点头，"潘老师在我们学校是一个美好的传说。"

"你还敬佩哪些老师呢？"我继续问。

"陈玲老师。她是我的师傅。她对我很关心，毫无保留地教我。包括我刚当班主任，她也给我出主意。我郁闷时，她安慰我。她很优秀的。"

我说："是的。陈老师很优秀，你可以从她身上学到很多。"

"还有任昌平老师也帮我的。昨天她还帮我买了许多发夹，拿来给女生夹长发用。还有很多很多老师，龚林昀老师也帮我很多，我很感动。"

我说："你还会遇到很多很多困难，但你也会收获更多更多的感动和幸福！过段时间，如果你觉得有必要，我可以找有关孩子谈心，也可以到你们班上给你的学生上一堂班会课。反正我会帮你的。"

2014 年 3 月 28 日

"把一堆琐屑的日子铸成伟大的人生"

一个日子，一个孩子，就是教育。

这学期由于种种原因，我对新老师关心不够。我打算在期末找新老师谈谈心，了解一下他们有什么想法和要求。昨天我约了几位老师到我办公室聊天。

我问大家最近都读了哪些书，他们回答的大多是人文书籍。还有老师说看了关于班主任工作方面的书。我说很好，希望你今后有机会当班主任，只有当班主任才能透彻地感受教育，并收获完整的教育幸福。

我又问他们最敬佩的老师是谁，他们说有潘玉婷、孙明槐、李勇军、唐真、许忠应、罗勇等老师。

我问他们有什么想法，有什么需要学校帮助的，一位去年毕业的大学生问了问续签合同和职称的问题。我说期末肯定要续签合同的，如果没有特殊情况，一般来说转正就自动拥有二级教师的职称。还有一个老师问了如何评一级教师的问题，我说估计下学期会启动，先申请，然后述职，然后交给学校学术委员会评定，我不参与。她问是不是要论文，我说一级教师好像不需要，高级职称需要。但我认为高级教师也没有必要非要有论文不可，如果把论文发表作为硬条件，必然助长弄虚作假。我主张同等情况下，有论文发表者优先，而不应把论文发表作为硬条件，甚至一票否决。

我给老师们谈了我的想法——

要向优秀教师学习。我们学校这么大，有两百多老师，老师之间的素养肯定有差别，但我们学校的优秀老师的确很多，你们刚才提到的老师我也很敬佩。比如潘玉婷老师，比如孙明槐老师，等等。尤其在目前浮躁的社会，这个越来越物质化的时代，要守住自己一颗宁静的心真不容易。你们看潘老师，平时不声不响，低调朴实，无论外面如何喧嚣，她就守住自己的班级，每天都和孩子们在一起，她就这么沉得住气。还有许忠应老师，默默无闻经营着自己的班级，收获自己才能体验的幸福。2009 年 12 月，许多学校都为第一次搞绩效工资而闹得沸沸扬扬，我校也是，一些老师坐不住，心也沉不下来。但每天晚上我都看到许忠应老师很淡定地写着当天的教育故事。我当时就想，他怎么能够如此宁静？你们要向我们学校的优秀老师学习。当然，学校肯定也有不那么优秀，甚至比较消极，或者有时候也爱抱怨，爱发牢骚，说风凉话的人，但只要优秀的老师越来越多，消极的人永远不会有市场的。

我特别欣赏俞敏洪的一句话，大意是，要把一堆琐屑的日子铸成伟大的人生。我们每天的日子的确很琐屑，但很有意义。意义就在于这是我们和学生生命的流淌。一个日子，一个孩子，就是教育。一个人的价值如何体现？金钱当然是一个标志。我认为，我们有理由通过自己的努力尽可能多挣钱，这没什么可耻的。但是，这绝不是唯一的甚至不是主要的标志。我们这个社会有个问题，好像衡量一个人的价值，只有金钱一个尺度。《中国合伙人》这部电影很好，很励志，但也有不足，就是给人一个印象，好像人生成功的标志就是有钱。你们看电影中，主人公挣了钱把钱往空中抛撒。这种镜头让人感觉到，这就是成功。其实作为教师，我们的教育人生是否丰富多彩，是否诗情画意，是否感到职业幸福，也是我们成功的称量标准。我们所做的一切，都是我们自己的追求，不是校长的指令，也不是学校的要求，而是我们内心的召唤。我年轻时做了很多有趣的事，给学生编写班级史册，这种油印的书，既不能出版，也不能作为学术成果，可我坚持了几十年。我那时周末或暑假带学生去玩，甚至全国各地跑，也不是学校的规定，我也不可能去找校长给我算"工作量"。这都是我自己愿意做的呀！现在，三十一年过去了，我回想起过去的日子，的确怦然心动，热泪盈眶，觉得自己的教育人生很充实，富有诗意。我就有了成功感，幸福感。

要不断积累教育智慧。当老师们缺乏爱的时候，我们强调要有爱心。但爱心并不是教育的全部，更不是教育的最高境界。我们还要有智慧，教育智慧。或者说，教育的爱，必须通过教育智慧体现出来。你只是空谈爱心，上课不受学生欢迎，给你一个班你手足无措，学生不能从你那里有所收获，这叫什么"爱"呢？我经常说，一个老师怎么才算好老师？第一，课要上得好，好得学生们天天盼着上你的课；第二，班要带得好，无论什么班到了你的手里，你都能够让班级成为优秀班级，让孩子觉得温馨；第三，分要考得好，教学成绩很棒。做到了这三点，就是好老师。当然如果你还能说会写，那就会成为"名师"。会说，你就能在你所在的区域有影响，因为你通过讲学传播你的教育智慧。能写，你就能通过发表文章出版著作在更大范围内，比如全国范围内，扩大你的影响。而这一切都必须要有教育智慧。尤其对我们这样的学校，许多学生基础不好，行为习惯差，能考验我们的教育智慧，也让我们在和这些学生打交道的过程中不断收获教育智慧。每一个后进生，都是一块科研的矿石。每转变一个后进生，你就多了许多教育智慧。我们的新老师，多数都非常不错。比如赵宁丹，我就听许多学生，还有同事说你很不错。还有李亭葶，虽然年轻，但班带得很不错。以后我会带你去讲学，就讲你的成长，你的故事。但是，也有个别老师虽然敬业，虽然工作态度很好，但缺乏教育智慧，上课很差，学生不爱听，教学成绩也很差。说实话，这样的老师我们学校肯定不能要。因为我们要对学生负责呀！我相信，随着时间的推移，随着实践的丰富，我们的老师会有越来越多的教育智慧的。

不断超越自己。你们还年轻，你们的潜力是无穷的，要不断超越自己。你们刚才提到唐真，说很佩服他。说起唐真我很有感慨。我至今记得我刚来当校长时找他谈心的情景。当时他很普通，很一般，我找他谈心，以我的经历告诉他，你应该用一生的行动来证明自己，证明自己能够在教育上走多远。我说我八十年代后期就被人请去讲学，就发表文章，九十年代就出版专著，《爱心与教育》引起轰动。如果那时我就停滞不前，也很好，吃老本嘛！但我想，我还能不能更优秀？于是我去读博士，那年我已经42岁了，但我超越了自己。后来在教科所工作，似乎也可以在那里养老般地混到退休，别人也觉得很正常，因为我已经功成名就了呀！但我继续想，我还能不能更优秀？我在教育上还能走多远？于是我重回学校，到了郊外的学校做校长，搞平民教育。我这些话让不善言辞的唐真很感动，我记得他离开我办公室的时候，留下的最后一句话是："李校长，以后我会用行动证明，你今天找我谈心，不会白谈的！"五六年过去了，唐真果真超越了自己，越来越优秀，他做班主任遇到学生早恋，向我求助，我便去他班上和学生聊天。现在他作为年级主任管理做得非常好，他自己的课也上得好，教的班级成绩也很好。我非常欣慰。你们应该向他学习。

要多读书。刚才老师们说了最近的书，很好。现在很多人喜欢上网而不喜欢读书。我想起流沙河对我说过的一句话："网络只能给人以信息，只有书籍能够给人以知识。"这话说得有些绝对，我稍微改改："网络更多的是给人信息，而书籍才能真正给人以知识和学问。"暑假快到了，我希望大家有一个读书计划。不但要读人文书籍，还要读教育教学的专业书，还要读教育经典，比如《给教师的建议》，我说要反复读。有老师说她没读完，我说估计是读不懂，那不要紧，读不懂就跳过，有时间再回头慢慢研读。这里我把《给教师的建议》借给你们，假期里就读这本书，可以勾画，可以批注，读完之后请在最后一页签上你的名字。以后我再把这本书借给其他老师，同样可以勾画批注，然后签字。这样我以后把这本书捐赠给学校图书馆，一百年之后变成了文物，那时候的老师会看到这本书上不同读者的不同笔迹，他们会感受到一百年前武侯实验中学的老师是如何读这本经典的。

要养成写作的习惯。要随时积累自己的教育实践，通过写作，记录自己的教育故事。我觉得我和大家不一样的地方，其实就是比大家多写了一些文章，或者说比你们多写了一些著作。其他都一样。当然，大家的写作水平也许不够高，那不要紧，写作的目的不完全是为了发表，也不只是为了积累智慧，我觉得还有一个目的，就是为将来留下温馨的记忆。想象一下，你退了休，翻开现在写的故事，你会觉得自己的日子是那么充实，那么跌宕起伏，那么五彩缤纷。这样，你会觉得你的教育人生的确是有意义的。这是我们生命的痕迹。

我愿意为大家的成长提供帮助，你们有什么困惑，有什么需要我帮助的，尽管找我。我随时等候你们的求助。

2013 年 6 月 26 日

你还可以更幸福

十年几十年如一日地保持第一次踏上讲台的那份纯真与激情，是任何优秀老师之所以"优秀"的第一条件，也是我们获得教育职业幸福的最重要因素之一。

你工作已经八年，说起来还算青年教师，但恕我直言，我感到你的心已经开始老了。

别不高兴我这样说，既然和你推心置腹地谈心，我就得说我的真实想法。那天在校园，一个学生对你说"老师好"，你却很漠然地爱理不理，脸上没有笑容，更没有回礼说"你好"，只是若有似无地点了点头。你想想，如果八年前你第一次来到学校，迎面而来的学生叫你"老师"，向你问好，你会有怎样的激动？你会有一种自豪感："哦，我是老师了！"这份纯真的感觉，是从什么时候失落的呢？或者说，从什么时候开始，我们面对一个个学生，面对一堆堆作业本，面对教材，面对备课本，面对家长……我们开始厌倦了呢？每天早晨被闹铃吵醒，真不想起床呀！想到又是一天艰辛的重复性工作，实在是心烦。可是，如果时光倒流到参加工作的第一天，早晨醒来，一想到那紧张而充实的教育生活，那活蹦乱跳的孩子，以及孩子们脸上那天真烂漫的笑容，我们是怎样的期盼？又是怎样的精神抖擞？

在我看来，持之以恒乃至十年几十年如一日地保持第一次踏上讲台的那份纯真与激情，是任何优秀老师之所以"优秀"的第一条件，也是我们获得教育职业幸福的最重要因素之一。

是的，如你所说，你的确遇到了很多很多困难，这些困难是你参加工作之初没有想到的。你说，读师范的时候，你想到过学生的调皮，想到过上课的挫折，甚至想到过被学生气哭，但就是没有想到，在应试教育的铜墙铁壁面前，曾经拥有的教育理想是那样的苍白无力！你读了很多教育理论著作，包括我的书，可是面对现实，面对学校和上级的这个"不准"那个"不准"，还有上面对"教学质量"的任务和指标，你感到自己被逼到了教育的悬崖绝壁，除了拼命抓分数，别无退路，可要命的是学生却不争气，一次次让你失望乃至绝望，于是你气不打一处来，什么"教育的本质是对人性的尊重""教育是心灵的艺术"……这些从书本上学来的当初自己深信不疑的东西统统被抛到脑后！于是，你不得不退缩，向你过去所不齿的"野蛮教育"缴械投降。于是，你很累，不停地喘息，有时还感到窒息。

我不想给你讲什么大道理——你不是说你已经看了很多书了吗？我想说的是，这一切就是"教育本身"。教育的复杂性，教育的艰巨性，以及教育过程的不可预测性都在其中了。但是，教育的挑战，教育的智慧，还有你所期待的也就是我经常所说的"教育的幸福"也在其中了。打个不太恰当的比方，就像你爱上一个人，结了婚，你爱上的就不只是爱人的优点，爱人所有的缺点你也接受了——甚至爱上了。从来就没有一个抽象的只有优点的爱人等待着你去爱。你爱的是一个完整的人！如果你打定主意和"教育"这个爱人厮守一辈子，那一切都是你的选择。否则，干脆"离婚"，而且趁早。

你可能会说："李校长，你说的我都同意。但你说了半天，并不解决我的实际问题呀！"

错了，问题只能你自己去解决。我只能帮你分析，我可以建议你改变思维方式，拓展视野，调整好心态……可最终问题的解决还得靠你自己。关于"理想与现实的冲突"，我很有共鸣。我也是从年轻时代走过来的。你说的一切我几乎都遇到过。

其实，凡是有理想有良知的教师，都曾感叹："面对现在的教育现实，要实现自己的理想，简直就是戴着镣铐跳舞！"我们的失望乃至绝望，很多时候是因为我们欲打碎"镣铐"(彻底改变教育体制)而不得。其实,这里应有一个思维方式的转换:作为一个基层的教育者,无论校长还是教师,要打碎"镣铐"是不可能的,这也不是我们的任务与使命;既然"镣铐"不可能打碎甚至卸下"镣铐"都不可能,那我们要思考的就是,如何在"镣铐"的束缚之下把舞跳得相对自如一些甚至优雅一些。作为校长,我无法改变大的教育现实,但我想的就是如何在现有框架下,尽可能做一些自己可以做的事?比如"新教育实验"所倡导的"十大行动",我是可以做的——我们的书香校园不就建起来了吗?这和所谓"体制"不冲突啊!还有我狠抓教师队伍建设,采取一些激励措施提升教师,这也和"体制"没有直接的冲突。没有"镣铐",我也许可以实现我教育理想的百分之百;戴上"镣铐",我却只能够实现我教育理想的百分之十甚至更少,但总比一点都不做要强吧?

你作为一名教师,考试制度无法改变,教育评价无法改变,教材无法选择,学生无法选择,但是教育教学的手段、方法、技巧以及你走进学生心灵的路径、方式却是可以改变或选择的。给你一个班,作为班主任,在不违背上级总体要求的前提下,如何让这个班充满生机,富有特色,尤其是对孩子富有吸引力,给孩子的未来留下温馨而富有人性的记忆?在这些方面,你不是一点创造的空间都没有的。从某种意义上说,在现行教育体制下,真正的教育艺术,就是"戴着镣铐跳舞"的艺术。在与应试教育的"周旋"("周旋"就包括了应对与超越)中形成自己的教育个性,就是我们的教育大智慧。著名的教育名家魏书生老师,不就是在应试教育的荆棘丛中走出了一条符合自己个性的路子吗?他是我们这个时代的最杰出的教育舞者。

真不是当面说你好话,你的确相当有潜力——具备了成为优秀教师的潜质。但我现在对你并不满意,或者正面说,我对你的期待依然强烈甚至焦灼。不是说你现在就是不好的老师了,其实你现在也不错的——尽管你现在有着明显的职业倦怠,但你依然尽心尽责,教育教学常规,那是没说的!如果你本人的素养能力只能这样了,那我也就认了。可你明明可以更加优秀的啊!你也许会说:"我不追求什么'优秀',平平淡淡才是真。"你又错了,我说的"优秀",不是说你一定要"出人头地""名扬四海",而是你要让自己每一天的工作乃至你的人生更加有成就感,更加有滋有味。这里的"优秀"不是"对外"，不是你要做给别人看，而你要对得起你自己，是"对内"，对自己的心灵世界。即使同为蜗牛，每天只在地上爬，与坚持不懈爬上金字塔顶，这两只蜗牛的感觉绝对不一样。何况我们不是蜗牛，我们是人，是有尊严的人！如何赢得自己的尊严？尊严就在每一天的平凡工作当中。

再说了，我们通过优秀的工作赢得世俗的名利，也不可耻呀！这本身也是我们价值的标志。如果你真的做出了实实在在的成就，产生了社会影响，各种名利自然会来找你："特级教师"呀，"教育专家"呀，"全国模范"呀，"特殊津贴"呀等等。到时候，你也不要觉得不好意思：靠自己的人品、良知、辛勤、智慧让自己增值，有什么不好意思的！你应该感到光荣与自豪！当然，哪怕这些都没有，不要紧：我不"杰出"，但我很幸福啊！和现在相比，你完全可以更幸福的。

按世俗的观点看，我现在"功成名就"，我再怎么干，也很难再得到什么了；当然，我只要不犯错误，哪怕平庸一些，也不太可能失去现有的什么。那我何苦还要当这个"吃力不讨好"的校长呢？并没有谁端着枪逼着我当校长呀！这个校长完全是我自己想当的。因为我总想不断地挖掘我的潜力，我总想不断挑战自己：看我在教育上能够走多远。我对我这个校长定了一个成功的标准，那就是教师的成长乃至成功。无论做班主任还是教语文，我算是有了较大的成功感。但是我还有一个最后的梦想，就是希望在我的引领下，能够有一批甚至一大批老师成长起来，成为真正幸福的教师！

到这个学校来当校长三年多，已经有不少老师让我增加了信心，看到一些平庸的老师越来越出色，我发自内心地感到欣慰。开学这几天，老师们的精神面貌明确发生了可喜的变化，我非常开心。老师们给了我越来越坚定的信念：要无限地相信老师的潜力！那天晚上在网上和李青青老师聊 QQ，她说了一句话："老师要以发掘学生潜力为工作的一个重点，要自居伯乐。"我马上说："我俩在不同的层面上，遵循同一个道理。你是老师对学生，我是校长对老师！"青青接着说："也许，你错过的是一个有潜力的学生。但是如果缺少老师的发掘，这个学生也许就错过了自己的一辈子！"这话说得真好！我立刻仿照这句话回复过去："也许，你错过的是一个有潜力的老师；但是如果缺少校长的发掘，这个老师也许就错过了自己的一辈子！"李青青曾经是我"发掘"

的对象，她的成长给了我成功。现在你就是我"发掘"的对象，呵呵！你的成长，就是我的成功！我期待着你不断给我当校长的成就感。

　　今天拉拉杂杂说了这么多，从你同样真诚的眼神中，我相信你已经体会到了我的苦心。既然你接受我的这些观点，愿意自己更加幸福，那我以后就要"逼"你了——在继续严格要求做好各项常规工作的同时，我还要逼你思考，逼你读书，逼你写作，逼你上网……你做得好，我会在大会上表扬你——不要怕我表扬你啊！但你如果犯了错误，我也会批评你，甚至把你骂得狗血喷头，呵呵！当然，如果我做错了，你一样可以当面批评我，当面骂我。但请记住，即使我和你吵架，我也永远不会失去对你的信心。总之，我会随时关注你的，永远做你事业上的精神支柱。你有了什么困难，随时可以找我。我就是你的110。

2010 年 2 月 25 日

第五辑

幸福至上

李娜：快乐心态

幸福，其实源于心态。没有良好的心态就没有职业的幸福。

先读一篇李娜老师刚交给我的"作业"，她说请我"指点"——

初当班主任

当我敲下这个题目的时候，不得不叹息时间真的过得好快。在这穿梭的光阴中，我走过了六年的班主任历程：从"河东狮吼"到智慧教育，从镇压对立到走近心灵，从筋疲力尽到轻松快乐……点点滴滴，都在我的班主任工作上刻着深深的烙印。想起当初那个面对很多困难束手无策甚至很多次都想辞职不干的我，心里仍然酸酸的，可今天我可以自豪地说一句：我爱当班主任，班主任工作带给我的是充实、阳光和快乐。从失败中总结教训，抓住一切成功的契机，是从心力交瘁走向轻松愉快的一大法宝。

2007年，可以说是在很多人的羡慕当中，我赢得了唯一的一个英语老师的名额进入了武侯实验中学，没想到从那时起我便跟这个工作结下了不解之缘。记得那次刚到学校开会，领导便宣布我成为2010级15班的班主任，并且第二天就得带着学生开始军训。天啊，才毕业的我，是从来没有想过要当班主任的。紧张，慌乱，没有做好任何的思想准备，对如何当班主任也是一窍不通。可是既然学校给了我这个工作，为了不辜负学校对我的信任，我就硬着头皮上了，于是怀着满腔的热情开始了工作。不过，开学第一天的见面对我来说就是个打击，注定我的班主任生涯一开始就是个失败，是我掉进苦海的一个征兆。

那一天很热，学校安排先在班上集合再由学校组织乘车去黄田坝军训。我来到了教室，因为没有经验，我没有对教室进行任何的布置，也没有对当天的第一次见面进行任何的规划。幼稚的我以为凭着自己单纯的热情、真诚和勤奋便能让这些小不点乖乖地归顺于我。可是我错了，他们并不像我想象的那么简单和听话。第一次这样孤军奋战，感觉那天自己不是在当班主任，而是在当演员。站在讲台上，我回忆着，模仿着初中和高中时初见班主任的情景对他们依次点名，（因为我初高中都是重点学校，我相信老师的做法是相当可靠的）当时我就发现这个班有几个男生很调皮，因为他们跟我第一次见面就跷着凳子。（后来我才知道这个班是整个年级最差的一个班）然后看到时间还没有到，我只得忙乱地选了男女生的负责人，并且后来才知道那个男生负责人也是相当调皮的。为了让整个见面显得更加充实，我还利用多余的时间让同学们做自我介绍。为什么说第一次的见面注定是一个失败呢？现在我带班第一天跟同学们见面是绝对有准备的，在本子上依次写着当天的程序。并且习惯性地给每一个同学一封信，让他们既对我亲近也清楚了我的要求，绝不会去打无准备的仗。但六年前我并不知道这样做。所以第一次见面，忙乱，无头绪，对后来我跟他们的对立及他们对我的不依不饶埋下了伏笔。

军训当中我也是模仿，模拟其他班主任的管理方式，还每天批改学生的日记。前面我已经提到，这是整个年级最差的一个班，虽说有坦诚的沟通，但因为缺乏事先的规划和规矩，要让他们循规蹈矩就难上加难了。所以整个9月，传说中带一个班级的常规黄金月，我精疲力竭，却收效甚微。可以说除了教学需要学习，我的班主任工作全是被学生拖着在走，第一天没有一个"严"字，也没有从心灵上走向学生，后来的一切谈何容易，每一天我都被繁琐恼人的事情缠绕着。如果当天下班还能看到夕阳，那便是我的安慰了。

作为新老师，每周有半天得到区上学习，每次学习的时候我都担惊受怕，因为我不知道回到学校后我又得给这些孩子们收拾怎样的残局。记得有一次回到班上，经过隔壁班的时候没有听到我班的任何声音，我以为同学们已经改邪归正想要一起努力打造一个优秀的班级了，结果走进去一看，他们居然打开电视全班在看连续剧。当时我已经火冒三丈，再听到班长说几个男生上自习的时候跑到阳台上跟楼下班级的同学玩泼水的游戏，我就完全爆发了，对他们破口大骂，越让他们无地自容我就越得意。年轻的我完全没有顾及这些十几岁孩子的感受，前几次这样的竭力压制可能还能取得点效果，可是屡次进行这样的教育显然让孩子们对我产生了反感。

现在想来，他们后来对我的一次次抵触和不理解，真的在一定程度上归结于我对他们的大吼和镇压。就这样，这个班级在不停的起起伏伏当中被我控制着。我只能说"控制着"，因为我不在班上的时候大多是乱作一团的。满怀着热情踏上我人生的工作岗位，没有想到我的生活沦落到但求每天如何能平静度过的地步。于是，我向有工作经验的老师求救，向书本求解，我慢慢地改变自己。从读书以来，我给自己的定义便是没有多大巧干的本事，但有一股非同常人的勤奋劲，所以从小我最喜欢的一句话便是：皇天不负苦心人。后来的两件事，或多或少让他们对我改变了些看法。

11月份学校组织了学生去国色天香秋游，这是一次很好的让我和孩子们亲近的机会。那天他们很兴奋，并且事先我对他们进行了多次安全教育，所以当天的一切都很顺利。在车上，不断有学生给我送零食。当时我就在想：其实学生真的很单纯，以前我是怎样一一数落他们的，今天的他们却对我那样恭敬和爱戴。那天年级上本来安排班主任可以放手让学生自己游园，规定好集合的时间和地点再去组织学生就行了。我却拿着相机跟他们从头跑到尾，陪他们到处玩，给他们照相，帮他们排队。为了更亲近他们，做他们的朋友，我鼓起勇气陪着他们一起做了"青蛙跳"。那一天的经历让一些学生感受到，他们是可以和我做朋友的，也让他们认识到了他们的班主任不是只会对他们大呼小叫。

后来，同年级的一位优秀的老师参加了区上的班会赛课，并且得了一等奖。看了那场班会，我很感动。于是利用她的课件，我针对本班情况进行了部分修改，在班上也上了一节类似的班会课。其中有一个环节把整堂课推向了高潮，我还清楚地记得那个环节叫作"优点轰炸"。因为在我们班，一点也不夸张地说，有好几个男生是小学的校霸，他们几乎都是从小被老师训斥和批评的对象，所以一次表扬对他们来说是多么的难能可贵。这个环节是让班主任准备一个盒子，把全班同学的学号用纸条写上后混乱扔进盒子里，被抽中学号的同学站在讲台上，让大家纷纷说出他的优点。全班都觉得这个活动很奇妙，并且都想自己成为被抽中的幸运儿。第一个学号由我抽出，后来依次由被抽中的同学再去抽下一位。那一天老天真的很眷顾我，抽到的几乎都是平时跟我有冲突很难管的人，他们被全班优点轰炸之后相当兴奋，得到我准备的礼物之后又很感动。当时全班最调皮的那个男生居然利用那个机会向我道歉，诚恳地做了自我检讨。那个周末，好多同学在周记本上提到班会活动，还说恭喜李老师成功了，让我继续加油。

今天，这个班的孩子有的已经在上大学，有的则有了自己的工作。我想，他们万万没有想到，我想跟他们说一句对不起，再想加上一句谢谢。对不起以前因为我的毫无经验，没有设身处地考虑到他们的成长年龄而对他们多次进行的打击和羞辱；谢谢孩子们对初到岗位的我的鼓励和理解，与你们经历的这一年是我后来成长的警戒和动力。现在的我，顺利地带下了一届毕业班之后现在又拼搏在初三的岗位上，开学见面写给孩子们的每一封信我都仔细斟酌，班级的任何问题我都跟孩子们民主公平地商量，引导写班级日记更是让孩子们热爱着我们的班集体，心灵上的沟通让他们跟我建立了朋友般的关系。所以我的班主任工作不再是慌乱无措，而是打心底里感到快乐。刚刚踏上岗位的新班主任，每个人的开始都有些许不同，可能都会遇到很多不顺心，在面对困难的时候一定不能放弃，在面对调皮学生的时候一定不能靠吼声来赢取胜利。用心做事，抓住每一个契机，你便向成功近了一步。

读完李娜老师这篇《初当班主任》，我脑子一下浮现出那年她来我校参加公招时的情景。

过关斩将之后，最后一个环节是我这个校长亲自面试。所谓"面试"其实不过就是与她聊天，聊学习经历呀家庭情况呀兴趣爱好呀等等。那次聊天过程中，她的热情和纯真，还有可爱的稚气，都给我留下了非常好的印象。

那年八月底，也就是新学期开学的头一天晚上，李娜在 QQ 上急切地呼我："李老师，在吗?"刚好我当时在线，于是我问她有什么需要我帮忙的，李娜说，她写了一封给明天第一次见面的新生的信，想请我帮着改改。我说那没问题，你发过来吧。

这是初为人师的李娜给她的第一批学生的第一封信——

亲爱的同学们：

　　想到今天就要跟你们见面，我有些激动和兴奋，但是当中却掺杂着那么一点点紧张。我的激动和兴奋源于期盼看到朝气蓬勃的你们，期盼看到你们一张张纯洁天真的笑脸，但我还对你们每个人都那么陌生，连名字都还叫不出来，所以我难免有一些紧张。今天我们汇聚在这里，我激动不已地朗读我写给你们的第一封信，而你们那么全神贯注地倾听。这一切就是一种缘分，一种莫名的缘分把我们聚在了一块儿。你们眼前的我是将会和你们携手三年的班主任，一位比你们大十一二岁的朋友。你们不必担心现在处于一个陌生的环境，我们彼此之间都是一张白纸，以后会慢慢认识。不管你们以前是多么优秀，成绩多么名列前茅，或许你是那般调皮捣蛋，又或是那样的默默无闻，我们此刻的起点都是一样的，我们正站在人生的另一起跑线上……

读了李娜给孩子们写的信，我很感动，不是感动于李娜老师的文字，而是感动李娜的那份真诚："我们此刻的起点是一样的，我们正站在人生的另一起跑线上……"

可以想象，李娜写这封信的时候，对第二天正式开始的教育生涯，是一种怎样纯真而浪漫的憧憬?

但是这篇《初当班主任》告诉我们，李娜的教育初征并不顺利，"开学第一天的见面对我来说就是个打击，注定我的班主任生涯一开始就是个失败，是我掉进苦海的一个征兆。"你看，她的"第一步"显然不能用"顺利"来描述。和几乎所有年轻的老师一样，她也曾"河东狮吼"——我无法想象平时温柔的李娜发怒的样子，她也曾"筋疲力尽"——我同样无法想象一向朝气蓬勃的李娜丧气的样子，她也曾"面对很多困难束手无策甚至很多次都想辞职不干"——我依然无法想象几年来从未在我面前叫过苦的李娜居然也有过想辞职的念头……但这一切都是真实的，这就是真实的成长。

如果换了一个人，也许就真的"不干"了，但李娜没有，她不但没有辞职，而且越干越有劲，几年下来，用她自己的话来说——"我爱当班主任，班主任工作带给我的是充实、阳光和快乐。"的确如此。作为校长，我这里愿意为她这句话提供两个佐证——

有一年，度完产假的李娜回到学校，首先就向学校提出要继续当班主任。我校年轻老师比较多，每年都有几位老师生小孩度产假，并不是每一位度完产假回到学校的老师都乐意当班主任的，因为"孩子小"呀，"需要照顾"呀，但李娜却主动要求当班主任，让我感动。现在我知道答案了，她爱当班主任，她能从中收获充实、阳光和快乐。

李娜无论是班主任工作还是英语教学工作，都很优秀，学校曾向区上推荐她为"教坛新秀"，但因为某些外部原因，她最终没有获得"教坛新秀"的荣誉称号。我很是为她惋惜，甚至鸣不平。如果换一个人，也许会愤愤不平，觉得"不公"，但李娜却很淡然，照样乐呵呵地工作，就像什么事都没有发生过。原因很简单，她当班主任不是为了外在的什么荣誉，而是因为内心的快乐。

从当初的"多次都想辞职不干"，到后来"我爱当班主任"，原因很多，比如勤于学习呀，勇于反思呀，积累智慧呀等等，而我认为，除了这些之外，还有一点特别重要，就是李娜善于调节自己的心态。

我曾经问过李娜："你难道就没有郁闷和不爽的时候吗？你是如何保持自己良好心态的呢？"

她说："当然有啦，但一方面我的家庭是我强有力的后盾，我的家人会给我安慰和力量，更重要的是，我从学生那里获得了快乐。我现在越来越觉得我这几年当班主任的确比以前愉快多了，我想关键在于可能我真的学会了跟学生做朋友，这是我快乐的原因。有些快乐可能真的只有班主任才会拥有。"

　　我经常对老师们说："如果你对职业不满意，只有两种选择：要么改变职业，要么改变职业心态。"幸福，其实源于心态。没有良好的心态就没有职业的幸福。这良好的心态源于对一个朴素问题的回答："我为谁工作？"如果是为校长工作，那随时都可以愤愤不平："我何苦呀！"如果是为自己的快乐而工作，就会随时提醒自己："一切都是我自己的！包括所有困难。"这样心态会平和许多，快乐自会源源不断。

　　李娜正是如此。

2014 年 3 月 2 日

李青青：破茧成蝶

"恭则不侮，宽则得众，信则人任焉，敏则有功，惠则足以使人。"原来，这才是爱，这才是爱的表达。

一

我对李青青的第一印象是"江湖气"。

2006年9月，我刚任成都市武侯实验中学校长不久的一次教工大会上，我建议老师们拿起笔写自己的教育故事。会后，一个微胖的女孩走上来问我："西哥，我可不可以直接在网上写，然后通过QQ发给你？"

我目瞪口呆。"西哥"这个称呼是我当知青的时候就有了，后来有学生也这样叫，但都是比较熟悉之后才叫我"西哥"。这个二十多岁的年轻女教师，第一次见我，居然就叫"西哥"，俨然是老朋友铁哥们！

我尽量掩饰自己的惊讶，说："当然可以啦！那更方便。"我俩交换了QQ号。她说她的QQ名是"午夜咖啡"。

我问："那你的真名叫什么呢？"

她笑了："不好意思，我忘记自我介绍了，我叫李青青。"

后来从她发给我的教育随笔看，我发现李青青很有个性，她有些想法很"怪异"，比如她写道："既然我把学生当成自己的弟娃儿妹娃儿（方言：弟弟妹妹），那就随便我打随便我骂。"我回复她："把学生视作自己的弟弟妹妹当然是一种爱，但学生毕竟不是自己的弟弟妹妹。决不可打骂。"

有一次，有人因为不同意我的观点，在我的博文后面骂我，李青青挺身而出，痛骂那个人。我私下在 QQ 上劝她："别理睬这些人，他骂我只能说明他素质低。"李青青说："我最喜欢和人对骂，何况是西哥被人骂。我一定要挺你！"

应该说，我对李青青最初的印象还是不错的：直率，仗义，单纯。

二

但很快我便领教了她的另一面。

开学不久，一个女孩子来找我，说给我一封信。她把信交给我后便匆匆离去。

我打开信——

敬爱的李校长：

您好！我是初一（15）班的一个同学。我们班和别的班一样，有一位英语老师。但是，唯一和他们不同的是我们有一个不称职的老师——李青青。

她不懂得尊敬我们，她教了我们不该教的东西。课堂上，某某同学做错事，被她骂后，表面露出一丝不服气的神情，她就会破口大骂："我给你说，别在老子面前装这个表情，你跟我比脾气，老子也是独生子女，老子高中三年都是混过来的……"这些不堪入耳的话竟出自武侯实验中学教师的口中。她像学生一样给别人取外号。有一次，我们班的某同学问题答错了，她就让全班对他做出鄙视的手势，并让全班叫他蟑螂、乌龟、王八一类的词。作为一名老师，作为一名培养祖国花朵、以身作则、为人师表的老师，竟然当着全班的面去侮辱一位同学，她有想过别人的感受吗？她真的是平等对待我们的吗？她真的可以成为我们的一名人民教师吗？

她的一言一行已经引起了公愤，我们渴望换英语老师，我们渴望有一个称职的英语老师！我们为（15）班所有受到她伤害和心灵受到打击的同学呼吁：换英语老师！这样的人不配做一名人民教师，没有资格成为武侯实验中学的老师！

一个不敢留名的学生

看了这封信，我的心情非常沉重。我决定先听听她的课。

第二天，我走进了李青青的课堂。上课开始，李青青请学生以小组为单位起来评价课文，只要学生回答得不好，青青便发火，一时间课堂气氛比较紧张。

整堂课李青青基本上都是在训斥学生，批评学生态度很是粗暴："废话！""这样上课多没劲！""鬼火冒！""典型的脑壳长包了！""天哪！连小学生都会！""一脚把你踹出去！"……这些不应该出现在课堂上的语言，她却说得特别流畅。课堂气氛很压抑。有时李青青批评学生到了歇斯底里的程度。

我把李青青请到了办公室。我直言不讳地批评她不该在课堂上骂学生，我跟她说了学生给我写信的事。李青青承认有时候批评学生语言不当，有些过分，但她强调是学生"太可恶"。

我说："学生给你提意见，作为教师应该有一种胸襟。即使学生提了十条意见而只有两条正确，我们应该听取那两条，而不应该计较另外八条。毕竟是十二三岁的孩子啊，不能苛求。如果你是这种态度，我现在担心，你的形象被你自己损害了。"

她说："我的形象无所谓，我不怕损害。"

我严肃地说："你可以认为你的形象无所谓，但教育的形象却很重要，学校的形象不能损害！"

她还是想不通，和我顶撞："损害了又咋个嘛？大不了学校把我开除了！"

看见她这么激动，几乎歇斯底里，我不说话了。我想，如果我也和她吵，她情绪会更加失控的。

她继续喋喋不休地强调学生的不对，觉得是学生和她过不去。

突然，她不说话了。因为她意识到我没有说话，只是看着她。

"你不和我吵了？好吧，那我就说。"我耐心地和她讲道理，"学生的意见不管对与不对，都是我们教师的镜子。"

我给她讲了我年轻时候的一个教训。我的第一个班——初八四届（一）

班毕业时，我要求每一个学生给我写一封信，专门给我提意见，有一个叫耿梅的女生在信中写了我刚当班主任时，有一次因为她不认真做课间操，便当众骂她"脸皮太厚"，这件事当时我是有些冲动，却深深地伤害了这个女生的心。这是一个教训。所以后来我在批评学生的时候，特别注意语言不能损害学生的人格和自尊心。

我说："我知道你很善良，很单纯，你是把学生当自己的弟弟妹妹，觉得批评他们轻一句重一句无所谓，但客观上却会给学生造成伤害。这一定不是你的初衷。"

她不再申辩，似乎有点同意我的观点了。

三

我说："如果你觉得我说得对，那你应该给学生道歉。"

她说她想想。

几天后，我碰见她，问她给学生道歉没有。她说没有，因为给学生道歉，"自己面子上过不去"。

当天晚上，我给李青青写了一封信——

青青：

　　这几天一直放心不下，心里老惦记着你这件事。

　　我的确一直把你当成特别真诚的朋友，所以跟你说话没有心理负担。你的性格的确比较奇特，你第一次和我见面，便叫我"西哥"，我便领略了你的独特。作为朋友我是很欣赏你的，但有时候在学生面前过于率性，则未必是好事。这次学生在我面前提你的意见，如果你固执地认为是有学生恶意整你，你不但会失去相当一部分学生的爱戴和拥护，而且还会失去进步的机会。反之，如果你能够坦然豁达地对待这件事，真诚地给学生道个歉，而且宽容地对待写信的学生，你将更加赢得孩子们的心，而且你自己的境界也将更上一个台阶。

　　正如幼儿不摔跤就不可能学会走路一样，青年教师不犯错误也不可能走向成熟。你虽然有一些性格弱点，但你同时具备了成为优秀老师的一些品质：正直、善良、热情、纯真……因此，你没有必要计较学生的每一句话是否符合实际，更不要去追究学生的"动机"。你现在需要的是面对自己，真诚地反思，勇敢地超越！

要随时想到我们是教师，应该比学生有更高的境界。所以，我一直希望你能够诚恳地找写信的学生谈谈，就像大姐姐对小妹妹一样谈谈。教师毕竟是成年人了，而学生毕竟还是孩子。宽容，有时候就是爱的体现。

这几次和你谈心，我多次说到我也犯过类似的错误，我也是在这些错误中成长起来的。八年前，我曾写过一篇文章《比机智更重要的是民主》，就是对我一次错误的反思。我给你印了一份，供你参考。

我相信青青，并且会永远注视着青青的成长！

你的朋友和兄长：李镇西

第二天，李青青给我发了一个短信："西哥，今天我在班上给学生道歉了，学生给我鼓掌。"

我很欣慰地回复她："这就对了嘛！你看，学生是不是比你想象的要宽容？"

四

但是，一个人要改变自己是不容易的。如同老师眼里的"后进生"会不断反复一样，校长眼里的"后进教师"在成长过程中也会不断反复。

一天晚上，我接到一个家长的电话，说李青青在课堂上打学生。我有些不相信。家长说："班上大部分学生都被李青青在课堂上打过。"

啊，这么严重？我有些怀疑家长夸大其词。但又想，既然家长说李青青是在"课堂上"打学生，那我明天亲自去问问学生。

结果真如家长所说，真的是"班上大部分学生都被李青青在课堂上打过"！而且就那么巧，那天中午她在办公室又打了学生。起因很简单，有个男生课堂上不守纪律，课后李青青把他叫到办公室教育，可那男生不但不承认错误，还和李青青顶撞，李青青气愤之中用书扇了他一耳光。

更让我惊讶的是，当我把李青青叫到办公室问她是否打过学生时，她居然说："打过呀！这有什么嘛！学生娃儿不听课，是该打嘛！再说，我也打得不重，就是用书拍拍他们的脸，最重的也不过是用教鞭打打手板心。"

她再次强调，她是非常爱学生的："我完全是把他们当成我的弟弟妹妹，恨铁不成钢，打打有什么关系呢？我就是从小被我爸爸妈妈打大的。"

我真是无语了。

但我还是耐着性子和她谈心，整整谈了两个小时，离开学校的时候，天已经黑了。但她并没有接受我的观点，只是没有跟我辩解而已。

晚上，我给李青青写了一封信——

青青：

你我都是爽快人，我就不绕圈子了。只是无论我们有多少分歧，也无论我们争吵多么激烈，我们都不要伤害彼此的信任和友谊，朋友依然还是朋友！好吗？

我至今还记得刚刚在网上认识"午夜咖啡"的时候，那一个纯真活泼的女孩子，你的一句"我会挺你的"让我不但当时而且现在都很感动！你有主见，有自己的独到见解。而且，虽然你有时脾气很火爆，但你其实很爱学生。你是个优点和缺点都非常突出的年轻教师。我常常想，如果你能够扬长避短，就是说，有意识地克服不足，而尽可能发挥你的优势，你绝对会非常优秀的。

而且，我知道你的身体一直不好，家庭生活也一直不顺利。如果你有什么需要我帮你做的，你尽管说。学校也愿意为你提供可能的方便。

关于打学生。你不用解释，我都知道你打学生有你的"理由"。但作为教师，"不打学生"是没有道理可讲的。为什么不能打学生？原因很简单，因为你是老师！二十多年前，我曾两次出手打学生，而且在打的时候我都认为是正义的举动。一次是因为外班一个男生到我班来捣乱，我批评他，他居然给我甩中指！另一次是因为高年级的一个男生在打篮球时欺侮我班小同学。两次打了学生后，我都认为自己是正义的。当时校长找我谈，说我不该打学生，我说："不错，老师不能打学生，这是小孩也懂得的道理，但我打的不是学生，是流氓。"现在，你几乎就是我当年的再现。可我现在再也不会打学生了。因为第一，从职业道德上讲，学生是还在成长中的孩子，我们是相对已经成熟的成人，教师打学生有违职业道德；第二，从法律上讲，有关规章制度和法律条文，都明确规定，严禁体罚学生。因此，打学生首先还不是道德问题，而是一个法律问题。如果有人要认真追究，你肯定是要吃亏的。最后，我还要说，你的行为已经严重影响了学校的声誉。

作为校长，我永远不会有意和你过不去，更不会整你。就是在我对你非常生气的时候，最多也就是把你当作不懂事，幼稚。有一次，我听说你犯了错误，我很生气，碰到你正想批评你，结果你看到我非常天真地笑着说："李校长，你艺术节唱歌的时候，我给你照了好多相哦！"面对你灿烂的笑脸，我的气一下子消了，哪还有批评你的火气？但我觉得你的问题，还是要严肃地给你指出来，不然我就害了你，作为朋友，也对不起你。所以，今天我非常直率地给你写了这封信，请青青一定要理解哈！

听说你最近身体不好，千万要保重哦！

你的大朋友　李镇西

这次我没有强行要求她必须给学生道歉，我想，给她点时间吧，但愿她能够想明白。

五

需要李青青"想明白"的，还不只是打骂学生。她的教学常规也很糟糕，让教务主任和分管校长特别头疼。

教务处反映，每次检查教学常规，李青青的教案最不认真，常常甚至连写都不写。问她为什么不写，她的回答依然很干脆："不想写！我有我的教学风格，为什么要写教案？"

有一天，分管校长对我说："李青青今天又无故没来上班。"这已经不是一次两次了。我很是吃惊。给她打手机，手机一直处于关机状态。派人去她家看，她家的门紧锁着。过了一周多，旷工很久的李青青终于回到学校。我问她为什么这么长时间没来上班，她不作任何解释，只说："随便学校怎么处理！"

还说："我晓得学校总想整我，拿我开刀！"

下午，我区教育局开会，领导把我和书记叫到办公室，拿着一封举报信给我们看，然后说："这样的老师必须严肃处理！"

是该"严肃处理"了——哪怕李青青认为我是在整她。打骂学生，迟到旷工，不写教案……这样的老师如果不处理，我就对不住学生，这是我这个校长的失职。

经行政会研究决定，按学校教代会通过的相关规章制度，停止李青青的教学工作，令其在全校教工大会作检讨。停课期间，每天听课，反思，阅读。并定期上交听课记录和读书笔记。

当晚，我又给李青青写了一封信。其中，我专门谈到学校纪律和教学常规——

> 关于学校纪律，关于教学常规，我想其重要性是不言而喻的。既然是一个学校，总得有相应的统一要求。这些统一要求有时候会与我们每个人的"个性"相冲突，但这些要求是必须的。说到和"个性"冲突，其实这些常规是最基本的要求，丝毫不会影响我们每个教师在课堂上的创造性劳动。我年轻的时候和你有点相似，也喜欢我行我素，不止一次和校长发生冲突；校长批评我，我还觉得委屈，总觉得自己不图名不图利，都是为学生好。后来慢慢想通了：既然学校是一个集体，就必须有统一要求。如果大家都按自己的想法各行其是，学校岂不乱套？你说呢，青青？
>
> ……

不知是迫于严厉的处分，还是真的开始想通了，她不但在全校作了检讨，而且还就打学生的事给学生表示了歉意。那段时间李青青很是守规矩：每天上午听四节课，下午在办公室看我给她推荐的书，并写读书笔记。

她也给我写过三封信，谈她的真实想法，包括烦恼。从这些信中，我读到了她对我的信任。我曾经说过，只要一个学生对老师有了信任感，那么我们的教育就不会失败。同样的道理，现在李青青这么信任我，我就没有理由对她感到绝望。

李青青给我的一封信是这样的——

李校长：

　　您好！

　　先说一个笑话。星期五我去门卫室拿信的时候，看到邮政局的车来送包裹了。于是我热情地奔上去，急切地问："师傅，有我的包裹吗？"师傅笑着说："没你的，都是小李的。"我纳闷了：我不就是"小李"么？结果保安接过包裹，神秘地说："全是李校长的！"我晕！原来，邮差都叫我们学校的校长是"小李"啊！哈哈！

　　我知道您最近一直为我的事头疼。其实，我也一直在反思自己。而且我真的在开始改正了。也许你对我已经失去信心了，我只想说，如果是这样的话，李校长您也低估了您一年来对我的影响。

　　我想如果每一个人的发展都是顺利的，或者是没有经历过严重挫折的，也没有"天将降大任于斯人也"这个观点了。所谓"苦其心志"，也包括用错误去磨炼一个人。不过，我很惭愧的是给学校造成了很大负面影响。但是我经历了那么多挫折，再加上我心不坏……万一哪天我就真的成为一个很优秀的老师了呢？李校长，西哥，对我有点信心吧！

　　西哥，注意身体！昨天开会的时候听到您声音有点哑。

李青青

六

　　一个月后，一位班主任因生孩子而不得不回家。谁来接替她的班主任工作呢？我想到了李青青。

　　但是，当我在行政会上说出我的想法时，所有校长和主任都摇头表示反对。我当然理解大家的担心。但我说出了我的理由："李青青虽然犯了很多错误，但她很单纯。即使我在大会上公开批评她的时候，我内心深处也从没认为她不可救药，相反，我一直认为青青其实很单纯，单纯到把什么都看得很简单。这份单纯，有时候会让她犯了错却浑然不觉。而且，青青很有组织能力。

还有，青青对工作异常投入，常常为了学生留下来义务辅导作业待到天黑。第一很单纯，第二有组织能力，第三敬业。就凭这三点，她就可以当班主任。当然，不是没有一点风险，但可以给她找个师傅啊！我的想法是，把这个班大胆交给李青青，然后让年级主任当她的师傅，随时指点提醒她。更重要的是，学校安排李青青当班主任，她应该感受到这份信任，说不定这会成为她进步的开始。"

我终于说服了大家。

下午，我把李青青请到办公室和她谈心，说了学校的决定。我强调了三点：第一，一定要有信心，我也相信你！第二，有什么困难尽管提出来，我会全力帮你的。第三，注意控制情绪，注意方式方法。

其实她上午就知道了学校的决定了，她说她当时感到非常惊讶，因为她不相信学校会把一个班交给她，同时也很感动学校对她的信任，表示一定要当好这个班主任。而且上午听到这个消息后，她便开始进入"角色"了——跟班听了三节课，还把学生家长的电话都做了登记，准备家访。

我问她："还认为我是在整你吗？如果整你，会把这个班交给你吗？"

她笑了："不好意思，不好意思！西哥大人大量，不要和我这种小人计较。"

我很欣慰，以前李青青让我头疼，这次给她担子，说不定这是她的一个转折呢！

但很多人都为李青青捏把汗，大家都拭目以待。

七

青青中途接手的这个班无论是学习成绩还是行为习惯都是比较差的，特别是课堂纪律很是糟糕。我在这个班上课，学生在我的课堂上倒还很守规矩，但有的老师却多次被学生气哭。难怪许多人为她捏把汗。

青青上任之后做的一件事，是在教室后面安放了两个课桌，拼在一起便成了她的办公桌。从此，只要自己没课，她就在教室和学生一起听课，她简直和孩子们泡在了一起。

作为她的科任老师，我有机会更加细心地观察她的班级管理。这个班的变化是从学生的仪容仪表开始的。青青从学生的发式穿着"开刀"，着手整顿班风。她给孩子们介绍一些礼仪，灌输淑女、绅士的观念。几天之后，班上的学生个个发式文明、衣着规范。她还将和学生一起讨论确定的"吾日十省吾身"贴在墙上。然后她跟学生们聊天，了解孩子们的想法。在聊天中，她的心和孩子们的心贴在了一起。她越发理解甚至同情孩子们——特别是后进生。刚开始的一段时间，为了把班风学风搞上去，青青把自己也变成了学生：凡是学生要求做的作业，包括语文数学物理学科的作业等等，她都和学生一起做。所有学科的导学稿，她都要收来一一检查。

一天中午，我再次找李青青谈心。我表扬她的工作状态越来越好，特别投入，而且爱动脑筋，班上的变化也特别大。我给她说，允许你富有个性地探索，比如关于课堂改革，你可以不按学校的统一布置进行，而按你的想法做，但必须保证两点，一是学生喜欢你的课，二是成绩不能差。

我还鼓励她不断记录自己的教育故事和教育感悟。

又一个新学期开始了。开学第一天，我走进办公室，看到桌上放着一张奖状——

李镇西老师：

您被我班全体同学评为"最具亲和力的老师"。

初 2011 届（4）班
2010 年 1 月

这是李青青班上同学给我的荣誉。我很感动。原来，青青为了引导孩子们尊重老师，让孩子们给每个老师都颁发了一张符合老师个性的奖状。这个小小的举措，证明了李青青是在用心做教育。

开学典礼的致辞中，我向全校师生表扬了一批老师。我这样表扬李青青——

李青青老师，这是一位年轻的八〇后老师，她中途担任八年级（4）班班主任工作。虽然自己身体不好，但一心扑在教育教学上，用心育人，用心教学。在她的带领下，在班科教师的配合下，八年级（4）班的班风、学风和学生的精神状态发生了很大变化。如，主动美化教室为学生学习创造一种氛围，给班科教师评奖，主动辅导学困生，把办公桌搬到教室，长期跟班听课学习，积极参加课程改革。她在教育学生的同时自己也在成长。正是李青青老师，让我坚定了无限地相信每一位老师的信念！只要热爱孩子，用心做教育，每一个老师都会成为孩子心目中的优秀老师！我们向李老师表示敬意！

我演讲结束后，受表扬的老师上台代表全体教师宣誓。当李青青表情庄严地举起右手宣誓时，我给她拍了一张照。

八

一天，青青写了一篇文章给我看。这篇文章的题目是《和学生一起成长》。文章叙述了我对她的影响，真诚而深刻地反思了自己过去的学生观，展示了自己的成长——

李校长又把我请到了他的办公室。我知道，我又被举报了。果然，李校长说有家长举报了，而且这封举报信是教育局转下来的。不过，我似乎已经麻木，因为隔三岔五地被举报——什么我体罚学生呀，什么我伤学生的自尊心呀……我真的已经习惯了。不过，我还是有那么一点点委屈，因为我自己认为我是非常爱学生的，对此我真的问心无愧。

但这次，李校长并没有严厉地批评我。"来，请坐。"他指着沙发和蔼地招呼我坐下。我忐忑地坐了半个单人沙发的位置。随后，他在我对面坐下，倾身耐心询问着我的近况——身体怎么样？教学还顺利吧？学生们有没有捣蛋？……我都一一应答着。

他欣慰地微笑着说："其实你还是很关心学生的，很负责！"我心中掠过一丝得意。

他接着说："不过，怎么表达你对学生的爱，或者说怎么让学生理解你的爱呢？"只见他起身走到办公桌边，打开抽屉，拿出一个信封，从里面抽出一封信，粗略翻看了一番，凝重地对我说："你，有没有想过自己在爱的名义下是否伤害过学生？"

我想这一定是一封对我的投诉信。前几天我才呵斥过一个女生，一定是她心存报复。于是，我开始以她为假想敌，向李校长高声揭露着她的"恶行"，激烈地为自己辩解。

李校长依旧耐心地听着，听完我的"宣泄"后，他深锁了眉头。我们沉默了三秒钟。接下来，李校长语重心长的一段话刻进了我的心里："你是善良的，请相信你的学生也是善良的。但你太任性。在父母心中你可能仍是个孩子，可是在这些孩子心中，你已经是一位师长。他们信任你，甚至我可以感觉到他们崇拜你。不过，你把自己的位置放在哪里呢？如果说你仍然需要向父母撒娇，那么他们就是比你更娇嫩的孩子；如果说你需要呵护，那么他们就是比你更脆弱的孩子。你的言行，也许就是他们在学校快乐的动力，但也许就是他们难过的根源。我知道，你爱你的学生；这点我从来都没有否认过。你的问题在于没有采取正确的方法让孩子们体会到你的爱！离开了尊重，你的爱有可能会变成伤害！"

我沉寂了，不禁开始回忆：我是体罚过学生的，因为初为人师，所以学校的领导只是严厉地批评了我；后来，我开始罚他们抄写，或者写上千字的检查，这被定义为"变相体罚"；之后，我变得"赫赫有名"了，我被冠上了"杀手"的尊号，我的学生"臣服"了，可我被投诉的频率增加了。一届学生毕业了，我会想和他们相处的三年，难忘的是，他们初进校园时爽朗的笑；难忘的是，他们初次见我时友善的称呼；可更难忘的是，他们毕业时看我的冷漠目光；还有他们在贴吧里骂我的"激昂"文字。霎时间，我的内心激烈地翻滚着……我是想和他们愉快相处的，是那一耳光扇掉了学生对我的信赖和喜爱；我是想帮助他们努力学习的，是那一声呵斥吓退了学生的激情和信心；我是想成为一名优秀教师的，是那一阵冲动卷走了我所有的心血……

李校长给我讲他和学生的故事，讲他年轻时代的成功和教训。他绘声绘色的描述，还有循循善诱的言语，以及他和学生斗智斗勇的情节如醍醐灌顶，令我茅塞顿开。末了，他对我说："你还年轻，要多读教育方面的书籍，多向周围的同事学习，多了解学生，多控制自己的言行，我会继续帮助你的，我们一起努力，好吗？"

注视着他温和而充满信任的目光，我深深地点了点头。

回去的路上，我感觉释然许多，同时暗下决心：我的教育中，再不要惩罚了！

……

曾经因体罚学生而被我批评的青青，经过反思决定放弃惩罚。她开始思考如何防止孩子犯错：如果犯错是无法避免的，那么可否让他们少犯一些呢？如果同一类型的错误总无法避免，那么我可否让他们通过另一种行动来补偿自己的错误呢？孩子是善于模仿的，那如果我勤奋一些，孩子们是否也会勤奋一些？我宽容一些，孩子们是否也会宽容一些？我积极检讨自己的错误，孩子们是否也会开始自查自律？这样持续下去，最终引导孩子们行为的，是否将不再是惩罚，而是他们的良知和道德意识？

青青不但这样想，也这样做。这篇文章不只是表达了她的反思，也展示了她的行动。她抓课堂纪律，可不是简单的"整顿"，而是在了解学生的基础上对症下药——李老师询问过几位纪律很差的"资深人士"以后，明白了原来是他们弄不懂笔记怎么抄，有时候搞不清楚老师讲到哪里了，思路接不上，自然就走神了。于是李青青首先调整座位，让学困生的旁边一定有一个成绩好的学生，解决他们的听课问题和课堂的笔记问题。对于作业，她和各位老师商量后决定减少一部分同学的作业。她还承担了对两个后进生的帮扶任务，上课帮他们纠正笔记，解决疑难。他们背书有困难，李青青就和他们一起背诵。这样一来，不到一个月的时间，曾经波涛汹涌的课堂变得风平浪静。

这篇近五千字的长文，是这样结尾的——

现在，孩子们懂得了荣誉，懂得了耻辱，懂得了进取，懂得了忍让。今天，他们自觉的一言一行，并非来自老师们的惩罚，而是发自内心的，他们明白了：我是一个人，应该有尊严地活着！

"恭则不侮，宽则得众，信则人任焉，敏则有功，惠则足以使人。"

原来，这才是爱，这才是爱的表达。

集体在变化，学生在进步，而我也在这过程中成长。我真的觉得自己比过去成熟了——曾经我把巴掌印在孩子脸上，呵斥灌进孩子耳里，今天我把爱刻进孩子心中。

而这"爱"的含义，首先是尊重与理解。

九

2010年春天，《班主任》杂志社在我校举行了一个班主任成长的座谈会。李青青在发言中特别谈到我对她的影响——

> 我是李老师的"关门弟子"——我们不少老师都不叫他李校长，而叫他"李老师"，还有一些老师私下叫他"西哥"，我也是。因为以前我很鲁莽，工作上经常给学校惹麻烦，每次李老师都和蔼地对我说："青青，来，到我办公室来谈谈。"为了不让其他老师看到我挨批评，他总是关上门帮助我，所以我说我是李老师的"关门弟子"。
>
> 我对李老师的感受是从老师对待学生的层面开始的。他仿佛就是我的班主任。而通过与李老师的长期相处，我对他的教育理念理解最深刻的莫过于两点：爱心和民主。
>
> 对于爱心这一点，我想用论语里一段来诠释。"恭则不侮，宽则得众，信则人任焉，敏则有功，惠则足以使人。"
>
> 恭，他对学生的尊重，是从他对我的尊重感受到的。虽然我以前经常犯错，但是他在帮助我，甚至在批评我的时候都特别注意措辞，看得出来他在尽量保护我的情感。对，一言一行都特别注意学生的感受。而像我这样的年轻老师，行事鲁莽，特别容易伤害到学生自尊心。李老师对待学生的尊重，对我起到了很大的示范作用。
>
> 宽，对学生的错误要宽容，甚至是对自己不尊重的言行。我们是成年人，心理承受能力自然应该比不懂事的孩子强。我以前特别容易跟学生较真，表面上看是对学生严格要求，可是给学生的感受却是相反，他们觉得

老师处处针对他们。后来我从李老师对我的宽容中感受到，要多看到学生的优点，特别是班主任，在教育学生的时候，关键不是找缺点，而是找出产生问题的根源，并在源头上帮助他们解决，不可以一直纠缠学生的错误。

信，当然就是信任。其实我给学校闯了很多祸，但是李老师并未因此放弃我。不仅仅每次都耐心帮助我，在我工作方式有了改善以后，他还委以我重任，担任一个学困班的班主任工作。这使我明白，教育的后续工作应该是彼此的信任。而班主任作为成年人，应该首先对孩子们施以信任，才能赢得孩子们的信任。每个孩子都需要改错的机会，都需要重新证实自己的机会，对他们的信任是再好不过的机会了。

敏，我的理解是勤奋，勤快。在我眼中，李老师总是勤于阅读，勤于写作，勤于了解他的学生，勤于与同事交流。从中我受到的启发是，无论班级有多少学生，多少老师，及时和他们交流，沟通，了解彼此，就能消除误会，让彼此的关系更和谐。同时，班级出现问题的时候，多和学生谈心，多和家长沟通，把处理的办法记录下来，就能够更快更好地解决问题，同时对于以后的工作也是一笔很宝贵的财富。同时，我们虽然大学毕业了，也要多学习，特别是继续阅读本专业的书籍——心理学，教育学。我是学英语的，当然也包括英语方面的专业书籍。

惠，我理解为让学生得到好处。前面四点做到以后，学生会感受到并相信我的老师是为我着想的。你的一言一行都能让他看到是在对他好。我以前对学生好，可是由于表达的方式不对，学生感觉不到。李老师对我也好，但是他总是耐心的，和善的，信任的。用正确的方式来表达自己对学生的爱，并让学生体会到你的苦心，这个也很重要。

那么我对李老师的第二点印象就是：民主。李老师总是喜欢和我们商量着办事，他也很喜欢和我们分享他的生活和教育。反观以前，我总是站在成年人的角度向学生阐述或者要求，忽略了学生是否能接受，或者是否能明白。民主和平等总是联系在一起，与李老师相处久了，我渐渐对民主有了一些自己的理解——站在学生的角度思考、行事，融入学生的群体，用他们的眼睛看世界，用他们的思维思考问题，凡事多和学生商量，让孩子们参与到自己的管理工作中。教学是相长的，如果只站在成年人的角度去俯视孩子，只会让我故步自封。

十

青青真的是用心在做班主任。

每次在青青班上上课，我都能感受到她教室的与众不同。教室墙角用染了色的粉笔头装饰着，她说是犯了错误的同学做的好事，既美化教室，又避免墙壁弄污。墙上还贴着有关国学的内容，是李青青亲自抄写的。墙上还贴着许多课堂笔记，青青说，是成绩好的同学抄的，贴在墙上是为了方便成绩不好的同学上课来不及记笔记，下课就可以在这里抄写。

我听青青的课，她再也没有任何训斥甚至辱骂的语言了，而是面带笑容，语言风趣幽默。课堂气氛非常和谐。

作为八〇后老师，她风趣的语言有时很是"另类"。比如同样是鼓励自卑的学生，我可能只会说"不要自卑，要相信自己能行"之类的话，而李青青是这样对学生说的："你们每个人都在闪光，即使你就是一坨屎，那也能风干了当柴烧！"

又比如，我让她写写自己的成长故事，开篇她居然是这样的："我一直梦想毛主席有一天从水晶棺里坐起来，握着我的手，亲切地说：'李青青啊，你是个好同志！'"

青青对学生的爱，超出了我的想象。她把两个长期和父母分离而成绩又不好的女生安排在自己家里住，方便照顾同时也方便辅导。后来这两个学生的学习进步都非常大。其中，一位叫朱金金的孩子对我说，初二开始她就在李老师家，李老师对她很关心，每天晚上都督促她们的学习，不只是英语，还有语文、数学，只要不懂的，李老师都给她俩辅导，而且从不收一分钱的报酬。朱金金还说，以前她的成绩在年级老是靠后，而现在已经冲在前面了。

青青的付出换来的还不只是个别学生的变化，更有整个班集体的进步。开学第三个月的常规检查，她的班以全部合格的结果完胜。每周的升旗仪式上，站得最整齐的队伍，一定是李青青的学生。开学第四个月的元旦节假期，当她宣布，大家回家好好休息都不做作业的时候，大多数同学表现出的却是迟疑和失望——要知道这些孩子曾经是那样的厌恶作业啊！期末考试，同学们以全科进步，总评进步6个名次的成绩回报学校，回报老师，回报父母，也回报了他们自己！初三毕业前夕，曾经令许多老师头疼的初中2011届（4）班，被评选为"优秀班集体"！

一天晚上在网上和李青青老师聊QQ，她说了一句话："老师要以发掘学生潜力为工作的一个重点，要自居伯乐。"我马上说："我俩在不同的层面上，遵循同一个道理。你是老师对学生，我是校长对老师！"青青接着说："也许，你错过的是一个有潜力的学生。但是如果缺少老师的发掘，这个学生也许就错过了自己的一辈子！"这话说得真好！我立刻仿照这句话回复过去："也许，你错过的是一个有潜力的老师；但是如果缺少校长的发掘，这个老师也许就错过了自己的一辈子！"

李青青曾经是我"发掘"的对象，她的成长给了我成功。

十一

央视《小崔说事》跟我联系，希望我去讲我的教育故事。我说，我的故事已经写进了我的好多本书里，都讲完了。如果可能，我让我们学校的老师讲吧！于是，我带着几位老师走进了央视演播室，其中当然就有可爱的李青青。

在录制现场，李青青的讲述特别精彩。她本来就很有个性，案例也很精彩。她的一些教育方式比较"另类"，但特别有创意，也特别有效果。比如，她说她曾发现班上一个男生上体育课的时候，偷偷回到教室翻女生书包里的卫生巾，于是，她把这个男孩请到办公室给他讲青春期男女生各自的生理特点。更"雷人"的是，第二天，李青青居然从家里带来了自己的卫生巾，开了一个班会课，大讲特讲"如何科学对待青春期"以及"男女同学如何正常交往"，并教育男孩子们要尊重女生，要有责任感。后来，那个男生再也不翻女生书包了，更多的男生果真越来越尊重女生了——每次做清洁，都抢着做而让女生休息。听着她眉飞色舞地讲述，现场听众掌声不断，笑声不断。崔永元也被逗得哈哈大笑。

节目播出后，全国各地许多老师给我打电话或发短信，都说"太喜欢那位极富个性的青青老师了"！

因为缺老师，青青曾经在带一个班当班主任的同时，还教三个班的英语课。后来来了新老师，学校便准备给她减一个班。但那个班的孩子不答应。全班联名给我写信，强烈要求李青青老师留在他们班。我不得不亲自前去给孩子们作解释，当孩子们知道李青青不得不离开他们的时候，教室里一片啜泣声。

在学校的运动会开幕式上，各班轮流上场展示自己的节目。李青青满脸自豪的笑容，举着"2012 届（19）班"的牌子走在她新一届学生队伍的最前列。班上的孩子们展示完毕时，全班同学齐喊："亲爱的李老师，我们爱你！"那一刻，我的眼眶湿润了。

我把李青青请到办公室，给她一个信封："你的变化让我高兴，你班级的进步更让我高兴！这是我个人对你的奖励！"她打开信封："哇，一千元啊！给我的？"我说："是呀！"她马上说："我可不可以捐给班上做班费？"我说："最好别这样，你不是经济有困难吗？当然，既然给你了，就是你自己的钱，随便你。"

做校长期间，我曾创造条件让我校优秀的年轻教师在全国各地作报告。李青青就曾经在安徽、浙江、云南等地讲学，她讲学的题目是《和孩子共同成长》。

在一次武侯区的教学技能大赛中，李青青获得了特等奖。当我告诉她这个好消息，并问她心情如何的时候，她却"答非所问"地说："李校长，我有一个想法，我把这个班带毕业后，还想当班主任，而且想带一个很差的班。我想实践你的一些爱心与民主的教育思想。"

我说："好呀！你太让我感动了！"

事实证明，在争议声中我力排众议让李青青做班主任，是我九年校长任期内最英明的决策之一。

十二

然而……然而——

2012 年 12 月 24 日，因为一次意外，青青的生命戛然而止。

连续几天，我失眠了。一闭上眼睛就是李青青的形象。我起来坐在书桌前，打开笔记本电脑，一遍遍地看着她以前发给我的文字，看着我给她拍的一张张照片，眼泪止不住往下流。

我组织全校教师为李青青开了一个追思会。追思会上，全体肃立，全场肃穆。默哀中响起了老师们的抽泣声。然后我播放《小崔说事》中李青青的片段，展示她生前的照片，读几段她写的文字。

然后几位老师讲话，表达对李青青老师的追思。之后是我讲话——

　　我和大家的心情是一样的难受。昨天晚上我看李青青几年来发给我的文字，看着看着泪流满面。她给我说她的喜悦，她的苦闷，有时候有了困难也问我怎么办。不久前，在教学楼过道她叫住我："李校长，最近我特别开心，因为我和学生沟通得非常好！"她一边说一边把手臂张开贴着墙壁，我说："你这是怎么说话呢？"她笑着回答我说："我对你佩服得五体投地，但我又不可能趴在地上，所以我就只好这样说。"想起这些，我就感到她好像正在我面前。

　　凭我对李青青的了解，我觉得她有如下一些特点：

　　纯真的心灵。李青青是一个纯真的人。她从不掩饰自己的观点，也不掩饰自己的喜怒哀乐。在这么一个许多人习惯于带着面具生活的时代，她这份纯真难能可贵。她不说假话，怎么想就怎么说，比如她说她上晚自习就是为了多挣钱，要还债。她不装，包括有时候吃饭时，我们笑她，她也不管，随便别人怎么笑。我带她出去讲课，因为她的纯真，别人都很喜欢她。那次去安徽宿州讲学，她居然穿着学生校服去，我让她穿漂亮些，她说就穿校服，"因为这样可以宣传我们学校"，当时我既感动又觉得她真傻，感动是因为她如此地爱我们学校，说她傻是因为我们学校又不会去安徽招生，哪有必要"宣传"呢？和纯真相连的，便是她豪爽的性格。她很仗义，讲义气。对朋友那不是一般的真诚！她非常热爱学校，热爱她所在的英语组。前几次为学校翻译资料弄到很晚很晚，她一点都没为自己争取什么报酬，却不止一次对我说，希望年终考核要为英语组加分。她做什么都不怕别人笑，不怕表扬。以前我表扬她之前征求她的意见，她说无所谓。她从不在乎别人怎么说。但她在乎自己的良知。

善良的品质。这个我想所有认识她的人都能感觉到。她非常爱学生，这份爱体现于理解。而且这里的"理解"，是站在孩子的角度理解孩子，而不是站在成人的角度理解孩子。正如陶行知先生所说，我们要把自己变成孩子，当孩子不觉得你是先生，你就成了最好的先生。青青正是这样。她本身就是一个有童心的老师，所以她爱学生，理解学生。她对学生的爱，自然也赢得了学生的爱。今天我到她教的班去，学生说起李青青老师的离去都很悲伤。孩子们给李老师写了许多话。

正直的情怀。李青青嫉恶如仇，与一切邪恶势不两立，包括一些消极现象，她很见不惯。她一度不愿坐在办公室，而坐到教室。这不仅仅是因为要照看学生，她说还因为她见不惯办公室一些不好的风气，有的老师喜欢议论是非。她觉得还是和孩子们在一起单纯一些。现在很多人都十分圆滑，而李青青爱憎分明，这也是我们这个社会所缺失的。

反思的精神。大家都知道，李青青曾经是我特别头疼的老师。我多次找她谈心，给她写了很多信。现在我都还记得，2009年中考的时候，老师们在监考，我就在办公室给她写信。她后来自己也说，是我的"关门弟子"，她说："以前李校长经常把我请到办公室，然后关上门批评我。"以前我批评她的时候，她也和我顶撞。但一旦觉得自己错了，李青青就真诚改正，并且成长为优秀老师。

这就是李青青！这种反思精神的确让我感动。

李青青的生日是7月19日。我至今还记得2009年她生日那天我在桂林给她发祝贺短信，结果她回我："你娃是哪个？"这是她的语言风格。我还想说，我们学校的老师都很年轻，要加倍注意自己的身体，从李青青身上汲取教训。我刚才讲了那么多，却没有简单地要大家向李青青学习，因为我觉得李青青的一些具体做法是不值得学习的，比如，经常工作到深夜，不注意身体。李青青是正式拜我为师的，所以我也经常批评她，一是不讲究穿着，二是有病不吃药。说来我还是对她关心不够，对她理解不够。

说到理解，我在想，我们每一个老师都应该想想，在我的身边，还有哪些人我不够理解？大家要珍惜缘分啊！李青青说走就走了。我们彼此之间确实要更加珍重！无论纵横，我们都是有缘分的。从纵的方面说，在历史长河中，我们就在这短短的几十年间相遇；从横的方面说，世界这么大，中国这么大，四川这么大，成都这么大，可我们就在这同一所学校共事！这么想，我们彼此会觉得很亲切，也很不容易。现在对这个有意见，对那个不高兴，再过几十年，这些所谓的"矛盾"算得了什么！

十三

2012 年 12 月 31 日，三千多师生齐聚体育馆，气氛热烈。那天阳光特别灿烂，真没有想到，2012 年最后一天，还有这么温暖的阳光。阳光透过窗户射进体育馆，整个体育馆明媚而透亮。台上的墙上写着八个大字："唱响未来，班歌嘹亮。"这是今天的主题。各班都演唱自己的班歌。

《我相信》《我的未来不是梦》《阳光总在风雨后》《爱》《少年少年祖国的春天》……各班班歌都是选自现成的歌。我一直台上台下地跑，给每个班拍照或摄像。本来今天还有老师的大合唱，但因为李青青老师的突然去世，学校决定取消这个大合唱。

初二（19）班上场了，这是李青青担任班主任的班。他们唱的是《我相信》。孩子们唱得很认真很投入。听着听着我自然想到了李青青。她曾经为这个班的歌咏比赛操了许多心，如果她在的话，根据她的性格，肯定会上台和孩子们一起唱的。可现在孩子们的歌声，在另一个世界的她永远也听不到了。想到这里，正在为孩子们拍照的我，眼泪一下奔涌出来，模糊了镜头，我无法控制自己……

19 班的孩子们唱完了。我看着他们，觉得他们就像失去了妈妈的孩子。于是我走上台去，拉着担任指挥的那个小姑娘的手，对全校同学们说："同学们……"说什么呢？我哽咽了，眼泪还在往外涌，可我竭力克制自己，说："让我们为……为……为这个班的孩子们鼓掌！"全场响起了掌声。我和小姑娘拥抱。

接下来，我无法拍照了。我独自走到后台角落，任眼泪奔涌，看见有人过来了，赶紧低头擦泪。

原来说好由我给学生颁奖并要发表新年致辞的，但我已经没心情了。于是我对副校长说："我不讲话了，也不颁奖了。你就代我给学生颁奖吧！"

李青青老师就这样突然从武侯实验中学消失了，从这个世界消失了。我和老师们聊天时，不再谈论她，尽量避免"李青青"这个名字。有时搞培训需要播放《小崔说事·因我而幸福》视频时，我尽量快进，跳过李青青的镜头。但我走过她的教室，会想起她；QQ上的"午夜咖啡"一直没删；手机通讯录里，青青"13688042014"的号码一直保存着……

在写这篇文章的时候，我一直沉浸在淡淡的伤感中。我曾经犹豫写不写李青青。但我终于还是决定写。一个曾经那么鲜活的生命，不应该就这么不留痕迹地杳然泯灭。我应该用文字让李青青继续活在这个世界。我其实也不是从零开始的"写"，而是整理——整理我日记中有关她的文字。当校长九年期间，我像跟踪后进生一样跟踪李青青的变化，写下了四万多字的跟踪日记。今天，我含着眼泪写下李青青的成长，同时也写下对这位年轻早逝的优秀教师深深的缅怀与纪念。

2016 年 6 月端午节

熊得全：三级跳远

老师也是人，是人都会犯错误。但能够给学生认错，这并不是每一个老师都做得到的。

一

我刚到这学校当校长不久，就听说有体育老师一边在学校上课，一边又在外面兼职，这是区教育局跟我说的，区领导特别要我以此事作为典型，不但严肃处理相关老师，而且还要将其作为师德教育的反面教材在全校大会上讲讲。

我刚当校长，也没有什么经验，为了落实教育局"一定要严肃处理"的指示，我把当事人熊得全请到我办公室狗血喷头地把他臭骂了一顿，算是"严肃处理"了。这是我作为校长第一次严厉批评老师，也可能真的很"严厉"，高大魁梧的小伙子熊得全表情温顺，低着脑袋，灰头土脸的。我看他态度好，也就没在大会上批评他了。

谁知他没多久又和张书记吵了一架。他一点都不爱惜体育器材，刚买来的供训练用的垫子放在露天任凭日晒雨淋，张书记看到很心疼，就批评了熊得全几句，结果这次他没上次那么"温顺"了，立马就和张书记吵了起来。

这就是熊得全。

据说几乎所有学校的体育老师都"不好管"，"自由散漫"是他们的代名词。我不知道这个说法是否准确，反正熊得全是够"自由散漫"的了。平时吊儿郎当，给人的感觉不像是老师。新来的老师唐丹曾这样说她对熊得全的第一印象："我走进办公室，他就坐在沙发上，跷着二郎腿，嘴里叼着一支烟，没有一点坐相。当时，我就在想：这个老师怎么这样呀？一点规矩都没有，老师应该具备的素质怎么在他身上没有一点体现？"

说起来，熊得全还是我的老乡。因此，我就经常不客气地敲打他。他还算给我面子，每次我敲打他的时候，他都憨厚地嘿嘿直笑，表示要改正自己的不足。

熊得全的确也有可爱的一面，那就是单纯而直率，一旦认真起来，工作那是做得相当的好。

问题是怎么才能让他"认真起来"呢？我想，对老师最好的培养就是信任。正巧体育老组长年龄大了，提出"培养新人"。我立刻想到熊得全。

二

在众人多少有些"拿不准"的眼光中，体育教研组组长熊得全同志走马上任了。也许是他本身就具有天生的组织才能，也许是体育组的老师们——无论是老大哥瞿亚星、王小刚等老师，还是同龄人李中柱、李开封、刘克峰等兄弟伙，或是女老师赵春丽、王翠萍、岳雪娇等美女，统统都支持熊得全，都紧密地团结在熊得全的周围。一时间，整个体育组风气大变。不但日常的课堂认真规范，而且每次的教研活动搞得有板有眼，热火朝天，在武侯区中小学运动会上，体育组率领的我校田径队，一举夺得团体总分第一名！几年过去了，体育组的健儿们在熊大组长的英明领导下，频频为学校赢得荣誉捧回奖杯，我们也已经"司空见惯"了。什么"冠军"啊，什么"第一名"啊，什么"破纪录"啊，等等，我们已经"审美疲劳""不稀罕"了，哈哈！

我高兴地在大会上表扬："小熊自从当了组长，令人刮目相看！"

其实，熊得全的潜力还没有挖掘完呢。后来，他竟然要求当班主任！这次我有点担心了：他看起来还是一个需要班主任的"大孩子"，如果他当了班主任，会怎样呢？

在一般的学校，体育老师当班主任是比较少的，何况熊得全从来没有当过班主任。但他一旦当上了班主任，就马上进入了角色。初一新生军训期间，正值盛夏，骄阳似火的季节，但熊得全每天都陪着学生，严格要求学生。当学生在训练时，他就在操场边批改学生的军训日记；当学生休息时，他就给学生加油鼓劲。每一次新班主任培训会，他都认真地听潘玉婷、张清珍等老师介绍她们的经验。

后来，我偶然从他那里了解到，他申请当班主任是为了磨炼自己的耐心，磨炼他对工作的耐心，对学生的耐心。其实，在班主任岗位上，熊得全收获的不仅仅是耐心，还有教育智慧。他的确是在用心做班主任——

为了让学生养成良好的行为习惯，他经常兜里揣着相机，一旦发现学生有值得表扬的行为，他赶紧拍下来鼓励同学们；发现学生有做得不好的地方，也把它拍摄下来，作为教育资源，并且单独找有关学生谈心，让其改正。为了提高班级成绩，让每一位学生都能开心、快乐地成长，作为一位体育老师，他想了很多方法，学生的座位他每次月考下来都会做相应的调整。为了更好地让学生进行自我管理，班级的班规、小组的组规，他都是让学生针对不同的阶段制订出不同的规则，每一次都有创新。

三

但正如我多次所说，"反复"是年轻人成长的规律。熊得全自然也不能逾越这个规律。这不，他又犯错误了。

那是三月的一天，我出差在外。晚上，我正在吃饭，接到一个女孩的电话："李校长，我们已经在你办公室门口，你能不能来一下？"

我一听就是学生的声音，问她是哪个班的，她说："初二（16）班。"

我说："对不起啊，我现在不在成都。有什么事电话里跟我说，好吗？"

她说："我请受害者跟你说。"她把电话递给了旁边的人。

"受害者"三个字让我心里一惊：发生什么事了？

"你好，李校长！"手机里传来另一个女孩的声音。

"你好！有什么需要我帮忙的吗？"我问。

她电话里跟我说，今天下午，她和几个女同学经过操场的时候，熊老师打了宁小樱同学，还踢了她。这个女生电话里说："我给您打电话，意思是请您提醒一下熊老师，不要打学生。"

我听了很难过。我相信，学生不会无中生有给我打电话诬告老师。我也想过，也许这个学生在叙述的时候，有意无意回避了自己的不对，同时又有意无意地夸大了熊老师的过失，但我依然断定，学生不可能无缘无故编造瞎话。当然我也相信，熊老师也不可能无缘无故地打她，肯定是这两个女孩当时做错了什么，让熊老师气愤到了极点。

但是，即使学生做了错事，老师也不应该打学生。这是底线。

我很坦然地对她说："老师无论如何也不应该打学生。今天熊老师打了你，我作为校长很惭愧，我向你道歉！我出差回来后，一定找熊老师谈谈。不过，你也要宽容熊老师，老师也可能犯错误的。"

她表示能够宽容熊老师。我问她叫什么名字，她说："华梅梅。"

我说："华梅梅同学，回来后我会和你聊聊。"

放下电话，我给熊老师发了一个短信："小熊，我出差在外，周四晚上回来。回来后找你谈谈心，好吗？"先敲山震虎。

他马上回复我："好的，李老师！我在训练学生哈！不会又是我哪里犯错误了吧！李老师，对了，出门在外注意身体哦！"

看着这短信，我忍不住笑了，呵呵，"不会又是我哪里犯错误了吧"——果然心虚了。

我回他："哈哈，好好想想你犯了什么错误。放心，我会帮你的！"

他回："嗯，谢谢李老师！"

熊老师这个小伙子纯真可爱，优点突出，缺点也明显。当教研组长，所在教研组最近几年发展很好，为学校赢得不少荣誉。此刻，已经过了六点，可他还在操场训练学生。但是，他今天下午打了学生。这么一个立体而有个性的小伙子，我得细心帮帮他。我打算回成都后找他谈谈。一定要让他认错，如果能够给学生道歉就更好了。

四

第二天我回到成都，下飞机已经是晚上七点半了。但我还是约了熊老师在学校和他谈心。

熊老师比较单纯，也很信任我，所以我便单刀直入："小熊，知道我为什么找你谈心吗？"

"不知道。"他憨厚地笑了。

我问："昨天下午的事，忘记了？"

他认真想了想："想不起来，真的不知道。"

我继续问："昨天下午，你在教育学生的时候，是不是动了手？"

"没有！绝对没有！"他很肯定地说。

我说："昨天晚上我接到一个女生的电话……"然后我把那女生跟我说的话转述给他了，"当然，这个同学说的细节可能有出入，但你当时是不是比较急躁因而简单粗暴了一些？"

他又想了想，说："哦，你说的是这件事啊！是这样的，昨天我在训练篮球队，几个女生从我们的场地经过，我就叫她们走旁边，不要影响我们，但有两个女生不听话，于是我就用篮球网抽打了她们。"

我问："还有一个女生也被你用脚踢了？"

他说："是的，但我没踢着。"

"好，"我说，"基本事实比较清楚了，昨天你的确对学生动了粗，尽管你说没有踢着，但你的行为的确不对。"

他低下头，表示承认。

我说："我知道你是因为急躁，我也不否认你这几年的进步和为学校所做出的贡献，但这件事，你错了。"

他点头。

我继续说："现在学校在发展，越来越多的人关注我们学校，我们自身的素养如何与学校的发展相称？无论如何，你这样做是不对的。你就是太急躁，有时候对学生缺乏耐心和涵养。"

他表示自己是做错了。

我说："这件事就到此为止，既然你认错了，我也不会再给你什么处罚。我相信你以后会改正的。但是，我建议你给这两个女生道个歉。我跟你说啊，给学生道个歉，不丢脸的。只会提升老师的威信。"

其实，我在给他提出道歉要求之前，心里拿不准他是否会答应。如果他不愿意我不会勉强，我会理解他要面子的想法。校长也应该照顾老师的面子。但是，我同样应该照顾孩子的面子。如果他不愿意道歉，我会让他授权于我代他向学生道歉的。

但是，小熊当即爽快地表示愿意向学生道歉："没问题！"

真是个磊落坦荡的男子汉！

我又肯定了他的工作："你担任教研组组长有几年了，说实话，当初之所以让你当组长，不仅仅是因为你有能力，更是因为我想用组长来约束你，因为你那时太散漫了。但几年来的情况证明，你这组长当得很好！取得了这么多的成就，你自己也有了很大的进步。"

然后他说他也有话对我说。我说："我刚下飞机，还没吃饭呢！不过，给你二十分钟。"

他说他至今记得我因为他旷课第一次严厉批评他的情景，他知道我是为他好。还有我刚来学校时为老师们买电脑，他很感动。因为这，他养成了学习的习惯，现在能够打字了，他愿意继续进步。他又说，前不久他姐姐要他不断提升自己，不断进步。他有一次在张清珍老师教室里看到学生写的一段话，就是说蜗牛爬行登上珠穆朗玛峰所看到的景象和人登上去看到的一样。所以他愿意哪怕是慢慢地爬行，也要进步。

我明白了他的意思，说："我很感动！我感受到的是你的上进心，和想要超越自己的愿望。可以的！我愿意帮助你！"

"谢谢李老师！"他说。

周五中午，我把周三被熊老师打的两个女孩——华梅梅、宁小樱请到了办公室，然后把熊老师也请来了。

熊老师对两个女孩说："那天我很急躁，对你们有些粗暴，对不起！那天是怎么样的情况呢？我带着篮球队在训练，你们从训练场中间走，正在训练的男生非常勇猛，万一哪一个撞着你们，后果不堪设想。我当时是很着急，是担心你们的安全啊！所以要制止你们。当然，我制止方式不对，是错的。这点我理解，向你们表示歉意。希望你们能够谅解我。"

两个女孩说："是的，那天我们也有不对的地方……"

我说："老师也是人，是人都会犯错误。但能够给学生认错，这并不是每一个老师都做得到的。何况，你们现在一定也理解了当时熊老师为什么那么着急吧？真的还是为你们的安全担心呢！"

我又对两个女孩说："很感谢你们对我的信任！以后有什么可以直接找我倾诉。我送你们一本书吧！"

我拿出两本崭新的《爱心与教育》给她们签上名，送给了她俩。

五

如果说当教研组长是熊得全的第一次进步，那么当班主任则是他的第二次跨越。有了"第一次""第二次"，当然就还有"第三次"啦！嘿嘿，熊得全的第三次进步，应该叫"腾飞"。

这第三次从何说起呢？这个，这个……

两年前的八月份，学校新调进了一位叫唐丹的数学女教师。熊得全一下就被唐丹的美丽迷住了，可以说是神魂颠倒。接下来的事嘛，就属于人家的"隐私"了，这里不便多说。但可以公开说的是，正如我多次在大会上说的那样："自从小熊谈了恋爱，又像变了个人……"变了个什么人呢？当然是精神面貌更加优秀，工作上更加投入了。

我曾对熊得全开玩笑："你以前工作好，是做给我看的，现在你是做给唐丹看的。如果你不优秀些，人家看不上你哦！"

正是他的工作状态，深深地打动了唐丹的心。

其实，唐丹对熊得全的第一印象并不好，这点前面已经说过。但后来随着时间的推移和观察的深入，唐丹一次次被熊得全感动。在一篇随笔中，唐丹这样写道——

　　熊得全让我感动的地方有很多很多。其中最让我感动的，就是自从我认识他开始，他每天早晨坚持很早就来到学校，组织篮球队学生的晨跑，从不迟到；每周的周末，每年的暑假都在学校训练学生，不计任何报酬地训练学生。

　　刚开始的时候，我对于他的这种行为不理解，经常责怪他没有时间陪我，平时上班没有时间，周末没有时间，连放暑假都不陪我。每当有同事跟我说周末她们又被老公陪着到哪里去玩了，或者假期又结伴到哪里去旅游了，我都羡慕得很，而我呢？很难有这种福气。因为他要训练，没有时间！

我记得今年5月份的端午节，我们确定关系的第一年端午节，本应该我们俩一起回家跟父母过节的。可是，因为他事先跟学生说过："周末要训练，不得缺席！"所以，最后他选择了训练篮球队，我一个人回了家。

心里虽然有些不快，但慢慢地我被他的这种精神感染了，理解了他。他对学生训练时要求特别严格，他也严格要求自己，对学生从不食言，从不迟到，暑假也不例外。由于对篮球的酷爱，几年了他一直这么坚持着，我记得他告诉过我他的一个梦想，他说："我希望通过几年的努力，我们学校能成为成都市篮球训练的一个挂牌基地，到时我们学校的体育项目一定更加强大！"

现在，熊得全是我校初二年级主任了。

作为一个校长，让我感动的还不仅仅是熊得全工作多么多么投入，或是成果多么斐然，而是这样一个细节，在一次早读课的时候，我巡视来到一个过道，看到熊得全的背影也在我前面不远处晃动，突然他弯腰、蹲下……我一下意识到要发生什么，赶紧掏出随身带的小相机，"咔嚓"一声照下了他蹲下捡拾纸屑的背影。闪光灯把他吓了一跳，一回头看见是我，便不好意思地"嘿嘿"笑了，无比憨厚。

在熊得全和唐丹的婚礼上，我很荣幸地应邀担任主婚人。祝酒时，我对熊得全说："你娶了一个最美丽的姑娘！"然后又对唐丹说："你嫁了一位最优秀的小伙子！"

2012 年 4 月 28 日

赵敏敏：开始发芽

如果他们感到在我身边学习工作的时光，是生命中一段阳光灿烂的日子，我就有了职业幸福。

一

那是 2007 年 9 月开学初，赵敏敏刚到我校工作。学校安排她做班主任，她怎么也不接受，理由居然是："我年龄不小了，还没谈恋爱。当了班主任怕影响找男朋友。"

我问她多大年龄了，她说还有十来天就满二十四岁了。我哭笑不得："这么年轻就愁找不到男朋友？而且居然作为不当班主任的理由！"

虽然我批评了她，但我感到了她的单纯率真，甚至有点点稚气。

从那以后，我比较关注这个女孩子的成长。然而我听到的关于她的消息，大多让我失望：娇气，怕吃苦，工作不太用心……我给她写了好多电子信件，鼓励她战胜自己，超越自己。

二

有一天早晨，一打开电子信箱，收到赵敏敏的来信，信的题目是《开始发芽》——

李校长：

　　你好！

　　时间过得可真快，开学到现在已经三个星期了！我在这三个星期里感受到的是充实、感动还有成长！

　　特别是这两天。昨天因为家里没有安网络，要在学校下载一些资料，我一直弄到了八点多。我走下楼梯去取自行车时，一轮新月挂在天空，旁边只有一颗星星。晚上到家吃过饭已是九点多，做课件做到了凌晨三点三十九分。今天放学帮助前几天因红眼病缺课的学生补课，一直补到了八点多。下楼时和昨天一样是一轮月亮，只不过比昨天圆满了一些，旁边同样有一颗星星。校园也不再有白日的喧闹。不知道为何，我自恋般被自己感动了一下。想起您给我看的《把你的眼睛借给我》。我终于明白了，学校的老师是怎么工作的。在学校这样的环境中，在这样的氛围中，你是在心甘情愿地、不知不觉地付出！所以我想您不用担心我们是否会跑步前进了！

　　望着学校停车场上空的月亮和星星，心里竟然也生出一些苍凉。但也许就在这每天看似相同的片段里自己也逐渐老去，变成一位老老师了！我这样付出得到的是什么？我是心甘情愿地在付出，真诚的！可是我又确实太累了。我该怎么对待自己的生活呢？我想在您的心路历程里是否也曾有过我这样的思考，也曾有过我此时此刻的困惑？但我是快乐的。因为在教学上我感觉得到自己有了许多新的思考和认识，看问题的角度也变了。我和学生建立了比较良好的师生关系，这三个星期我去听了潘老师、贺彬老师、沈旭云老师、唐燕老师共五节课，其中潘老师的课让我收获颇多。特别是在设计问题和挖文本上我感觉自己有了很大的进步！特别是今天和她还有一次深入的探讨，她那种无私的付出真的让我很感动！

　　我也听了您以及张书记、王校长、潘老师、尹老师、李老师、唐老师共六节课。听课和被听课就像供给我的营养！在这个过程中我觉得自己正在抽苗，在成长！所以觉得很充实！总的来说我这三个星期可以用一句话形容："痛并快乐着。"

　　最后可以提两条建议吗？

一、每天我都骑电动自行车上班，来来回回的交通早上还比较顺畅，可是到了晚上就比较堵塞了，基本上要骑三十多分钟到学校。时间倒不成什么大问题，可是这条路上交通状况很不理想，有许多不遵守交通规则的人和车。有一次早上我竟然和一个突然冲出来的车撞上了。我曾想过，如果发生了意外，那我怎么办？所以我想，学校要是也有一个校车，每天接送老师上班多好啊！而且在校车上喷上我们学校的名字这也是在宣传我们的学校。平时如果学校组织老师同学搞活动也很方便啊！这算是我的建议吧！

二、上次你在大会上说让大家布置阶梯教室。我觉得应该摆一些大的和小的观叶植物在阶梯教室里，这样更有生命力。

中秋节快到了，我在这里提前祝福您多一些开心，少一些烦恼！合家欢乐，永远幸福！

赵敏敏

2007 年 9 月 20 日

三

当晚，我给赵敏敏回信——

敏敏：

早晨起来收到你的信，很开心！谢谢你对我的信任！当然，朋友之间互相信任是很自然的啦！哈哈！

读完你的信，我很感动。你的确"开始发芽"了。现在想来，那天我批评你的确严厉了一些（还在生我的气吗？我相信没有了，呵呵），其实你很有理想，很有追求。你说你"自恋般地感动"，我能够理解。一个年轻的老师，刚刚出征，便体验到了某种幸福，是应该感动。自己被自己感动，就是自己对自己的精神奖励。我想到我年轻时，也常常被自己感动的。我相信，随着岁月的流逝，你的确会慢慢变老，但是生活在学生中，你的心会永远年轻的。

老师的生活的确很辛苦，也很平凡，但正是在平凡中，我们的青春永远地留在了一届又一届学生的记忆中。"我们的事业并不显赫一时，但将永远存在！"作为校长，我无法向你承诺会给你多少物质报酬（公办学校，我又没有印钞机，呵呵）。但是，我会注视你的成长，并尽可能帮助你体验作为教师特有的幸福！

多听课，很好！同时，还要多读书，多写作。让自己的每一天都充实，这就是成长。

我想象着，再过五年十年二十年，我们的敏敏成长为优秀教师，家长们都抢着把孩子送进你的班，孩子们都盼着听你的课，你也开始著书立说。到了那一天，我会特别开心！我期待着这一天。

两个建议很好，但第一个建议不可行，因为我上学期就跟教育局说过这个事，但被否定了，因为如果我们配车，那么学校都要求配（还有比我们更偏远的学校）怎么办？所以，我很无奈。你上班一定要特别小心啊！电动车是最不安全的交通工具，千万要小心！

第二个建议很好！不久你就会看到，阶梯教室正按你的建议而变得生机勃勃！

本来早晨就想给你回信，但实在太忙了。我马上要去北京，现在正在机场给你回信。不多写了，我实在太累！

真心祝你天天都有进步，并开心！

你的大朋友李镇西
2007 年 9 月 21 日晚上

四

应该说，赵敏敏也确实振作了一段时间，但成长的过程对她来说并非一帆风顺。和许多年轻人一样，当激情退去之后，倦怠感渐渐笼罩在她心里。何况，所谓"成长"就是一个"进两步又退一步"甚至"进一步又退两步"的反复过程。我得有耐心，这耐心是基于对赵敏敏的信心。

那段时间我去听课查课，发现赵敏敏明显准备不充分，备课很草率，课堂语言很乏味，吸引不了学生。

课后我和她交流，她不好意思地低下了头。

我严肃地说："备课不认真，上课敷衍，这是态度问题了！你这么年轻，难道这样混日子吗？你的根本问题是价值观的问题。你要想想，这一辈子如何充实而有意义地度过？要有职业良知啊！"

她点点头，很惭愧的样子。我接着说："你很单纯，但是教学态度不端正，知识素养也差得远，要努力改正和提高呀！以后我要让有关部门重点听你的课，直到合格为止。"

她诚恳认错，表示一定改正。

五

我连续几天去看赵敏敏班上的早自习，但情况都令人忧虑。教室乱成一团，赵敏敏却还没到校，我只好帮她组织学生早读。当早读课铃声响起，教室里已经书声琅琅了，赵敏敏才气喘吁吁地赶来，如此几天，天天迟到，我也就天天都去替她当语文老师。也不知道迟到的她走进教室看到校长帮她组织教学是什么感受，但我实在是忍不住了。

我找来相关年级和处室的负责人开会，研究赵敏敏的问题，我们决定一起找赵敏敏谈话。那次谈话是非常严厉的，年级主任、教导主任和书记，还有我，几乎是开赵敏敏的"批斗会"，我们一一指出她的问题所在。

严厉批评之后，我又和她单独谈心："你的优点也很明显，就是特别单纯，而且也是希望把工作做好。你最大的问题是缺乏成就感，所以感到累，感到郁闷，工作自然打不起精神。"

她说："李校长说到我心里去了，我的确缺乏成就感，一次次受挫，恶性循环。"

我说："如果你对职业不满意，只有两个选择——要么改变职业，要么改变职业心态。埋怨一万句，第二天还得面对，何苦呢？不要老觉得自己最不幸，老觉得当教师'真不容易'，教师当然不容易，但医生容易吗？警察容易吗？不要老觉得自己遇到的最不公平。放眼这个社会，这个国家，更多的人比我们更苦更累。因此，只有自己调节心态。当然，我愿意帮你，帮你体验成就感。"

本来在找她谈话之前，学校行政会已经研究决定，按相关规章制度给赵敏敏一个处分，但我看赵敏敏泪流满面，诚恳表示要转变自己的工作状态，我心软了："这次不处分你，再给你一次机会。我相信你！"

记得那天刚好教育局一位领导来学校，谈到学校状况，我说起了赵敏敏的事，我说："最后还是没有给她处分。"

这位领导问："你就是心软，为什么不给处分呢？"

我说："我想再给她一次机会。"

他说："处分也是一种挽救，也是一次机会！"

我嘴上不说什么，但心想，宽容有时候会产生比处分更好的效果，但愿这次赵敏敏不要让我失望。

六

赵敏敏果真没有让我失望。

新学年开始，学校不再安排赵敏敏继续教初三，而是让她教初一新生，我的想法是给她一个新的起点，让她体验成就感。如我所愿，这果真成了她进步的开始——

早晨，我再到她的班上去看，赵敏敏早早就在教室里了，学生在她的组织下精神抖擞地早读，教室里面书声琅琅。

在食堂吃饭时，好多老师给我说起赵敏敏的变化："特别投入，简直像变了一个人！"

杨艳老师对我说："赵敏敏每天中午都不休息，在教室里辅导学生。"

那天我在外出差，许忠应老师给我电话："哎呀，赵敏敏现在每天都精力旺盛，全心扑在学生中，简直像打了鸡血一样亢奋！"

学期中途，有一个女教师回家生孩子了。她的语文课谁来接呢？综合各方面情况，教务处不得不让赵敏敏代课。我当时有些犹豫，因为赵敏敏上两个班的课，已经累得不行了，她还能够再加一个班吗？可是，当教务处主任给她说这事的时候，赵敏敏二话没说，很爽快地服从安排。她的辛苦可以想象，尽管疲惫不堪，她依然坚韧地支撑着，依然全身心投入。

那天我巡视晚自习的时候，收到初一年级主任唐真老师的手机短信："李校长，我跟你说个事，这次半期考试，赵敏敏教的三个班成绩相当优秀，在年级名列前茅！希望您有机会表扬一下她。"

我马上把短信转给赵敏敏。赵敏敏回复："李校长，谢谢你。我发自内心地感动。"

第二天，我看见从来都是穿高跟鞋的赵敏敏穿着平跟鞋，而且双脚走路有些异样。一问，她说是脚疼，去医院检查，医生说是站久了，不能再穿高跟鞋了。于是，一向爱美的她，不得不换成平跟鞋。

七

为什么同样一个赵敏敏，前后却判若两人？

那天，我请她到办公室和她聊天。谈到自己的变化，她说过去主要是自己心态不正："越是烦，就越没有成就感。但是我们的学生就是这样，不能改变学生，只能改变自己。"

她还说："我以前之所以感到烦，就是正如李校长所说的，我没有找到成就感。"

我问："现在找到成就感了吗？"

她点头说："现在有点点成就感了。"

我让她说具体些。她说："我的成就感其实也就是一些小事。一天下雨，一个曾经被我批评哭过的小男生，送我一杯奶茶，上面写着'赵老师，辛苦了'，那一刻我真是感动，因为又不是教师节，不过是个平常的日子，但学生这么关心我。这就是成就感。后来我对这个孩子说，我平时批评你可能比较严厉，但都是为了你好。那男生点点头，表现出很懂事的样子，那个时候我觉得我当这个老师还是值得的。"

她还说："以前教过的学生现在读初三了，但常常到我现在初一的办公室来看我。一次廖鹏程到办公室来，我正在批评一个犯了错误的同学，廖鹏程还帮我批评他，说，赵老师这么好的，你还要气赵老师，真不应该！那一刻我很感动，有幸福感。他们经常来我办公室玩，有时候我很忙，不能和他们说话，他们却说，没关系，赵老师，我们看你一眼就行了。"

"赵老师，我们看你一眼就行了！"赵敏敏说着说着，眼圈都红了，连我都被感动了。这就是她现在的幸福感和成就感。

最后，赵敏敏真诚地说："李校长不仅宽容我，还给我机会，我很感动很感激。我会用行动报答你的。这是我的真心话。"

我说："我知道这是你的真心话，但我还是要说，不是报答我，而是报答你自己的付出。我们所做的一切，都是为了我们的学生，和我们的良知。"

后来学校考虑到她工作太重了，便请了一个临时代课的老师，赵敏敏的工作又恢复到教两个班。今天早晨升旗仪式，我碰见赵敏敏，看见她穿着高跟鞋，我笑了："你看你看，刚把工作量减下来，你又穿上高跟鞋了！真是不放过一切机会爱美啊！呵呵！"

赵敏敏也笑了，特别纯真。

八

手机响了，是一条短信——

李校长，您好！我是初一（2）班的一名学生。我代表全班同学请您不要换我们班的语文老师赵老师好吗？我们舍不得赵老师啊！

她说的"赵老师"指的是赵敏敏。为了减轻部分超负荷工作的老师负担，我们从西华师大招来了部分大学生，于是赵敏敏原来三个班的工作量，被减去了一个班，估计减下来的就是初一（2）班。所以这个学生发了这个短信。

这个短信，从某种意义上说让我高兴，因为以前赵敏敏是很不受学生欢迎的，这短信证明了她巨大的进步。

课间操结束后，我走进初一（2）班。

我说："大家这么舍不得赵敏敏老师，我很欣慰，因为过去，赵敏敏老师让我这个校长头疼呢，但她变化这么大，真是让我高兴。不过，你们要知道，赵敏敏老师的工作实在太重了，她那么爱美的，可是因为工作重，站久了，脚都站不稳了，连高跟鞋都不能穿了。今天工作量一减，我在升旗仪式上，又看见她穿高跟鞋了。大家喜欢赵老师，但也要关心赵老师。有同学说了，为什么换我们班呢？我说同学们，新来的周老师也很优秀，百里挑一选来的。她只教你们一个班，精力能够得到保证，这对你们是多么幸运啊！所以大家一定要理解。如果你们能够配合好，我过段时间来给你们上课，好吗？"

全班同学都说："好！"掌声如雷。

回到办公室，我突然想到今天是赵敏敏的生日，于是给她写了一张生日贺卡——

亲爱的敏敏：

今天是你的生日，真诚地祝福你！

我要感谢你，因为你的成长给了我这个校长最大的成就感！

也许前面的路还有荆棘，但有我与你同行，你就不要怕。

保重身体，希望你永远年轻，永远美丽！

你的朋友　李镇西

2012 年 9 月 15 日

九

就在学生快毕业的最后一学期，因为生孩子，赵敏敏不得不提前离开孩子们，她没有如愿把孩子们送毕业。这成了她的遗憾。

九月，新学期开学第一天，赵敏敏来到我办公室，说想让我分享她的快乐。她从提包里拿出来一个装帧精美的厚厚的本子——又像是一本书，放在我的面前。

她说："这个班我没能送毕业，我一直心怀歉意！可是，孩子们却给我手工做了一本纪念册。我一翻开，左面是学生给我写的信，右面是学生的照片，或者是和我的合影。所有学生都给我写了的！"

我翻了几页，孩子们的留言真的很让我感动。其中一个孩子这样写道："赵老师，很荣幸成为您的学生！至今记得您那次找我谈话，触动了我的心，我心中的阴霾都随着您清风般的温和的话语消散了。我一定会记住您的话：

'与其抱怨不公，不如拨开雾霾。'永远感谢您，赵老师！"

我说："敏敏，这就是你的幸福！"

她说，现在教的初一的学生也很可爱，特别纯真。

我说："我一直关注着你。看见你现在享受教育的幸福，我也很开心。你有这么多的幸福，这么多的故事，一定要多积累，多写作。日子一长，你就拥有了一笔财富。我会继续帮助你的！"

想到赵敏敏几年来的变化，我感慨万千。我将她的成长故事写成一篇文章，发表在了《中国教师报》。许多读者在网上给我留言，或给我发短信，要我转达对赵老师的敬意。有一位年轻老师对我说："赵老师的成长，让我很受启发。"

我把那张《中国教师报》送给赵敏敏。当天晚上，我收到赵敏敏的短信——

> 李校长可能你都忘了，你说过我就像你女儿一样。没想到几年过去了，你还记得这么多细节，就像爸爸看着女儿的进步一般。我觉得做你的"女儿"太幸福了！你放心，我绝不会给你丢脸！

十

卸任校长后，我离开了武侯实验中学，见到赵敏敏的时候就少了。但微信上时不时收到她的问候。今年三月七日上午，突然收到赵敏敏的微信："李老师，听着我们的校歌，在这春光明媚的校园里，好想念你！"我怦然心动，看了看时间，嗯，正是学校课间操的时候，估计校园广播正在播放由我作词的校歌。于是我给这位老师回复："我永远活在你们心中！哈哈！"虽然是玩笑，但因为赵敏敏老师的微信，我的思绪也一下回到了校园……

本文是根据我工作日记中有关赵敏敏的文字写成的。写好后，我发给赵敏敏，让她审阅。她在微信上回复我——

> 李老师，我在凌晨读完这些文字。外面在下雨，心里却很明媚。人与

人之间的交流真是奇妙，如若你不是我的校长，如若我不是你的学生，那等到我回忆起往事的时候又少了一段值得去珍视的记忆，我要谢谢你!

我再次想到，给我的学生和同事的未来留下充满人性的温馨记忆，就是我的教育追求。如果他们感到在我身边学习工作的时光，是生命中一段阳光灿烂的日子，我就有了职业幸福。

2016 年 6 月 11 日　端午节

一封没有发出的信

　　孩子毕竟是孩子，看问题比较片面甚至偏激，老师有责任引导他们全面看待老师。

　　那是我刚刚当校长不久。

　　快下班的时候，来了一群男生："李老师，我们想和你说个事。"

　　我一看，大概十来个，他们是初一（16）班的学生。

　　一进门，他们便纷纷说："我们对语文老师有意见！"

　　他们的语文老师是阚乐（化名）老师。我问具体有什么意见，他们七嘴八舌地说——

　　"批改作业不认真，有时根本就不批改作业，或者随便划一个半钩。"

　　"下午上课，有时候我们精神不好，她动辄骂我们。"

　　"我们没有考好，她也骂我们。"

　　"她有时还打我们。"

　　"请科代表帮她改作业。很多试卷学生都批改不正确，有时候分数乱打。"

　　"我原来不认真学，但后来我改正了，阚老师却还是认为我不对，把我的作业在班上展览。"

　　……

　　听了学生们的话，我说："感谢你们对我的信任。但是，如果我以此便去批评阚老师，恐怕也不公平。我不能只听你们的，还得做一些调查吧！"

我又问："你们能不能说说你们在语文学习上有什么不足呢？"

他们说："我以前上课说小话。""我学习习惯不太好。""我学习不认真。"……

我说："如果你们学习能够更加认真，阚老师也许对你们的态度会更好一些。任何人都可能犯错误，包括我在内。阚老师当然不例外。但是，你们可能不知道阚老师的一些情况，她现在远离丈夫和孩子，一个人来成都教书，而且现在还只是代课老师，压力很大，很辛苦啊，这种情况下，她有时急躁一些，你们应该理解。当然，我并不是说她的一些做法就是对的。问题是，你们有没有想过直接和她沟通呢？"

他们都摇了摇头。

我说："为什么不试试直接和阚老师沟通呢？这样吧，我给你们一个建议，你们给阚老师写一封信，一定要非常诚恳地写。先写对阚老师的感谢，感谢她为你们所付出的辛劳；然后向阚老师表示歉意，谈谈你们做得不够好的地方；在这个基础上，再给她提意见。态度诚恳些，她一定能够接受的。我想，这种方法比我直接去批评她好得多。"

他们都接受了我这个建议。

我又提醒他们："如果阚老师知道你们来告状，肯定会激化你们之间的矛盾，这无助于问题的解决。因此，不要让阚老师知道你们找过我，直接给她写信谈谈你们的想法。我想，效果一定会不错的。信写好之后，先给我看看，如果我觉得行，你们就交给阚老师，如果不行，我会给你们提出修改建议。好吗？"

他们都说好，有一个叫张放的男生主动提出执笔写这封信。

第二天，张放把他写给阚乐老师的信给我看——

阚老师：

　　您好！我们是16班的学生，请原谅我们以谈心的这种方式向您提出意见。

　　我们觉得您像是持有一种付出了就得有收获的观念，平时有的同学没做好，您就去打骂他们，这点我们可以体谅，毕竟我们也知道您有难言之隐。您也应该体谅一下他们的感受，如果去打骂他们，不仅不会使他们改变，还会使他们变本加厉，我们觉得您应该多与他们谈下心。还有，我们觉得您应该多了解一下我们班，不要以旧的眼光来看待我们，多审视我们的作业，才能针对不同的我们，用不同的辅助方法。

俗话说得好："金无足赤，人无完人。"您又不是神仙，不可能什么都完美，所以我们也体谅您，也希望您能尽量做到，如果您觉得我们有什么说得不好的，请您原谅我们的不懂事，也诚恳地希望您能接受我们的意见！谢谢！

这封信写得显然太简单，而且也没有把问题说清楚。我把张放等男生找来，和他们商量了一下提纲，下面是我和学生们共同拟定的提纲——

第一部分：阚老师为调动的事很焦虑，在这种情况下还认真地为我们上课，我们很感动。表扬阚老师：课堂笔记，有什么错误就指出，严格要求，课堂气氛好，表达感谢之情。

第二部分：自我批评。我们不懂事，也有许多做得不对的地方，让阚老师生气了。

第三部分：提意见。第一，打骂同学的问题；第二，批改作文的问题；第三，不要用老眼光看人，要相信我们能够改正，多一些耐心。

最后，再次表达感谢，再次请阚老师原谅我们的不懂事。

又过了一天，张放把第二次写的信给我看，我觉得不错，然后帮他打成电子文本。在打的时候我又略作了一些修改——

尊敬的阚老师：

您好！

请您原谅我们以书信的方式与您谈心。

听说您一个人在成都工作，生活上一定遇到很多的困难，有时会很孤独，很寂寞，也无法与人倾诉，在这种情况下，您还认真地为我们上课，我们真的很感动。您督促我们认真仔细地完成笔记，您严格地要求我们每一个人，我们有什么错误您都指出来，我们很感谢您。还有，您的课堂气氛很好，同学们积极发言，您认真地讲解，师生之间产生了融洽的关系，您是一位好老师，我们会永远感谢您的！

可是，我们有时候却不听您的话，有时候在您上课的时候，我们有些同学老爱开小差，说小话，学习的态度也不够端正，作业不是抄同学的，就是自己去乱写，我们做的这些事，让您操心了，在这里我们向您认错，并感谢您对我们的帮助和教育！

"金无足赤，人无完人"，我们也借此机会诚恳地给您提一些小小的意见：第一，我们觉得您有时候打骂同学，有时候对同学的态度太过火，这样不仅不会让他们改过，还会使他们变本加厉。我们知道您生气是因为同学们犯错误，您是想严格要求我们，但是如果您通过打骂的方式，同学们还是不能改正的。第二，我们觉得您平时很少仔细批改我们的作业，我们也知道您是20班的班主任老师，平时很多时间都花在了他们的身上，于是叫课代表去批改我们的作业，但是，我们希望您能挤一些时间来批改我们的作业，因为我们也是您的学生啊！这样，您也可以多了一些了解我们学习情况的机会。第三，我们觉得您老是用旧的眼光看待我们，对我们的看法也是一成不变，有些同学明明进步了，您却看不见。阚老师，您一定要相信我们能够改正，一定要有耐心，也许这样，您会发现我们的闪光点。

我们还是不懂事的孩子，给您提的意见不一定正确。但我们是真诚的。最后，我们要再一次向您表示真诚的感谢。如果您觉得我们的语言有些过激了，那么请您原谅我们的不懂事，我们也会理解您的。再次谢谢您，谢谢！

初一（16）班部分同学

2007 年 5 月 22 日

这第二封信中，学生显然在我的引导下，写出了阚老师的许多优点，并表达了感谢之情。我不认为这是在教学生"圆滑"，这是在引导孩子发现老师值得肯定之处，并教会孩子鼓励老师应该鼓励的地方。实际上，孩子毕竟是孩子，看问题比较片面甚至偏激，老师有责任引导他们全面看待老师。当然，我也保护了学生的直言，并没有因为要尊重老师便剥夺学生批评老师的权利。表扬也罢，批评也罢，关键是真诚与尊重。

张放来拿信，我说："这次，我不仅仅是在教你们写信，更是在教你们如何给别人提意见，教你们为人处世。"然后我对他说："你把这封信再给那天来办公室找我的同学们看看，但要注意保密。如果大家没意见，你就悄悄放在阚老师办公桌上。信交给阚老师以后，注意一下她的反应和变化，随时告诉我。我相信阚老师会有积极变化的。"

自从张放等人来"告"了阚乐老师的"状"后，虽然我没有找阚老师谈心，但我在不同的场合都对老师们正面讲了如何对待学生的问题，强调要尊重学生的人格。我想通过这些话让阚乐老师想到自己，但又不会感觉到我是在批评她。

看来我这个做法收到了效果，过了一段时间张放来找我，说不用交那封信了，因为阚乐老师这几天改正了许多，没有再骂同学们了。他说等以后阚老师又出现了打骂同学的情况，再把这封信交给她。我说："好，这样很好！"

但实际上，从那以后，我再没有听到任何学生对阚老师的"举报"，反而不时听到同学们对她的好评。现在，阚老师已经成长为一位很优秀的老师。

因此，信一直没送出去，而写信的学生早已毕业了。我想，这封信永远也不会送出去了，因为阚老师已经不需要看这封信了。

这正是我希望达到的效果。

2012 年 5 月 13 日

他打了学生之后却让学生感动

　　谢谢你们能理解、宽容老师，但是老师毕竟是做错了，做错了事就应该承认错误，就应该负责，不能文过饰非！老师就应该知错能改！希望你们也能做个这样的人。

一

　　已经很晚了，接到一位家长的电话："李校长，真不好意思，这么晚打搅你。我想给你反映一个情况，你们学校一位老师体罚学生……"

　　我一惊，忙说："能不能说得具体些？具体是哪位老师？在什么时候？"

　　他说："是初一的小 Y 老师，昨天下午在操场上扇了两个学生的耳光。不过，我要说明的是，我并不是被打学生的家长，我女儿回家对我说的。我觉得老师这样做不太好。当然，我的意思不是要你对小 Y 老师怎么样，小 Y 老师也是心急，他责任心是很强的。但我希望李校长能够在学校提醒一下老师，对孩子多一些耐心。"

　　我对家长说："小 Y 老师的做法不符合我们学校的教育理念，学校一直严禁教师体罚学生。我非常感谢你对我们的提醒，并希望家长们继续监督学校工作。我下来一定认真调查，如果属实，我们会严肃处理的。"

　　挂了电话，我马上拨通了分管校长唐剑鸿的手机，没人接。估计已经睡了。我便给他发了一个短信："剑鸿，刚才有初一家长投诉小 Y 昨天在操场上扇了两个学生的耳光。也许细节不一定准确，但小 Y 是否体罚学生一定要认真调查。给我举报的这个家长不是被打学生的家长，是因为学生看到了感觉不好，给家长说的。我很生气，请你一定要调查，如果确有体罚行为，一定要严厉批评，并根据情况看是否给予一定的处罚。"

放下电话，我很自然地想到了七年前小 Y 来我校应聘考核的情景。他是我当校长第一年时通过公招进入我校的。

那一年，前来应聘的数学专业大学毕业生有一男一女共两位，但只取一名。我请数学组组织两位年轻人上课，然后由数学组的老师打分。当时我正在听课，便接到某领导的电话，说这两位应聘者中，那位女的是某领导（更高一层领导）的关系，希望我能够聘用。

我当即表示为难，我说："如果她上课考核的结果比另一位小伙子强，那当然就不成问题了；或者水平相当，同等条件下我都可以向她倾斜。但如果她和那小伙子的水平相差悬殊，就不好办了。等结果出来了再说吧！"

那"小伙子"正是小 Y。数学组最后拿出了考核结果，小 Y 上课分数远远高于那位"某领导的关系"。于是，我毫不犹豫地决定要小 Y。

但是我还是担心得罪了上级领导，以后学校发展会不会受影响？

是屈服于权势而放弃公正，还是坚持公正而不畏权势？这是我做校长以来遇到的第一个难题。

如果选择前者，我会让领导满意，以后我个人和学校都会得到很多方便，但那样却对不起小 Y，而且无法向数学组参加考核听课的老师们交代；如果选择后者，后果怎样，我无法预测。

我想了又想，最后，决定把考核结果给给我打电话的某领导，让这位领导来裁决。我拨通了该领导的电话，把数学组组长写的考核意见给他读了，同时也说明了那位关系户和小 Y 考核分数的差距。我说："情况就是这样，两人悬殊太大，实在不好做工作。你看怎么办？"

该领导说："既然如此，那还是尊重考核结果，不为难你了。"

于是，我签署了录用表格，并叫教务处将结果通知应聘老师。

当时书记非常佩服我："你牛！并不是每一位校长都能顶住压力的。"

我说："既然那女孩是领导的关系，那领导还可以给她想办法呀！人家小Y，憨厚朴实，老实巴交的，一看就是从小地方甚至可能还是从农村出来的，人家一无关系，二无背景，就只能靠自己的本事找工作，假如在这里因为有人作弊而落聘，他真的就什么办法都没有了！我必须主持公正。如果我这里不能给他公正，我不只是对不住他，更对不住我的良心。"

这事到现在已经过去七年了，我一直认为这是我做得最让自己自豪的事。但我也要实事求是地说，后来给我打电话的领导依然很支持我，没给我一点点"小鞋"穿。后来这位领导调动了工作，不再担任我的领导了，但我俩一直保持着纯正的友谊。

而小Y进入我校工作以来，也没有让我失望。他敬业勤奋，好学上进，不但喜欢钻研课堂，而且还主动要求当班主任。他的缺点就是急躁，有时容易冲动，所以难免对学生有简单粗暴的时候，但因为爱学生，学生和他关系一直很好。这也让他更加热爱教育。他曾在一篇《教育，我的挚爱》中这样写道——

　　老师的工作就是这样，很琐碎、很累，但是很真实——每天面对一张张可爱的笑脸；听见那一阵阵清脆悦耳的读书声；看见一个个学生，健康快乐地成长……这样的生活很充实也很快乐，我是幸福的，因为有那么多爱我的学生。

没想到，这么爱学生的小Y老师，昨天居然也出手打了学生。其实，我应该想到的，作为教师，他热爱教育、热爱学生是真诚的，但作为小伙子，他有时候脾气上来了冲动之下犯错误，也是真实的。

本来我的想法是，最好还是由分管副校长出面处理，我最好别越过副校长直接解决此事。但是第二天早餐时，小Y刚好就坐我旁边。聊天时，我没有问他体罚学生的事，因为旁边还坐着其他老师。

吃完饭，我们一起朝教学楼走去。路上，我问他："最近你是不是体罚学生了？"

他略有些吃惊，但马上点头，诚恳地说："是的。"

我问："什么原因？"

他说："训练队列素质操时，有学生的动作不标准，我就……"

本来，在接到家长电话后，我还尽量站在小Y的角度理解他，甚至原谅他，因为我以为是学生太顽劣，违反了纪律而又不接受批评，所以小Y才气愤地动了手。这的确可以理解。但没想到，居然是因为学生训练时"动作不标准"便动手。我实在是很生气。

我火了："我还以为是学生违纪又不听你的话，所以你才出手打学生，结果仅仅是因为人家做操动作不标准！人家并没有错呀！"

他很羞愧地低下了头。

我转而想，也理解他，他也希望班级这次比赛能够获得好成绩啊，所以对学生要求太严，操之过急。

我又问："打了几个学生？"

他说："三个。"

比我了解的还多一个。

我说："我是昨晚接到家长的电话才知道这件事的，但给我打电话的家长并不是被打学生的家长。我想说，这件事你肯定做错了，而且相当错。你先想想怎么把这事处理好。"

他满脸愧疚地说："好的，相信我。"

过了一会儿碰见唐剑鸿，他说："我刚才看到你正和小Y聊，我估计是那件事，就没再找他。"

我说："是的。本来我想让你解决，但刚好吃饭时他和我坐一块，我就问他了。他态度不错。我觉得他应该给学生道歉，而且是当着全班道歉，因为他是当着全班学生打的那三个学生。当然，他也应该和学生沟通，说明自己是好心，是心急，一时冲动，让学生理解并谅解他。如果他没有这样做，你找他谈时可以给他这样建议。"

早读课，我巡视校园，看到小Y正和三个男孩在教室外面谈心。

第一节课下课后，小Y来找我："李校长，我是这样处理的，你看合适不合适？我已经找了那三个男生沟通，向他们道了歉，同时我又在班上向全班同学道了歉。我的确错了，错了就应该向学生道歉……"

"但是，"我说，"你同时还应向学生诚恳地说明你是为他们好，的确是好心，只是因为冲动，让他们理解你。"

小 Y 说："我也这样说了，同学们都原谅了我，也理解了我。"

我说："很好！你这样处理真的很好。这件事就这样了，学校不会再批评你，更不会处理你了。因为你不但已经认识了自己的错误，而且还公开给学生承认了自己的不对。非常好！但是，我希望这样的错误不能再有第二次了。"

他说："当然，不会的。"

我说："年轻人好冲动，犯错误难免。我年轻时也曾经打过学生。虽然不是打我班的学生，而是打欺负我班学生的学生，但依然不应该。我后来也很后悔，曾把这事写成教育随笔，作为教训记了下来，还收入了我的书中。那以后，我就再也没有打过学生。我建议你也把这件事记下来，写一篇教育案例，记载你教训的案例。在写作中反思，在反思中把错误变成一笔财富，好吗？"

他说："好的。"

我说："我会继续关注你的成长，并会一如既往地帮助你！"

2013 年 10 月 1 日

二

后来我又做了进一步的调查。第一，事实上我还没找小 Y 老师谈话之前，他就已经给被打学生道歉了；第二，当时他出手并非只是因为学生动作不标准，而是因为学生违纪。这点，在我和小 Y 老师谈话时，他没有说。可能是因为怕我误解为狡辩。

后来，小 Y 老师写了一篇反思发给我，态度真诚。

事实上，我后来一直关注着小 Y 老师，包括出差时还一直和他短信联系，继续开导他，安慰他，鼓励他。他担心下次家长会如何面对家长，我说："不怕！第一，你一定能用你的行动赢得家长的谅解与尊重的！第二，到时候我去你班上，直接给家长介绍你，让家长了解一个全面的你。"

值得欣慰的是，今天，我收到小 Y 老师的电子信件——

李校长：

因为这几天上班没有看邮件，我在微博上看到你发了我的读后感！十分高兴！谢谢你！

另外给你说一件事。今天我开完教职工大会，回到教室，先是很生气，后来很惊喜！本来，我是安排学生在教室里考试，但是我回到教室却看见几个学生在教室外面，很不高兴！走进教室，看见前后黑板用中英文写着"Y老师生日快乐"。当时我全傻了！完全忘记自己的生日了！学生们给我唱起生日歌！！我们一起唱歌、一起分吃蛋糕！

我完全没有想到！太感动了！
我点开照片，那场面真感人！收到这样的信，心里是多么温暖和激动！
我祝福小Y老师，期待着，并坚信他会有更大的进步！
下面是小Y老师前次写的反思，和昨天学生给他贺生的照片——

这种方式必须终止

最近，我们学校各个班都在为一年一度的队列素质操做准备。操场上满是激情昂扬的学生，每个班都铆足了劲希望在这次比赛中获得好的成绩。当然，我带的班也不例外。同学们为了这次比赛还放弃了周末的休息，这让人十分感动。因此，为了训练好，我也天天陪着学生练。

但是不知怎么，越是临近比赛，同学们越是不认真，出错的人越来越多，甚至在队列里打闹都出现了。当时我在想，是不是我训练的方式不对？于是，比赛前两三天，我特意请了我们班的体育老师来做指导，给同学们在细节上一一训练。当时我们都感觉，同学动作是做到位，但是缺乏一种精气神，队列里有不少的同学不认真，这些同学还说别人不认真。当时我真的很生气。这样怎么能在比赛时取得好成绩？我心里非常着急。本来想，如果这次比赛我们班能有个好成绩，同学们不是更爱这个班集体？更加团结？更加认真对待初中生活的每一天？也为同学们自己的初中生活，开一个好头。可是看到同学们这样，我不知道怎样办？于是就有了下面的故事——

小H、小Z、小T在队列训练的时候，极其不认真，出错不断，还在打闹。口令员（做操时喊口令的同学）也对他们做了单独的训练，但是效果还是很差劲。时间一分分过去，我心里十分急躁。不知道怎么办才好。想到这三个同学平时就不守纪律，上课也总是说话，和同学打闹，时不时不做作业，有个同学还差点和其他班的同学打起来。我气急了，对他们动了手脚。手一下去的时候我就后悔了，他们是我的学生，我心爱的学生呀！我怎么会这样了？

当天放学后，我就把他们留下来了。他们还以为，我很生气，一个个都低着头。其实我早就气过了。

我问他们："在队列里，需要纪律不？"

他们说："需要。"

我说："为什么？"

他们说："这样才能好好训练，才能在比赛中拿到好名次。"

我接着说："老师我也是人，也会犯错。今天老师的做法，有些不对，是老师的错，你们能理解老师吗？"

他们一起说道："老师你严格要求我们也是为我们好，也是希望我们班能在这次比赛中，取得好的成绩。我们能理解。"

我对他们说："那希望你们在明天的训练中，更加认真，能做到吗？"

"能！"他们十分坚定地回答道。

随后，我们又聊了聊班上的开心事。同学们都笑了。我的心里也感觉好受了些。

在回家的公交车上，我一直在想这件事情。我在想：多好的学生呀！这样宽容我，理解我，我还有什么理由责备他们呢？学校的队列素质操比赛，本来的目的就是通过在训练中增强班级凝聚力；比赛本来就是重在参与、重在过程，在这个过程中提高同学们吃苦耐劳、勇于拼搏、团结协作、友爱互助的精神。结果并不是那么重要，重要的是同学们在这次训练的过程中进一步增强集体意识。我一直在痛恨今天为什么那么急躁？我陷入一阵自责中……

比赛那天，我带着我心爱的相机，想记录下同学们精彩的瞬间。于是我早早地就来到了学校。刚好和李校长一桌吃早饭，我们还一起聊了队列素质操比赛。他饱含深意地说："比赛重在参与嘛！初三有个班的老师，还让残疾的学生参加了。重在过程。"

我也在想，就是这个道理啊！

吃完饭，李校长一直等着我，和我单独回教学楼。在路上，他问我是不是在训练素质操时对学生动手了。我当时惊呆了，心里十分愧疚地说道："是。"

李校长表情十分严肃，但是语气还是十分温和："我是昨晚接到家长电话才知道这件事的，但给我打电话的家长并不是被打学生的家长。我想说，这件事你肯定做错了，而且相当错。你先想想怎么把这事处理好。"

我满脸愧疚地说："好的，相信我。"

我立即回到教室里，把三位同学请到教室外的走廊上。他们还以为又做错了什么呢？一脸的茫然。

我对他们说："上次在操场上的事情，我后来委婉地给同学表达了歉意！不知道你们听出来了没有？"

他们都点头说："听出来了！"

我真诚地说："那天不是正式的，今天我正式给同学们说声，对不起！请同学们理解，请你们原谅！"

三位同学都满脸的惊讶！过了几秒，他们才回过神来。

小 H 说："老师，我们能理解你，其实我们也在训练时不是很认真。"

小 Z 说："老师，我们也知道你是严格要求我们，是为我们好！"

小 W 说："老师，你也是为我们班着想，希望我们班能在比赛中拿第一。"

多好的学生呀！我心里想。

我激动地说："谢谢你们能理解、宽容老师，但是老师毕竟是做错了，做错了事就应该承认错误，就应该负责，不能文过饰非！老师就应该知错能改！希望你们也能做个这样的人。"

他们都不约而同地点了点头。随后，我们回到教室。我让同学们安静下来，我有重要的事情要说。我整理了衣服，给全班鞠了一躬，很庄重地给同学们说道："老师我，是一个普通的人，是人就会犯错，那天我在训练的时候，对三位同学动了粗，动了手，是老师的错，老师错了就应该向同学道歉，向三位同学说'对不起'！老师当时这样做，是希望我们班能在这次比赛中取得好成绩，是希望我班能在全年级有一次漂亮的亮相，希望同学们的初中生活有一个完美的开始。但是老师用错了方法，老师冲动了，希望同学能理解老师！能原谅老师！"……

我当时特别特别愧疚，几乎是快要哭了，我真心地认为自己错了，这种处理问题的方式必须终止。

同学们都真诚地说："能！"

有几位同学也快要哭了，同学们真心地原谅了老师！我还有什么理由不全心全意对他们呢？

第一节下课后，我去和李校长说我的处理方式。李校长还特别关心地对我说："你同时还应向学生诚恳地说明你是为他们好，的确是好心，只是因为冲动，让他们理解你。"他这样说，是希望我能处理好这件事，处理好与学生的关系，不留下后遗症，把坏事变好事。我当时听了特别温暖，特别感动，我为有这样的校长而感到幸福。

事后，李校长要离开学校出国考察，十分担心我在这个问题上有什么思想包袱。在临行前的晚上还专门发短信给我，开导我、安慰我。有些知情的同事还打了电话，让我不要有什么顾虑，他们还是很喜欢我的。

最让人感动的是，我的学生给我发短信说："老师，祝你全家节日快乐！好不容易放假，不要想太多。自己不要太劳累了。"看到、听到这些话，这些短信，我心里无比的激动，我为有这样的校长、这样的同事、这样的学生而感到幸福！我为能在这样的学校工作感到无比舒心！

我坚信，我在这样的学校里，这种处理问题的方式一定会终止，也必须终止！

2013 年 10 月 12 日

要特别补充的是，小 Y 老师自那以后再也没有犯类似的错误了，他现在和学生的关系很好。业务能力大幅度提高，多次参加区里上示范课；教学成绩也在稳步提高；科研成果也很突出：主研一个区级课题，参与一个市级和一个省级的课题研究，有两篇论文获得了市级二等奖，参加一个国家级赛课获得二等奖。

2017 年 5 月 28 日

第六辑

言为心声

让人们因我的存在而感到幸福！

"让人们因我的存在而感到幸福"，并不只是一种伟大崇高的价值观念，同时也是一种平凡朴实的实践行为。

亲爱的同学们，老师们：

今天，是我作为成都市武侯实验中学的新任校长，在开学典礼上与大家的第一次见面。

在这个崭新的日子里，我们都有许多崭新的憧憬：初一的同学，憧憬着新鲜而紧张的学习生活；初二的同学们，憧憬着在新的一学年有更多的学习收获和成长乐趣；初三的同学们，憧憬着用青春勃发的激情和百折不挠的意志赢得明年六月的辉煌！各位老师憧憬着和孩子们一起创造完整而幸福的教育生活；作为校长，我则憧憬着在为大家真诚服务的同时，和我们学校每一个人一起度过充实快乐的每一天。

说到"幸福"，我想到了一句关于"幸福"的话。这句话也是我今天给大家带来的一份"见面礼"。这句话是——

"让人们因我的存在而感到幸福！"

当我说出这句话的时候，我有些担心，是不是所有人都愿意接受我这份礼物呢？甚至会不会有人在心里表示反感呢？亲爱的同学们、老师们，请相信我的诚意，我想告诉大家，在我们的世界上，的确有这样的一些人，他们的存在使自己的国家和民族充满了光荣和自豪，也让我们感到了幸福和温暖！相反，也有另外一些人，他们的存在却让周围的人感到了痛苦和不安。

就从昨天我经历的一件小事说起吧！这里，我想问问大家，刚刚过去的一个星期天，也就是昨天，是一个什么日子？

昨天，9月3日，是中国人民抗日战争胜利纪念日！61年前的9月2日，日本正式签订了投降协议书。因为协议书是9月3日正式生效，所以，新中国成立后，便把9月3日确立为中国人民抗日战争胜利纪念日。作为一个普通的中国人，我记住了这个不普通的日子，为了纪念这个日子，我昨天特意去观看了刚刚上映的电影《东京审判》。这是一部极具历史现场感和震撼力的电影，我和许多观众都情不自禁地回到了那个特定的历史场景之中。就在我被中国法官梅汝璈的凛然正气所打动的时候，突然，耳边响起了手机铃声，接着是一位小伙子旁若无人接听电话的声音，大家可以想象，我当时的心情是何等的难受！而且在整个电影放映的过程中，手机铃声、嗑瓜子的声音、聊天的声音……一直在电影厅响着！黑暗中，我环视了一下，发现绝大多数观众都神情凝重地注视着银幕，发出那些不协调声音的都是几个年轻人。很难说这几个年轻人不爱国，但此时此刻，他们的作为让银幕上下的中国人（电影的主人公和观众们）感到了一种耻辱！如果当时有人提醒他们，他们可能不会认为这有什么错。这，就不仅仅是耻辱了，而是一种悲哀！我可以肯定地说，昨天电影院绝大多数的观众，都因那几个人的存在而感到了一种悲哀，甚至痛苦！

前天看报，知道最近中国有关部门专门给出境旅游的同胞予以提醒：在国外要注意礼貌，不要随地吐痰，不要在公共场合高声说笑，接电话应该小声些，随时对别人说"你好""谢谢""对不起"。看了这则消息，我心里产生了一种实在是说不出的滋味。暑假里，我女儿随她所在大学的一个访学团到韩国待了半个月，回家后她对我说，她在韩国感受最深的，是韩国人包括年轻人那种文明优雅的言谈举止，那种对人的礼貌和尊重。他们使用得最多的话就是"谢谢"。韩国的大学食堂是井然有序的，中国学生端到饭菜往往就转身找座位去了，韩国学生则会恭敬地对师傅说"谢谢"。在便利店买东西付完账后店员会面带微笑跟你说"请慢走"，然后韩国人也都会鞠躬说"再见"。不仅仅是语言，在行动上，韩国人更是体现出了他们的教养和文明。搭乘自动扶梯的时候，韩国人一般都会自觉地站在扶梯的右边，将左边空出来方便那些赶时间的人走过；上下地铁时，韩国人会等车里的人先下来再有序地上车；地铁里老弱病残孕专用的座位平时都会空出来，即使是车厢里挤满了人，那几个位子也不会有年轻人坐；晚辈在听长辈讲话时决不能站得随随便便，而要恭恭敬敬；老师或者教授如果是站立着，学生就不能坐着仰面对他们讲话；吃饭的时候如果一桌有长辈，则要长辈说开始吃饭，才能坐下……女儿感慨地对我说："韩国人卑谦、恭敬的文明，本来是中国传统文化的特点之一，韩国也是受了中国文化的影响才有了今天的文明，但这些本来源于中国的东西，恰恰在中国却很稀罕了！我作为一个中国人，感到羞愧和耻辱！"

对人尊重，随时给别人带去方便和愉悦，这是韩国人在日常生活中体现出来的素养。正是这种不经意流露出来的素养，让包括我女儿在内的许多中国学生在韩国的半个月里感到了一种幸福。

因此，"让人们因我的存在而感到幸福"，并不只是一种伟大崇高的价值观念，同时也是一种平凡朴实的实践行为。我还要强调，"让人们因我的存在而感到幸福"，一般情况下并不需要什么壮举，而往往只需"举手之劳"：公共汽车上，你为一位老人让座，这位老人就会因为你而感到一种幸福；在街头，你热情耐心地回答一位外地人的问路，他就会因你而感到能够得到一位素不相识的人的真诚帮助是一种幸福；在教室楼道，你主动上前帮老师抱作业本，老师会因为有你这样的学生感到幸福；有同学病了，你哪怕是送上一句亲切的问候，他也会感到有你这样的同学是一种幸福；放学回家上楼的时候，你为正在吃力上楼的大妈提一提菜篮子，她会为有你这样一位好邻居而感到幸福；骑车过马路，你宁肯停在烈日下等候绿灯，也不愿擅自闯红灯，那警察叔叔会因为有你这样遵守交通规则的市民而感到幸福……

生活在这样的社会中，我们不都会感到很幸福吗？

今天，我把这句话送给大家，并愿意和大家共勉，我们都来做让人们因我们的存在而感到幸福的人！现在，我请在场的每一位同学和老师，和我一起大声地说出这句话："让人们因为我的存在而感到幸福！"

我更希望，我们经常问问自己：我的存在，给别人带去了什么？

"让人们因我的存在而感到幸福！"做一个好孩子，让家长幸福；做一个好学生，让老师幸福；做一个好伙伴，让同学幸福；做一个好少年，让社会幸福；做一个好教师，让学生幸福；做一名好公民，让祖国幸福！

我呢，从今天起，就努力做一个好校长，让师生幸福！

谢谢大家！

2006 年 9 月 4 日

永远记住你们的老师

你们的老师都很普通，但记住了他们，你们就记住了什么叫善良，记住了什么叫奉献，记住了什么叫坚强，记住了什么叫百折不挠，记住了什么叫坚韧不拔，记住了什么叫"让人们因我的存在而感到幸福"！

亲爱的同学们，孩子们：

你们好！

今天你们站在这里，最后一次参加武侯实验中学升旗仪式，也是初三同学的毕业典礼。此刻，我想给你们以真诚的叮嘱：永远记住你们的老师！

刚刚结束的中考，也结束了一段让你们难忘的日子。在这段日子里，你们承受了难以承受却不得不承受的压力，初三那做不完的作业，无休止的考试，然后是排名，老师的一次次谈话，还有不停的补课、晚自习等等，这一切意味着枯燥乏味，意味着酷热难耐，意味着疲惫不堪，意味着汗水甚至泪水……但是，你们应该知道，陪伴着你们度过这充满火药味儿日子的，还有你们的老师！

我想，也许在冲刺中考的过程中，有同学曾经埋怨过老师"作业太多"，"要求太严"，我还想，为了让你们能够在中考中取得好成绩，有的老师甚至可能还有过一些特别严厉的举动，但我想说的是，当你们在奋力拼搏的时候，你们的老师也在拼命——注意，我这里说的是"拼命"，因为你们的老师的确是在用自己的生命浇灌你们的中考胜利啊！我不想在这里抽象地重复"奉献精神"这样的赞美，但我想提醒同学们永远记住和你们一起在中考战场上冲锋陷阵的老师们——

永远记住年近六旬、快要退休却依然在午休期间、放学以后以及自习课时间辅导你们的唐安全老师！

永远记住在身患绝症而弥留之际的父亲床前通宵守护了父亲整整一夜，但第二天早晨仍然在早自习前就坚强地站到了讲台上辅导学生的刘锦平老师！

永远记住双腿有病，长期行走、站立都很疼痛，但为了孩子们，坚持在两个班的英语课堂上和班主任的工作岗位上，却从来没有因为病痛请过假或早退迟到过一次的谢安琼老师！

永远记住生病期间带着煎好的药来上班，输了液又来上课的刘绍英老师、许开旭老师！

永远记住因回族生活习惯而长期中午自己带饭菜到学校解决午饭问题，在初三午自习、晚自习期间克服了生活的诸多不便，坚持上好每一节课的米学鹏老师！

永远记住尽管扁桃体化脓声音嘶哑也坚持上好五个班的政治课，同时还给学生做心理咨询的杨垚老师！

永远记住身体不好，但从来没有因为生病耽误过一节课的美丽的李兰英老师、郭艳梅老师、夏文丽老师和门颖老师！

永远记住中途接了各方面都比较差的班以后，充分利用他的机智和教育方法迅速地转变了这个班级的班风班貌，且班级的学习成绩有了大幅度的提高，为年级输送了一大批优秀的学生，工作得到了家长、学生的充分肯定和信赖的吕光友老师！

永远记住尽管孩子很小，需要自己在家照顾，但从来没有因为孩子的事耽误上课的卫术香老师、鲁锦丽老师、陈智英老师、曾维刚老师、徐芬老师、罗勇老师、唐朝霞老师、李勇军老师、邱俊杰老师、郎廷明老师、秦咏梅老师！

永远记住借调到我校但在教学和班主任工作上非常投入，班级建设和教学成绩都令同行、家长、学生称道的向斌老师、谢国强老师！

永远记住为了转变班级风貌，为了学生进步而操碎了心甚至放弃婚假的蒲前宇老师！

永远记住为了带好自己的班级虚心学习教育理论并请教有经验的老师，多次家访并找学生谈心，使班级变化大、发展好的赵萍老师、范景文老师、周伟老师！

作为校长，我为学校有这样的老师而自豪；作为学生，我相信你们也会为有这样的老师而感动！因此，我提议，让我们用热烈的掌声向所有初三老师表示我们由衷的敬意！

那天中考最后一科结束后，我听到一个刚刚走出考场的考生大叫了一声："终于解放了！"我非常理解这种感受，但是我这里要说的是，你们的老师却并没有获得"解放"，因为当你们终于摆脱初三压力的时候，你们的老师来不及喘息，来不及休息，又将开始新的一轮奉献与拼搏，新的一批孩子又在等待着他们。你们的老师就像船工，日复一日，月复一月，年复一年，在青春的河畔将一批又一批孩子送到对岸，而自己却慢慢变老。

你们的老师都很普通，但记住了他们，你们就记住了什么叫善良，记住了什么叫奉献，记住了什么叫坚强，记住了什么叫百折不挠，记住了什么叫坚韧不拔，记住了什么叫"让人们因我的存在而感到幸福"！而这一切，都是你们的老师用自己点点滴滴的行为教给你们的比中考成绩更重要更宝贵的人生财富！

愿这笔财富伴随你们的一生并通过你们传播给你们周围的人！

我就说这些，谢谢同学们！

2007 年 6 月 25 日

附当天晚上孙裕平老师在网上的一个帖子《发现每一个人的优点》——

"人非生而知之者，孰能无惑？"是啊，在这个世上我们有很多的疑难问题得不到解决。同样，作为一个人，孰能无过？古人云"金无足赤，人无完人"，只要是人就会犯错误，就会有缺点。但是评价看待一个人就不能只看他的短处，而应该尽可能多地发现他的优点，我们的校长李镇西老师就是这么做的。他在今天早上升国旗时举行的初三毕业典礼上的讲话，就反映了他这样的人生态度：发现每个人的优点。

"永远记住年近六旬、快要退休却依然在午休期间、放学以后以及自习课时间辅导你们的唐安全老师！永远记住在身患绝症而弥留之际的父亲床前通宵守护了父亲整整一夜但第二天早晨仍然在早自习前就坚强地站到了讲台上辅导学生的刘锦平老师！永远记住双腿有病，长期行走、站立都很疼痛，但为了孩子们，坚持在两个班的英语课堂上和班主任的工作岗位上，却从来没有因为病痛请过假或早退迟到过一次的谢安琼老师！永远记住为了转变班级风貌，为了学生进步而操碎了心甚至放弃婚假的蒲前宇老师！永远记住为了带好自己的班级虚心学习教育理论并请教有经验的老师，多次家访和找学生谈心，使班级变化大、发展好的赵萍老师、范景文老师、周伟老师！永远记住为了同学们体考出好成绩而在运动场上留下训练和示范的身影的王小刚老师……"李校长娓娓道来，每个老师的优点他历历在胸。可见，李校长他的发现源于他的细心，他的爱心。他对待同志像亲人般的无微不至，每个老师的生日他专门登记在册，到时也要祝福祝福，武侯实验因此而幸福快乐着！

我们的老师缺点是有的，有些人可能还不少，其实我想这些李校长肯定也是知道的，但他对于老师的缺点总是宽宏大量，理解再理解，比如某老师迟到了他坚信一定有非常特殊的原因，如某老师没有完成学校的某项任务，他一定会给他第二次机会。但对于老师的优点他却"耿耿于怀"，我真惊奇于今天早上，他对初三50多位老师的优点如数家珍。作为才来我们学校不到一年的校长，他事务繁忙，但对于每个老师他是那么的熟悉。很惭愧我教现在的初二两年了，但每个班同学的名字我能叫上来的最多不超过10个。我发现李校长还是一个很容易感动的人，往往被师生的一些事迹感动得挥笔就书，他激扬文字，爱憎分明，无所顾忌，他豪放的性格就像一个20岁的小伙子。

发现每个人的优点，是一种积极的心态，我记得有人说过"态度决定一切"，其实也可以说成"心态决定一切"，因为态度是由心态支配的。发现每个人的优点，你就会觉得每个人都是那么可爱；发现每个人的优点就像发现身边的每一处美景一样，带给我们自己的是愉悦和享受，带给别人的是幸福和自信（我想今天初三的老师一定很幸福）。

让我们都来向李校长学习，学习他发现每个人的优点的这种作风，学习他与人为善的心态；让我们都来看看自己身边同事的长处，也让我们思考那些所谓的"差生"身上的闪光点，给他们指明道路！

秋天的 99 个瞬间

今天的一切，我们不觉得有什么特别，更不觉得有什么了不起，但是不但我们的学生会记住我们，学校的历史会记住我们，中国的教育也会记住我们。

下午，学校举行教师节表彰大会。

我的致辞很特别，题目是《秋天的 99 个瞬间》，为这个致辞，我准备了很久，连续两天晚上熬到深夜。我一边展示图片，一边发表演讲。

我给老师们说："今天我的致辞，其实就是向老师们展示一个个普通的场景，一个个平凡的瞬间。这些场面和瞬间，都是我前几天随意在校园里拍的。这些短暂的平凡，却注定会成为永恒的！我的题目之所以叫《秋天的 99 个瞬间》，是仿照 80 年代一部苏联电视连续剧《春天的十七个瞬间》的名称。那是一部反法西斯的谍战片，非常精彩；而我下面要展示的 99 个瞬间，虽然平淡，却同样让我感动。"

我首先展示了学校第一任校长赵复华校长的照片："我们学校发展到今天，离不开所有武侯实验中学人的贡献。今天，我们特别不能忘记我们的第一任校长赵校长，他是我们学校的创始人，为我们今天的发展奠定了坚实的基础！让我们向赵校长表示敬意！"

全场鼓掌。赵校长起身向大家致意。

然后，我给全校老师展示了我四年前刚到这里当校长时给老师们拍的一张照片，那灿烂的笑容一下让大家回到了那美丽的瞬间。我说："这幅照片，几年来随着我的讲学，传遍了全国，感染了很多很多老师！让我们重温一下我们四年前的笑容吧！你们，这张照片上，没有一个老师没笑，有笑弯了腰的，有捂着嘴笑的，有手舞足蹈地笑的，有笑出了泪的，有仰天大笑的……连我们的袁中庆老师也露出了罕见的笑容！"

全场爆笑……

我继续说："在这张照片诞生后不久，我还写了一篇散文，记叙我在校园里所看到的一些普通而感人的细节。这篇文章我曾印发给大家，可能你们已经忘记了吧！那么，今天我再次带来这篇文章，我给大家朗读一遍，让我们再次自己感动一下自己吧！"

我把文章显示在屏幕上，同时开始朗读——

把你的眼睛借给我

上周的一天中午，我偶然经过三楼初一办公室门口，无意中从开着的门缝看进去——

胡鉴老师、潘玉婷老师坐在各自的办公桌前的椅子上睡着了。说"睡着了"，是因为她们的头微微仰着，眼睛闭着。但实际上并不是真正的"睡"，因为她们的姿势分明是坐着。

那一刻，我的眼睛湿润了！

也许她们本来不想睡，只是想在办公桌前再做点事，但实在太疲倦了，不知不觉便睡着了。也许她们的确是在睡午觉，但又放心不下学生，所以不去公寓睡觉而只是在办公桌前打个盹儿。

这就是我们的老师！

我后悔当时没有带相机，不然，我将拍下老师们最感人的镜头。现在，这样的镜头只能永远地留在我的心中。

不对，这样的镜头，我想已经久久地留在了她们的学生眼中和心中，留在了许多老师的眼中和心中。

而且我坚信，像胡老师、潘老师这样坐着睡觉的老师绝不只是个别的；那天只是因为我偶然经过她们办公室，所以看到了。还有我没有去过的办公室里面呢？一定也有不少老师这样睡觉。他们疲倦而劳累，但他们的肩膀却很坚强，肩负着对学生的责任；他们的内心很坚强，支撑着一种可贵的信念！

我向这样的老师鞠躬！

又哪里只是坐着睡觉的老师才让我感动？

那天早晨吃饭，我看朱怀元老师一直挺着胸膛，但表情却很痛苦，原来他因打篮球而肋骨骨折了，本来应该卧床，但他惦记着学生，硬是挺着中国人的脊梁屹立在讲台上！

我们的郭继红老师，身体已经很差很差，但校园里的她从来都精神抖擞。她教的班学生不太听话，但她从无怨言，作为教研组长，她还要操许多心，但她从来都一声不吭地坚持着，坚持着……

下午看到刘懿萱老师挺着大肚子吃力地走在校园里，我对她只说了一句："多保重！"她笑笑。这么热的天，步履艰难，却仍然坚持上班。不止是她，何勤老师也是挺着肚子吃力地爬上一层又一层的楼，走进教室给学生上课……

我还知道，上学期杨垚老师扁桃体化脓，依然坚持上课；上学期，唐燕上午输液，下午赶回学校……

就在前段时间，徐全芬老师嗓子不好，连话都说不出来了，可还是坚持上好每一堂课。

我还知道，谢安琼老师的腿不好，但她每天都吃力地准时登上四楼五楼，走进教室……

每天早晨，当我开着车上班时，我就想，现在有多少老师正在挤公共汽车啊，有的老师还要转两三次车，于是他们不得不很早起床，有的老师孩子还很小。而晚自习结束后，公共汽车已经收班，唐朝霞等老师还得打的回家。本来我早已经专门安排了人负责在晚自习结束后送唐老师回家，可只送了一次，唐老师却怎么也不愿让人送了。

天气渐渐热了，中午更是烈日当空，可我们的杨翠容老师还利用中午的时间家访，去说服家长让孩子上学。为了节约时间不耽误下午上课，杨老师便打的家访。而在我们学校，像杨老师这样的班主任，实在是很多很多……

……

生活在这样的老师中间，我时时都在感动；而生活在感动中，就是一种幸福啊！

我庆幸，我的老师们给了我幸福。

我曾经在大会上说，不鼓励老师带病上班，有病请假不扣钱，带病上班要扣钱。可是，面对这样的老师，这样的"规定"我能忍心"说话算数"？强迫这些生病的老师不上班吧，可那么多班的课，又有谁去上呢？

写到这里，我的心情真是难受而又矛盾。

上面所谈到的我们老师的感人细节，只是我偶然看到和听到的，这些我知道的事只是实际发生的百分之一、千分之一、万分之一！还有更多的爱的细节——对教育的爱，对学生的爱，对学校的爱，对周围人的爱……我还不知道。

但我实在想知道更多的感人的老师和他们的事迹——虽然这所谓的"事迹"只是一个普通的场面或一个微不足道的细节，遗憾的是我只有一双眼睛。所以，在这里，我诚恳地请求我们学校的老师们把你的眼睛借给我，帮我看看，在我们武侯实验中学，还有哪些人值得我们尊敬，还有哪些细节应该载入我们心灵？

请把你看到的充满爱心的故事告诉我，变成文字倾泻在键盘上让大家分享，让更多的人知道，在这物欲横流因而越来越多的人鄙视理想、放弃责任、追逐功利的时代，我们武侯实验中学的老师的确是我们最可爱的人！

我的声音回荡在阶梯教室，老师们都静静地听着。当我读完最后一句"我们武侯实验中学的老师的确是我们最可爱的人"，掌声响了起来。老师们都被自己感动了。

我说："四年过去了，我们的老师一直保持着这份职业情感和职业精神！最近，我在校园拍了一些场面，我选取了其中 99 个镜头，这里给老师们看看——"

我先展示的是十天前，也就是 9 月 10 日开学第一天的照片："第一天上课，我在教学区转了转，随手拍下了这些镜头。这是刘晓红老师在给初一刚进学校的孩子们上第一堂课，那天我走过她教室的窗前时，听到她正在跟孩子们说，刘老师嗓子不好，大家要体谅老师。我听到这里，想，在我们学校，有多少带病坚持上班的老师啊！"

接下来，一幅一幅照片显示在屏幕上：刘晓红老师、刘绍应老师、曾维刚老师、许忠应老师、孙明槐老师、付廷刚老师、周瑾老师、朱应芳老师、张月老师、刘克峰老师、陈琦老师、向彬老师、谢安琼老师、唐燕老师、李勇军老师、王小刚老师、阎青松老师、何敏老师……他们上课的形象感染着大家。

我一边播放这些照片，一边评论："你们看曾老师，她的眼神多么传神！""付廷刚老师的右手还缠着绷带啊，可课堂上他照样有激情！""张月老师，如一位母亲正满怀慈爱柔情地看着自己的孩子！""向彬上课是非常投入的，你们看，他的表情多丰富！那天我没听见他说什么，但我想，他一定是在说'哟西哟西'！"全场的爆笑淹没了我的玩笑。

我说："这些普通的瞬间，你们也许觉得很平淡很平凡，但无数个这样的瞬间，就是你们生命的流淌，也构成了我们学校的历史！好，我们再来看 9 月 6 日，也就是本周星期一中午，我在教学楼捕捉到的一些镜头。当时，正是午休时间，可当时我们的老师在做什么呢？"

一幅幅照片打出来，我一一说明："这是周先平老师，还在教导处忙碌着。""龚林昀老师还在教室辅导学生。""邹显慧老师守着孩子们午休。""郭艳梅老师也在教室巡视。""大李兰英老师正在给学生讲题。""王明飞老师也在辅导学生们。""向彬这会儿文静了，不再'哟西哟西'了，孩子们在下面休息，他坐在讲台前给孩子们批改作业。""杨艳老师也正守着教室里的孩子们备课。""这个侧影是谁呀？嗯，对，是谢国强，他正深情地注视着自己的孩子！你们注意他的眼神，那是一位勤劳的农民凝望自己地上长势喜人的庄稼的眼神，是一位牧童在山坡上看着自己心爱的羊群吃草的眼神……"全场再次爆笑。

我继续评论："大家看，教室外面的走廊里，殷琦老师正和班干部在开会呢！殷老师的笑容多美！""胡成老师也在教室和孩子们在一起。""黄静坐在讲台上辅导着学生。""嗯，这是办公室里的易婵娟老师，一群孩子正围着她，她正在给孩子们讲解着。多么令人感动！难怪连苏东坡都赞美她，专门写诗说要'千里共婵娟'呢！"大家又笑了起来。"易婵娟背后的胡鉴老师一个人坐在座位上，周围没有学生，但她并不孤独，因为她的心中正装着学生，在这本来该休息的时候，她还在为孩子们忙碌着。""还有邓万霜老师，你们看，在办公室里也没有休息，而是在备课。""这是郭继红老师，伏案的情景多么令人感动！""你们看，小李兰英老师面对学生的眼神是多么慈祥！""蒋长玲老师把小床搬到教室里，可她看着孩子们也睡不着，正欠起身子注视着学生。""曾秀芳老师正在办公室辅导孩子呢！""嗯，刘朝升老师也在教室里忙活着。""胡德桥老师还在教室里上课，尽管休息时间是不应该上课的，但这种精神还是可贵的！"老师们笑了。

　　"这是李青青老师的教室，李青青看到我来了，很兴奋的样子。可李青青两三年前把我气得够呛！所以，看到青年老师的进步，我很是开心！""咦，这个班的孩子睡得多香！没老师在教室。老师呢！哦，在这里，你们看，朱青老师正蹲在教室外的墙角，给三个孩子辅导呢！三个孩子望着朱老师，嗷嗷待哺的样子，多可爱！""这是李娜老师的班上，孩子们虽然很自觉，可李娜依然放心不下，站在教室门口依依不舍的样子。""徐芬老师也在教室里看着孩子们。""走廊里，陈玲老师正指导孩子们办墙报。""饶振宇老师也在和学生商量办墙报。""这间教室里，在孩子们中间，坐着一位鲁智深！是谁呀？大家仔细看，哦，原来是魁梧的李开封老师！""大家看，王丹老师给学生讲题的时候多么亲切！""汪丽老师也在辅导着孩子们。""黄韵守着孩子们，表情多么有韵味！""这是初一年级办公室，唐真老师还在办公，唐剑鸿老师实在太困了，正在打盹，张瑞莉老师还在忙碌。""过道上，一群孩子围成一圈开会，可爱极了！我问他们班主任是谁，他们用童声齐声回答'唐朝霞老师'！你们看，办公室里的唐老师笑得多么开心！是呀，有这么可爱的孩子，怎么不开心呢！""杨翠容正和孩子们一起办墙报。""刘锦平老师守着午休的孩子们。""满泽洪老师还在办公室里工作着，身后站着陶杨梅老师。呵呵！有美女相伴，满泽洪老师再累也是幸福的！"老师们又笑了起来。"过道里，谢安琼老师站在教室外，牵挂着教室里的孩子们。"

我说:"这些场面的确很普通,老师们也没有觉得自己有多高尚,但是我要说,这正是老师们应该休息的时候呀!可是,他们放弃了休息,守着孩子们。这平凡的时刻,却包含着一种可贵的精神!"

"这是前天,也就是9月8日上午九点,在福建泉州市,刚给泉州孩子们上完语文课的唐老师正在给孩子们签名。这次泉州市邀请我前去上课并作报告,我说,我不上课,我带位老师来上一节课,我只作报告。对方答应了。于是,我把唐老师带去了。她给孩子们上了一堂公开课,非常成功。这是课后孩子们围着她要求签名的情景。我想,这是唐老师最幸福的时候,因为她被孩子们爱着。"我说。

我又打开一张照片:"这是昨天上午十点半,在武侯区教师节表彰会上,李开封作为教坛新秀上台接受颁奖的场面。你们看,李老师笑得多开心!"

"这是昨天中午一点十九分,我在校园里远远地看到一位老师正和一个孩子一边走路一边聊天,是谁呢?渐渐走近了,原来是饶振宇老师!"我评论道,"这个场面太普通,但我从中依然读到了感动!"

镜头转向了厨房:"学校的发展离不开学校里的每一个人,包括工人师傅们!你们看,这是今天上午十一点钟我在学校厨房看到的情景,师傅们正在热气腾腾的厨房里忙碌着。""这是我在楼梯口遇到的两位师傅,我叫不出她俩的名字,但我知道她们同样为学校发展作出了贡献。""你们看,这是一位师傅的背影,她正拖着餐车走向教室。我同样叫不出她的名字,但我同样知道,学校的发展也有她的功劳!""这是我们学校的大门,保安师傅时刻都守护着学校的安全。你们看,这位小伙子的笑容多么纯真多么阳光!"

我提高声音:"判断一个国家的文明,不是看这个国家的人如何对待总统,而是看他们如何对待普通的劳动者!同样,我们学校的文明程度,也不是看大家如何对待我这个校长,而是看大家如何对待学校的每一位普通的劳动者,包括食堂师傅、门卫保安!我提议,让我们用掌声为我校的工人师傅们表示敬意!"

全场响起了热烈的掌声。

我接着说:"平时为我们一线老师服务的,还有计算机老师,比如袁伟老师,还有实验室的老师,比如陈生平老师。"我打开这两位老师的工作照,

"还有图书室的老师，总务处的老师，等等。"

我又打开一组图片："这是今天下午两点二十分，也就是两个小时以前，我在学校操场看到的情景。你们看，赵春丽老师正在训练学生们的队列。赵春丽老师的业务能力在全市都有影响，她平时工作从来都不讲报酬，常常在寒假都在训练舞蹈队的孩子，这样的老师实在让我尊敬。你们看，这是瞿亚星老师正在上体育课，他面前的学生正在匍匐前进，呵呵，孩子们多么崇拜瞿老师啊，都给瞿老师下跪爬行呢！这是李中柱老师在训练孩子们。对了，你们看，孙明槐老师并不是体育老师，可作为班主任，她依然来到操场，陪着学生训练。我并不主张班主任随时都守着学生，可是，孙老师的精神实在让我感动！"

我严肃而真诚地说："刚才，当我拿着相机离开操场，走到我们教学楼大厅前的台阶时，我看到了大厅前两个柱子上我给师生们写的对联：'童心辉映童心，来自平民，不忘百姓，战胜自己，用知识改变命运；尊重赢得尊重，热爱学生，服务大众，追求卓越，让教育充盈人生。'我想，我们的老师每一天都在用行动实践着我的愿望。在看台阶前的红色大理石上，镌刻着少年马克思的话：'我们的事业并不显赫一时，但将永远存在。面对我们的骨灰，高尚的人们将洒下热泪。'是的，我们的事业并不显赫一时，我们的每一个瞬间都很普通，但是，我们今天的一切必将镌刻进武侯实验中学的历史。我们都是匆匆过客，我们每一个人都曾从前辈的手中接过教育火炬，然后又传递给后人……"我说着，打开了退休老师唐安全的照片，"唐老师德高望重，去年退休后依然牵挂着学校，关心学校的发展，并表示，学校随时需要他，他随时赶到学校。唐老师是我们学校所有退休老师的杰出代表！我们向他表示敬意！"

老师们再次鼓掌。

我又打开一张学生发言的照片："这是昨天区里的表彰会上，一位学生代表在发言。她走上讲台的时候，我还没在意。雷局长对我说，她以前是武侯实验中学的学生，现在在川大附中，很优秀。我注意听她发言。在发言中，她用了大量的篇幅回忆自己在武侯实验中学读初中的时候受到的教育，真诚地表达对母校的感激。她的声音回荡在大厅，那一刻，我非常自豪！我想，能给孩子的将来留下温馨的记忆，这就是我们教育的成功！"

停顿了片刻,我说:"无数个平凡的瞬间一去不复返,但我们的学生会记得,并会给我们同样丰厚的感情回报。今天中午吃饭的时候,我听邹老师说了一个很让我感动的事。邹老师说:'我的学生太让我感动了!我班有三个男生今天早晨六点钟就起来了,专门为我熬鱼汤,上学的时候,特意端到学校来!'邹老师准备中午休息的时候把鱼汤端到教室里去,让每一个孩子都分享这鲜美的鱼汤。于是,我在中午赶到了邹老师的教室里,拍下了这一组真实感人的照片——"

一幅幅感人的照片显示在了屏幕上:邹老师看着鱼汤幸福地笑着,她在教室里给孩子们分鱼汤,孩子们开心地喝着鱼汤……这一碗鱼汤通过我的照片,也感染了在场的每一个人。

我说:"今天的一切,我们不觉得有什么特别,更不觉得有什么了不起,但是不但我们的学生会记住我们,学校的历史会记住我们,中国的教育也会记住我们。我们今天平凡的行为,必将化作永恒的经典!历史将铭记今天每一个平凡的瞬间。不信,老师们看——"

我将一组通过图片处理软件处理过的照片展示了出来:"小李兰英的事迹被搬上了银幕,在全球上映。""大李兰英的故事也流传各地,她的形象被制作成大幅宣传画,张贴在各地。""殷琦老师的事迹甚至流传到了欧洲,大街上都能看到殷琦和她学生的照片。""黄静老师也被商家看中,他的形象被制作成装饰画。"随着我打开一张张照片,老师们哈哈大笑,整个阶梯教室的气氛达到了高潮。

在老师们的笑声中,我继续打出我处理过的图片,以表达对未来的畅想和幻想:"唐朝霞老师的照片被年轻人设为手机保护屏的画面。""曾秀芳老师的形象被设计成精美的贺卡。""蒋长玲老师的照片也被印上了画册。""王明飞上课的形象走进了千家万户。""杨艳老师的工作照甚至贴在了欧洲小镇的公交站台。""美丽的易婵娟成了时尚流行杂志的封面人物。""谢国强凝视学生的照片被欧洲人做成精美的装饰画,只是你们看,现在谢国强的眼神没变,可他凝视的内容却不一样了!"全场爆笑。因为我俏皮的处理,画面上的谢国强正凝视着一位美女的臀部。

笑声中,我打出中央电视台《新闻联播》的画面:"你们看,我们的王丹因为成就卓著，被评为全国十大杰出青年，上了中央电视台。""向彬的形象则被挂在了闹市区，被万人崇敬。""龚林昀以'中国最有影响力年度人物'上了美国的《时代杂志》封面。""付廷刚受伤的手，引起了一只猫的同情，它伸出自己一只爪子，献给付廷刚。""刘绍英老师优美的身材被时装模特儿看中，她的形象被印上了时尚写真画册。""谢安琼老师的照片挂在了国外的大街上，照片上，谢老师还在给学生上课。""周先平老师的巨幅画像被悬挂在空中，让人敬仰。""这是普金总理的办公室，你们看他办公室墙上挂的是谁的画像？是郭继红的工作照！郭继红勤奋工作的精神让普京感动而惭愧，他把这位中国教师的画像挂在自己的办公室，以随时激励自己勤奋工作！""我们的老校长赵复华校长也成了世界名人，他的画像挂在大街上，成了各国无数青年追逐的偶像。"

我亮出我校老师本期开学典礼上给孩子们举手宣誓的照片："这个场面也成了经典，被制作成宣传画，张贴在世界各地，激励全世界的教师！"

最后我再次打开那张著名的"笑容"："我们老师美丽的笑容，感染了全世界。这幅照片也流传全球。你们看，这是在国外大街上，我们老师在开心地笑；这是几位时髦青年，正捧着我们的笑容照；这是在超市，我们的照片吸引了一位青年；这是在香港夜晚的大街上，霓虹灯的辉映下，我们的照片依然光彩照人；呵呵，这张照片被印在了美元上，还被挂在了奥巴马的办公室；这是一位印度老人，手里那张发黄的照片正是我们的笑容，老人珍藏这张照片很久了，他打算将这张照片作为传家宝世世代代流传下去……"

在老师们持续不断的笑声中，我打开了最后一张照片，画面上，北京奥运会的开幕式正在举行，中国轴正在徐徐展开，而展开的正是我校老师的灿烂笑容："一百年以后，我们都不在人世了，但武侯实验中学还在，我们的学校精神还在，我们的笑容依然在这个世界上绽放着。那时候，中国再次赢得了主办奥运会的机会。在开幕式上，富有中国民族气派的卷轴再次展开，卷轴中，一百年前武侯实验中学老师们的笑脸，将阳光洒遍！"

最后，我庄严地对老师们说："我年轻时候，曾经写过一首自勉的诗，后来我曾把这首诗写给我的学生；今天，在这个教师节，我把这首诗献给大家，与大家共勉！"

我开始朗诵道：

名字也许太普通，
人格永远不会平凡；
生活也许较清贫，
事业永远不会黯淡；
歌声也许会暂停，
旋律永远不会中断；
理想也许还遥远，
追求永远不会遗憾！

老师们用掌声回应我的诗篇。

2010 年 9 月 10 日

善良心与创造力

用爱心培育善良，以自由引领创造。
善良心与创造力，就是我们学校应该追求的。

今天上午，我校中学部老师到校参加本学期第一次全校教工大会。

昨天我就在想，寒假结束的新学期第一次教工大会给老师们讲什么？想来想去，我决定给老师们放两段视频，作为给大家的新学期礼物。更重要的是，我想以此给老师们带来思想的碰撞。

九点钟，老师们齐坐在阶梯教室，我首先讲了前几天李心芳老师给我打的那个"举报"电话，并点开了博客上《一个温馨的电话》一文。我特地读了这段话——

> 你今天这个电话，就让我感动。你给我打电话，要我表扬赵春丽表扬张潇，这种对同事的欣赏，就让我感动。我希望我能接到越来越多这样的"举报"电话。我经常说，一个单位，最可贵的就是同事之间互相欣赏，而不是互相看不起，更不是互相诋毁。谁没缺点呢？但如果我们都能以欣赏的眼光看周围的同事，我们的身边便明亮起来，心情也舒畅起来。大家都互相欣赏，搬弄是非的人便没有了市场，学校的风气就会越来越好！所以，你今天给我的这个电话，本身就让我感动，值得表扬！

然后我开始给大家播放第一个视频:《爱心与教育》。这是 1998 年 9 月我的《爱心与教育》出版一个月后,中央电视台给我做的一个访谈节目。15 年过去了,今天看这个节目,我当时明显有些紧张,眼睛一直不敢看镜头和主持人,我的表情用现在一个词来形容,叫作"青涩"。和现在比,我当时还比较瘦,挺有精神的,言谈之间俨然是一个大小伙子。我讲的"教育的第一个条件是爱心""如何对待后进生""如何引导'优生'"等内容,至今还是有现实意义的。我的讲述都不是简单讲道理,而是讲故事。配合这些故事,节目播出我和学生们的画面:课堂上的笑声,竹林深处的摔跤,还有当年学生的回忆等等。这些画面把我带回了 15 年前。

视频放完了,我补充了一些细节:"画面中那个和我摔跤的孩子,当时在班上相当调皮,不,说调皮还轻了一些。他的一些作为已经不仅仅是调皮了,有些行为已经相当出格了。我曾经去派出所领他,因为他拿着钢钎纠集一伙男生去成都十九中打群架。就这么个孩子,和我感情很深,后来转变也很大。几年后高考落榜,当时我已经在盐道街中学外语学校工作,他给我打电话,说要到我班上来补习,我说你别来,我现在教高一,就算你来了,我也不能教你。他说,李老师,只要我每天能在校园里看到你,我就很满足了。这样,他真的转到了盐道街中学外语学校。几年后的一个寒假期间,突然有人敲门,打开一看,原来是他,我请他进屋,他说不了,因为出租车还在下面等他。原来他当兵回成都,一下火车就上了出租车,对师傅说,先绕一下去看看中学的班主任。我还是要他进屋,他一边退着离开一边说,不了,我先看你一眼,过几天我再约同学一起来看您!"

第二段视频是我在网上下载的:《静观英伦——访剑桥大学校长》。这段视频,是柴静做的一个系列节目中的一段,展示了剑桥大学的自由与宽容。任何人都可以挑战校长的权威,而这正是校长所追求的;一辆小车居然被搬到了学校房顶,学生不但没有被罚,还被奖励了一瓶香槟;一座雕像的权杖被学生恶作剧地换成了桌腿,可几百年过去了,桌腿还在雕像上;剑桥大学的各个学院都可以不听校长的指令;学生的考试没有选择题,都是论述,答案可以不统一……一个又一个的细节震撼着我和每一个老师。

视频结束后，我说："不知道老师们能不能理解我今天放这两段视频的用意。我想表达的意思是，用爱心培育善良，以自由引领创造。这都是我们这个学校所需要的。特别是柴静这个专访，让人感慨。当然，中国不是英国，欧洲的文化传统和中国的显然也不一样，而且大学和中学也不一样，所以不能简单照搬，但是，对人的尊重，对自由精神的弘扬，对学生的宽容，则是人类教育的灵魂！比如，那个小车居然出现在房顶，学校没有做出任何处分。我想到二十年前我写过一篇文章，将学生的错误分了类，善意的错误，智慧的错误等等。小车上房顶就是属于智慧的错误。这件事当然做得不对，但这个犯错误的过程充满智慧，以当时的技术条件，是无法用机械把小车起吊上去的，那么学生是如何创造这个奇迹的？这不是智慧吗？这当然充满创造力！所以校长宽容了学生，也保护了创造力。还有剑桥大学对独立精神的尊重，也让我感动。我们中国，现在缺乏的正是自由精神和独立精神。长官意志盛行，大家习惯于看领导怎么说，官本位依然大有市场。真是可笑！美国飓风肆虐时，奥巴马去某个州视察，被州长婉拒，在中国人看来这不可思议；美国总统去某大学演讲也被拒绝，这简直就是匪夷所思，但这就是独立精神！说回我们的学校。我们不可能根本改变教育制度，但是我们在课堂上，在批改作业的时候，在面对孩子的错误的时候，能不能尽可能多一些宽容，多一些理解，多一些尊重，给他们多一些自由？这是完全可以的，因为这是我们能够做主的。善良心与创造力，就是我们学校应该追求的。这也是我今天播放这两个视频的意义。"

课间休息的时候，老师们议论很热烈。有老师直呼这两个视频看得很过瘾，徐书记说，老师们反响强烈，她说，虽然你没有多说，更多的是让老师们看视频，但老师们受到的震撼是强烈的。在接着开会时，我对老师们说："看来大家对这种方式很欢迎。以前我也利用教工大会给大家放电影。作为校长，我的工作早已超越了具体的事务，我的作用就是思想引领。怎么引领呢？我要说的话，早就说完了。再讲也是那些，没有新意。所以我想好了，以后每次开学第一次教工大会，我都不多讲，就给大家放一部电影，或几段视频，好不好？"

老师们说："好！"

2013 年 2 月 23 日

我的卸任演说

我们给学校留下了什么？这是世世代代武侯实验中学的师生永恒的思考。我的回答是，给学校的未来留下充满人性的温馨记忆。不必用堆叠的荣誉来证明教师的成功，教师的光荣就印在历届学生的记忆里。

2016 年 7 月 4 日下午，我给老师们播放了一个纪录片《贺绿汀》。

老师们看完了这部纪录片后，我点评了几句："在这个浮躁的时代，许多人宁可把时间花在刷微信上也不愿花五十分钟的时间回望一下大师们。可我们武侯实验中学的老师愿意，这就是我们和其他学校老师不一样的地方。我们坐在这里凝望贺绿汀，感受上世纪知识分子的风采。在这个地方，每次开学前，我都通过视频给大家介绍大师级的知识分子，老师们因此而认识了陈寅恪，认识了傅雷，认识了马相伯……本来这个视频按计划是下学期开学前的教工大会给大家播放的，但由于众所周知的原因，我今天提前给大家看了。就行政能力而言，我并不适合做校长。如果说我和其他校长有什么不一样，那就是我会带给大家更宽阔的人文视野。同为知识分子，我们应该回顾一下上世纪知识分子的学识与风骨，并想一想如何成为那一代知识分子精神和灵魂的传承者？"

老师们静静地听着，思考着。

我说："好，大家休息十分钟吧！"

十分钟后，老师们又坐回了阶梯教室。我说："本来我不想做这么一个正式的告别演说的，我想悄悄走了就是了，反正以后我也会常回来的。但昨天我在微信上发了我新办公室的照片后，有老师留言道：'就这么走了？'这话提醒了我，还是应该给老师们有个交代。好，今天我就准备了一个PPT，题目是《该交棒了，请接着!》。"

我问："该谁接呀？"

老师们笑了，不知如何回答。我说："似乎应该说该衡书记接，因为衡书记接替我主持全校工作，但我要说，该包括在座每一个人在内的所有武侯实验中学的教职工接，因为学校是大家的，是每一个人的，而不只是校长和书记的!"

我正式开始了我的告别演说——

嗯，从哪儿说起呢？我在武侯实验中学工作了九年，参加工作的第一个单位是乐山一中，我在那里也工作了九年。这两个九年一头一尾刚好串起了我整个教育生涯。我们先看几张照片，是我九年前到这学校来做校长时的形象，大家看看，我当时是怎样的形象？

我打开2006年6月我的课堂照片。

看，这几张照片，是2006年6月我在盐道街中学外语学校时上课的照片，两个月后我来到武侯实验中学当校长。看，我那时比现在年轻多了，头发是多么茂盛!（众笑）这张是2007年春天，学校艺术节时我和几个小演员的合影，你们看我当时的形象，是不是比现在更年轻？这是我和胡鉴老师一起与她的学生们围坐在校园草坪上，那时我们的学校还没有大规模绿化；这是我和黄静老师的学生在一起，照片上那时黄静也很年轻呢!现在呢？这是我昨晚发在微信上的自拍照，昨天我想到今天要见老师们，特意去理了个发，结果理成这样，我真不好意思见人，丢脸啊!（老师们笑了）照片上现在的我又老又胖，看以前的照片，再看现在这张，唉!变化太大了，这杀猪刀也太锋利了!（老师们笑）

老师们再看看你们以前的照片，这是 2007 年春天艺术节时全体老师的合影，多么富有朝气，多么富有活力！这是 2006 年 12 月 22 日，我们学校教师体操比赛的选手们在学校练习体操，多么有精神啊！大家看，那时升旗台在这里呢，那时这里还没有大树没有塑像，看到这些我们可以看到学校校园九年来的变迁。对了，你们看，当时这里还有诸葛亮的一个塑像。后来这个塑像搬走了。搬走后空留一个台基，张书记开玩笑说在上面塑一个弥勒坐像吧！我说，哪需要"塑一个"？你直接盘腿坐上去，然后笑眯眯的，那不活脱脱就是一个弥勒佛像吗？（老师们大笑）好，我们看这是正式比赛时，我们老师的风采，多么整齐啊！我已经记不住当时获得了什么名次了，但我永远记得老师们当时的精神面貌。这是 2006 年 12 月 31 日我们学校的趣味运动会，你们看这几张学生的照片，他们笑得多开心。老师们也许可以找到你教过的学生。这些学生现在应该大学毕业了，或者正在上大学。你们看，各种趣味游戏，还有跳绳，老师们玩儿得多开心啊！这是 2007 年 9 月 1 日的开学典礼。注意，当时学校刚刚进行了绿化改造，有的地方还没完全完工。由于时任总理的温家宝先生的批示，我们学校受到媒体的广泛关注，所以那次升旗仪式很隆重。你们看，当时我们的学生，我们的老师多么认真，多么庄严肃穆！担任升旗手的是一群警察，为什么会是警察呢？我想想，哦，原来当时还举行了有关交通安全的什么仪式。对的，你们看这是升旗仪式结束后，我和警察，还有孩子们在安全教育教室里参观什么的。

这些照片把我们带回了过去，让我重温我们走过的路。我们再看几个视频。第一个视频是四年前，我们举行生日晚宴时，老师们正举手朗读生日誓词。这个誓词是我们老师自己写的，好像是胡鉴老师写的。看，老师们多开心啊！这第二个视频是今年的生日晚宴时老师们在做游戏，是击鼓传花，老师们依然开心。第三个视频是关于万老先生的。老师们还记得我岳父万老先生吗？当时他来这里给大家讲述他的人生经历。这个视频很长，有五十多分钟，我们看几分钟。

视频中，我和万老先生走进阶梯教室，老师们鼓掌。在万老先生讲述之前，张书记宣读教育局关于"任命李镇西同志为成都市武侯实验中学校长"的文件，然后讲了讲在即将开始的奖金分配方案制订过程中，希望老师们积极提建议。这接下来是我和万老先生的聊天，我问我岳父："你在哪方面荣获世界第一?"我先让老师们猜，有老师说八十六岁还上课，有的老师说八十高龄还登上峨眉山金顶……我说："都不对，万老师是世界上开始打麻将年龄最小的人!"万老师说，这个是这个是。我问他还记不记得是什么时候开始打麻将，他想了想，说："五岁。"全场爆笑……

好，我们就看这几分钟。万老师只是一个普通的中学退休教师，但他是一个学识渊博人格高尚的知识分子，当时他来给老师们讲述他的成长故事，老师们都很感动。今天我重看这个视频，最大的感慨就是八个字："天地悠悠，岁月无情!"

万老先生已经离开这个世界好几年了。九年里，我家里四位老人先后离去。同样在这九年里，我们学校唐安全老师、李青青老师、朱建平老师也先后离去。同时，九年里一大批孩子来到这个世上。今天中午吃完饭走到教学楼，我看到一大群孩子，我当时就乐了："这些孩子都是我到这学校以后出生的!"是呀，记得我来这里当校长时，遇到的第一个生孩子的老师是饶振宇老师嘛!第一个寒假前，学校聚餐，我看见有一桌坐着一个陌生的年轻人，我以为是哪个老师的女儿呢!一问，才知道是刚休完产假的饶振宇老师。真是年轻啊，而且生了孩子都还这么年轻!九年来，我见证了许多老师恋爱、结婚、生子。比如王晓萍老师，我刚到这里时，她在实习，我现在都还记得她当时天真可爱的小姑娘的样子。后来她到我校工作，成了我的同事，大地震期间主持了好多次学校大型活动，再后来我发现她和黄静"偷偷摸摸"（大笑），后来才知道，哦，人家恋爱了。再后来，我参加他俩的婚礼，并担任证婚人。再后来，王晓萍生孩子了，现在孩子都好几岁了!我对王晓萍说过，我看见你恋爱结婚当妈妈，如果我身体好，我还会看到你当奶奶呢!

九年来，有些老师先后调离了我们学校，又有一批又一批老师来到我们学校。老师们从二十多岁到三十多岁，从三十多岁到四十多岁，从四十多岁到五十多岁，从五十多岁到六十多岁。这就是时间的流淌，这就是历史的更替。我们就这样生长着，成长着，然后老去……

那么，我给武侯实验中学留下了什么呢？是留下了杨明老师的雕塑吗？是留下了满校园的老师照片吗？是留下了"让人们因我的存在而感到幸福"这句话吗？大地无言，巨树有根。我不是武则天，不可能给自己竖一座无字碑。但我不想回答这个问题，还是让历史和未来评价吧！

我想和老师们一起重温一下我写给百年校庆的一封信。还记得吗？大家看这几张照片，前年十年校庆时，我们在学校花园里埋下了一些最能反映我们现在学习工作生活的物件，等到百年校庆再挖出来，让百年校庆时的师生们看看今天的教育。后来有老师说一百年太久了，我们根本就等不到那天，太令人绝望了。于是我们又定了一个时间，是五十年校庆启封。这样，分两次启封，一次是百年校庆，一次是五十周年校庆。如果是五十年校庆，还有 37 年，到时候我们在座许多老师虽然已经老了，但还健在，我呢，如果健在也已经 95 岁高龄了，你们可以用轮椅推着我去看你们挖掘今天埋下的物品。不过，我估计我即使活着也已经老年痴呆人事不省了。（有老师在下面说，嘴角流着哈喇子。）对，还流着哈喇子！（老师们笑了）

我们看看我写给百年校庆的信——

二一〇三年的孩子们，老师们：

今天，是二〇一三年十二月三十一日，我提前九十年给你们写信，祝贺成都市武侯实验中学建校一百周年。

隔着遥远的时光给你们写信，我庄严而激动。

你们是九十年后的学生和老师，我是现在的校长。因为"武侯实验中学"，我们便穿越时间隧道而心灵相通。

在成都市武侯实验中学百年校庆的日子里，你们手捧我们今天留给你们的"文物"，会看到学校曾经的足迹，会闻到今天我们青春的气息，会听到我们对你们真诚的祝福！你们或许会怦然心动，并发出种种感慨……

我相信，未来九十年，世界会有许多不可思议的变化，中国会有许多我无法预料的进步，学校也会有许多我难以想象的发展。但武侯实验中学的精神——"让人们因我的存在而感到幸福"依然会温暖着我们的校园，并照亮每一个人的心房。

茫茫人海，悠悠岁月。我们偶然来到这个世界，偶然来到这个学校，延续着前人的历史创造着历史，几十年后我们又走进历史。前人会怎样期待我们？——就像现在的我期待未来的你们一样。后人会怎样审视我们？——就像未来的你们审视今天的我一样。天地之间，我们每一个人都是匆匆过客，但当我们的生命流淌进武侯实验中学的时候，我们给学校留下了什么？这是世世代代武侯实验中学的师生永恒的思考。

我的回答是，给学校的未来留下充满人性的温馨记忆。

不必用堆叠的荣誉来证明教师的成功，教师的光荣就印在历届学生的记忆里。

我在岁月深处注视着你们。

李镇西

二〇一三年十二月三十一日

于十年校庆之际

当时写的时候没注意，现在读的时候发现了，这最后一句话让人瘆得慌，"我在岁月深处注视着你们"，会把那时候读信的人吓着的。（老师们笑了）但没法改了，已经埋在地下了。就算我给后世的人开个善意的玩笑吧！

这封信中，我强调我们每一个人都是历史的匆匆过客。别看我现在这么风光显赫，一校之长嘛！但若干年后，在校史上也就那么一行字："李镇西：2006—2015年为本校第二任校长"。是吧，也就这么一行字。一般老师就更可怜了，哟，校史上某页一个表格，"武侯实验中学教职工名单一览"，每个老师就占那么一个格子！再过一百年两百年，我们名字都留不下，一切烟消云散！

但是，"当我们的生命流淌进武侯实验中学的时候，我们给学校留下了什么？这是世世代代武侯实验中学的师生永恒的思考。我的回答是，给学校的未来留下充满人性的温馨记忆。不必用堆叠的荣誉来证明教师的成功，教师的光荣就印在历届学生的记忆里。"这就是我们的追求。

我为什么要卸任呢？这要从当校长开始说起。我没当过一天中层干部，我是直接从班主任当上校长的，是武侯区教育局雷局长邀请我来武侯区，并让我出任武侯实验中学校长。本来我是想去大邑或邛崃农村学校的，后来雷局长说武侯实验中学实际上也是农村学校，我便来了，谁知道学校这么漂亮！我心目中的农村学校应该是土墙，土墙外面是一条小河，小河对岸是无边的油菜花。结果，完全不是这样的，学校修得太漂亮了。（老师们笑）但这又的确是农村学校，因为学生都是本地失地农民的孩子，还有一些进城务工人员的孩子。我在这里一待就是九年。

我从来就没有什么过人的行政管理能力，这点和李希贵不一样，和程红兵不一样，和卢志文不一样，他们都是我的朋友，更是我特别佩服的管理大师。而我的行政管理能力并不强。我认为，武侯区雷局长之所以任命我做校长，并不是因为我有什么行政管理能力，而是想让我的所谓"教育思想"发挥作用，引领学校的发展，所以一开始到现在都给我配了强有力的副手，包括相当于常务副校长的书记。

而我也的确不是一个当校长的料。我始终是一个学者，而非传统意义上的校长。既然是学者，我就始终以研究者的眼光看待学校的一切，包括管理。我研究学校，就是研究一个个具体的人。有人曾说我来武侯实验中学做校长，"是一个单纯的人，遇到一群复杂的人。"他的意思是，我很单纯，但有的老师很复杂。后来我说："应该说，是一个单纯的人，遇到一群同样单纯的人！"绝大多数老师是单纯的，我们有着共同的追求。我真的是在研究学校，研究管理，研究人。跟你们说，我坚持写工作日记，九年来，我写了近五百万字的工作日记。每一件事，每一个人，我都细致地描述分析。你们在我的日记里，都是那么栩栩如生。不过，老师们放心，我不会公布你们的"隐私"的，呵呵！

九年来，我收获了什么？这个可以说很多，但最重要的收获，简单说，是我通过一个学校，透彻地了解了一个国家，也深刻地认识了自己。一个国家有的，一个学校全有。光明的，阴暗的，积极的，消极的，人性的优点与弱点，方方面面，一应俱全。比如，刚来时遇到教师节发钱，当时可以比往年多发一点，我就说那就发吧，结果副校长说不妥，明年就没这么多钱了。我说明年没有这么多钱就少发一点嘛。他说，那不行，老师们才不管你说有没有钱呢！他们只要一年比一年多，而不是少。我一下就蒙了。但这就是管理。比如，我们深恶痛绝的，可能恰恰是我们所孜孜以求的；当我们抨击什么的时候，可能我们恰恰是在抨击自己。这就是人性的弱点。有的老师总说希望公平，但如果他没有得利，什么都是"不公平"。还有，我们说的高尚，都是对学生的要求，对别人的要求，而对自己往往不是这样。比如，刚才看《贺绿汀》的时候，有老师小声说话，我就想，如果你上课学生这样做，你肯定严肃批评，但现在你做的，正是你抨击的。说实话，刚才我可以不批评的，反正都要走了，何必得罪人呢？但那就不是我了。我就是要说，就是要批评，于是我刚才批评了个别老师。当然，我有时候也做着我所反感的事。比如，最近几年我多次呼吁教育公平，写文章抨击择校生，还给局长写信希望杜绝择校生；但实际上，我有时候也帮朋友的孩子择校。这不是说一套做一套吗？所以我说我通过做校长，不但更透彻地了解了一个国家，也更深刻地认识了自己。

九年来，我有多次离开武侯实验中学的机会，包括去北京、苏州等地任校长，我都没有离开。这次是因为我今年满 57 岁，再加上我已经连任三届，按规定应该卸任。当然，教育局对我很支持，希望我继续干下去，干十年。但我不愿意特殊化，到点就退。就这么简单。

不做校长了，我以后做什么呢？这里也给大家说说。

第一，推动全区新教育。我会全力帮助各学校推进新教育实验。在我们学校，我希望至少在两件事上可以坚持做，一是书香校园的营造，这里要注意，要通过教学改革给师生以读书的时间；二是完美教室的缔造。第二，自己搞专题研究。找自己感兴趣的教育问题，或者有价值的教育问题进行研究。第三，开工作室培养徒弟。初步考虑在全区招收徒弟，两年一期。只是我现在还没想清楚，是以班主任为招收对象呢，还是以语文教师为招收对象。第四，全区的教师培训。教育局也希望我能引进全国的优秀专家资源，帮我们培训教师。以后，我请了专家，我就争取先让专家到我们学校讲一场，给我们武侯实验中学的老师开小灶。（老师们鼓掌）

老师们，九年来尽管我不会当校长，但你们对我真诚地尊敬，我心存感激，永远铭记。这些真诚，往往体现在一些小事上。比如前不久我收到一封匿名信，说怀疑学校某些方面存在着经济问题。这封信很直率，写信者很真诚，充满善意，也充满对我的信任。写信的老师没落真名，我无法和他单独交流，所以我在这里公开回答，这位老师说的那些具体的情况，真的与事实不符。不过你的用心是好的，是关心学校，也是信任我。这封信提醒我，学校一定要加强各方面的监管。还有，几年前，我在簇桥一面馆吃面，吃完后付钱，老板说，已经有一位老师帮我付了。我至今不知道是哪位老师帮我付的钱，于是我便把这碗面视为全校老师给我的温馨！还有前年我做甲状腺手术，没让老师们知道，但还是有少数老师知道了，纷纷给我"凑份子"。他们觉得我家境贫寒，生活困难……（老师们笑）哦，我这是开玩笑的，老师们是一片真诚，表达对我的关心，但我坚决不能收这笔钱。后来我一一退还给了这些老师。不是我不近人情，而是因为我是校长。对了，九年来，我家四位老人先后离世，我从来都不要老师们"凑份子"，我没有收过一分钱的奠仪。老师们遇到丧事是可以收的，但我不能，因为我是校长。但是，老师们对我的真诚，我一直很感动！这样的例子还有很多很多。我会永远铭记的。

我也很遗憾，九年里，我可能曾经让一些老师不开心了。我想了很久用什么词，曾想过"得罪"，后来觉得不妥，我不认为我得罪了谁。但因为工作，可能是让一些老师"不开心"了。比如，安排工作，或者某个老师工作中有问题，我可以迁就，可以睁只眼闭只眼，那样我和所有老师关系都会很好，但我是校长，必须坚持原则，该批评还得批评。于是可能让一些老师不开心了。我也不能说我对不起这些老师，因为我没有做错啊，那我只能表示遗憾了。今天也请这些老师理解。我和衡书记经常说，如果我们不做管理，我们会和任何老师和谐相处的，但做了管理就得面对所有困难，面对具体的人。所以，希望理解。当然，不理解也不要紧，你就算对我不满，我依然还是把你当朋友。

是的，我以后会继续把大家当作朋友的。明年六一节，我会继续在微信上赠送你们孩子的书，到时候别忘了抢先。以后有什么需要我帮忙的，尽管说，我就当你们是我的亲戚！（老师们鼓掌）还有，现在外面请我讲学我一般都推辞，因为我的确很忙；但如果谁托你们来请我，我一定答应，我只认你们的面子！（老师们笑了）

要走了，还是给大家提几条建议吧！

第一，要多读书。这是我经常强调的。阅读，能让一个人的心灵更加丰富更加高贵。春天你去郊游，遇到下小雨了，满山的花儿也纷纷落下，如果你没文化，你会沮丧，但如果你书读得多，也许会情不自禁想起秦观的两句词："自在飞花轻似梦，无边丝雨细如愁。"是不是比别人就多一份情调？前几天我早晨去跑步，结果计步器没记下我的里程和轨迹，换个人可能有些郁闷，可我油然想到泰戈尔的诗句："天空中没有翅膀的痕迹，而我已经飞过。"是不是就比别人多了一份豪迈的情怀！你们看这张照片，这是我的书房。今天我还想给大家推荐两段话，一段是北大教授陈平原说的："如果你已经好长时间不读书了，而且又没有任何负罪感的时候，你就必须知道，你已经堕落了。"还有一段话是作家三毛说的："读书多了，容颜自然改变，许多时候，自己可能以为许多看过的书籍都成过眼烟云，不复记忆，其实它们仍是潜在气质里、在谈吐上、在胸襟的无涯，当然也可能显露在生活和文字中。"这是钱梦龙那年来我们学校讲学时，我陪他在洛带古镇喝茶聊天。对了，大家还记得，在我们这个阶梯教室，就在我站的这个地方，曾经站过魏书生、站过朱永新、站过吴非、站过程红兵、站过卢志文、站过流沙河、站过高金英……我都把这些大家请来给大家做过报告。还是说钱梦龙，他只是初中毕业生，后来却成了语文教育大家。为什么？因为他酷爱阅读，所以学识渊博。钱老师的经历告诉我们，博览群书是自己培养自己的最好途径。再看这位老师，叫夏昆。是一个没有什么荣誉称号的老师，但是一位非常优秀的语文教师。他说，教师的第一绝招就是"阅读"。当年我在盐道街中学外语学校时，他说他是冲着我前来应聘和我做同事。那时他跟我说，他正在读《二十四史》。所以我说，阅读，是征服学生征服课堂的"秘密武器"。我想重复我多次说过的话："和老一辈大师相比我们连学者都谈不上！"我从不在我的名片上印"博士"，因为不敢。为什么？因为我知道，现在包括我在内的一些博士硕士，其真正的学问功底，估计还不及民国时期的本科生，甚至高中生！那怎么办？阅读呀！我昨天收拾我的办公室，几书柜的书，我不想搬走了，原想捐给图书室，但我想干脆直接送给老师们吧！一会儿这里的会结束后，欢迎老师们到我办公室来选书啊！中午已经有老师来选过了。

第二，要彼此信任。我真心希望老师们之间单纯透明，真诚相待。无论对干部，还是对老师，都不要搞"有罪推理"，动辄是"肯定是那样的"，而要以善良的心去想别人。崔永元提出要做"微公益"，什么叫"微公益"？他说，给别人一个真诚的微笑，给别人一次鼓励的掌声，都是微公益。这些公益都是任何人不费力就可以做到的。衡书记来了之后，感到有一点不习惯，就是有个别老师见面不打招呼。我给她解释，这些老师不是对你有意见，是性格原因。但我想，跟别人打招呼，给别人微笑，这是教养的体现。我们都是做老师的，不是教育学生要有礼貌教养吗？我们也应该做到。很多年前，一位转学生对我说，李老师，你和别的老师不一样！我问怎么不一样。我以为她会说我班带得好，课上得好，结果不是。她说，你总是远远地就笑眯眯地主动给学生问好。我说，哦，这是我跟我大学一位老师学的。我读大学时，教我们党史的许老师，是一位老太太，非常慈祥，每次见了学生，远远地就笑眯眯地打招呼。是她影响了我。我们还有个别老师总喜欢抱怨，在办公室里抱怨，说这个不是，那个不是，这个不公平，那个不合理。这种"办公室文化"，影响着办公室所有老师的心情。同样一件事，有的老师就总是抱怨别人，而有些老师则不放在心上，总是积极向上，热情乐观。你心中有光明，眼前就一片灿烂，你心中有黑暗，眼前就一片阴影。老说别人不是，看不到别人的优点，不信任别人，最后不快乐的还是你自己。说实话，校长也好，书记也好，在学校是有任期的，但对于普通老师来说，也许这个学校就是你一辈子待的地方。所以，彼此信任，真诚相待，营造一个简单透明的人际环境，其实是为自己营造幸福。

第三，要理解大局。个人和学校面对整个国家的大趋势，是无法抗拒的，只有顺应，在顺应中找到自己的位置。比如，这次分配制度改革方案，无论我们考虑得多么周密，最后还得让位于国家的工资调整而不得不暂缓推进。以后这样的情况还很多，以前没有的，不一定将来就没有。又比如，上级要求我们初二每天要开一节体育课，这不只是涉及体育老师的事，还涉及所有老师，因为我们的课时不够，而上午增加一课时，就意味着作息时间要改，老师们要提前上班，以前赶八点，现在可能就要赶七点半。老师们就不要说"以前都没有这样，为什么现在要这样"，这就是大局，只有顺应。有老师动辄喜欢说"法律依据何在"，可是我要问，以前八点钟上班的法律依据何在呢？不能对自己有利的就什么都不说，而对自己不利的，就问"法律依据何在"。不是这个道理。

第四，要善待学生。说实话，在这个功利化的时代，教育越来越虚伪和恶心。许多学校许多老师都只喜欢那些所谓的"优生"，而不愿教"差生"。我们学校所处的区域，决定了我们只能教当地失地农民的孩子和进城务工人员的孩子。我们心平气和地对待每一个孩子，就是我们的光荣。现在的评价也在变，越来越科学，越来越综合，而不是只看成绩。这次我们初二生物和地理的会考，一次性合格率分别达到了 96% 和 97%，大大超过上级给我们定的 90% 的目标，这就是我们善待我们孩子的结果。这次初三考得也不错，每一位老师都那么尽力，这也是善待孩子的体现。总之，我们不要老想着"优化生源"，让每一个孩子快乐而有收获，就是我们的职业成就和教育幸福！我本来是重点中学的老师，如果我不愿教农民的孩子，我完全可以就待在重点中学的。但教这样的孩子一样能够让我们感到快乐。大家看这一组照片，这是前不久我们初三的篝火毕业晚会。无论是班主任，还是科任老师，他们来到现场就说明他们爱孩子。你们看，坝坝宴上，学生给老师举杯感谢，多么感人！这是我给孩子们唱歌，这是孩子们在跳舞，还有徐媛媛老师跳舞，多美！对了，这次物理组的老师表现出多才多艺，真是独领风骚！当时我就想，唉，真应该让各教研组比赛才艺，那物理组肯定夺冠！这是全体初三老师为孩子们朗诵诗，还有老师们为孩子们表演节目。这是许开旭老师在为孩子们唱歌。许开旭老师平时很忙，经常在我面前表现出疲惫的样子，但一投入工作，永远是那么精神抖擞。这样的干部还很多。这是学生们给老师们系上象征感恩的蓝丝带，你们看王玲老师多开心啊！

这是程文迪同学写的一幅字"让人们因我的存在而感到幸福"，是代表初三全体同学送给母校的礼物。正是这位程文迪同学，初一时书写了我们的校名。说实话，让一个普通学生写校名，就是我认为的以人为本。真不是说假话，在我心目中，哪怕是领导人为我校写校名，也不如程文迪同学写的更有价值，因为她是我们学校的孩子！在我们学校没有领导的照片，没有我的照片，也没有什么标语口号，但有许多普通老师、普通学生的作品，这就是以人为本。

下面老师们看一个视频，这是我教过的高 90 届学生举行毕业 25 周年聚会的宣传片。这一张张照片，让我和我的学生回到过去。今年暑假，我还将参加玉林中学高 95 届学生毕业 20 周年聚会。这些聚会，让我感到教育的幸福。

大家一定记得我们学校有一位白毛女孩儿吧！（老师们纷纷点头）她叫"陈卓怡"，因患有某种特殊的病而满头白发。前不久的一天中午，她来找我，说要送一封信给我，你们看，就是这封信，信中向我表达感谢，说武侯实验中学给了她自信和温暖，她说以后每到重要节日，她都要来看我这位"伟大的校长"。她还送我一枝花。在我办公室，她跟我说，老师们对她如何如何好。我送了她一本《爱心与教育》，还给她签名。你们看，这些照片就是我和她的合影，她手中拿着我送给她的书。后来在坝坝宴上，她来给我敬酒——实际上是饮料，篝火晚会上，她上台跳舞，这是当时我给她拍的跳舞的照片。当时看着她自信大方地跳舞，我非常感动，我想，正是我们学校老师们给她的爱，让她自信阳光。这是她来给我系蓝丝带。这女孩儿成绩并不见得好，显然考不上重点高中，她后来读职高都困难，她妈妈求助于我，我便给职高校长打电话，说明了女孩儿的特殊病情，后来职高录取了她。她特别感谢我。这是她前几天写给我的文章，叙述了三年来老师们对她的爱。我想，我们每天要面对的，要去爱的，就是这样的学生！

第五，要珍惜衡智蓉老师。这里我叫衡书记为"衡老师"，我也希望老师们都称她"衡老师"，而且我希望老师和干部彼此之间都叫"老师"。这话不是我今天才说，我几年前就倡导过了。许多老师叫我"李老师"，也有老师叫我"李校长"。不是我矫情，而是我认为平等观念从细节处体现。昨天我去教科院，有人叫我"李主任"，我听着真是别扭，我说："你就叫我李老师吧！"这张照片是那天在初三篝火晚会前，衡老师和张蓉老师聊天时我给拍的。两年来，我感受到了衡老师的正直、善良、公道、豁达、坦诚、无私。我想，我再多的话，也比不上老师们的眼睛。许多老师也非常敬佩衡老师。我想说，衡老师很年轻，她女儿才读小学五年级，家里也有老人，而且衡老师身体并不好。这几天，她对我说，你一走，我的天都塌了。我说，没有塌，我会继续支持你的，何况还有老师们呢！以后除了在大政方针方面尽力支持学校之外，我不再插手学校任何具体管理事务。但是，衡老师需要我帮忙的，我一定尽全力！总之，大家一定要珍惜衡老师！我的演讲就要结束了，我知道你们要把掌声送给我，但我建议我们还是把掌声献给衡老师吧，让我们用热烈的掌声向衡老师表达敬意和支持！谢谢！

会场响起了热烈的掌声。

2016 年 7 月 4 日

第七辑

家校携手

只有家长好好学习，孩子才能天天向上

——给我校全体学生家长的一封信

和孩子一道成长，是最好的家庭教育。所谓"和孩子一道成长"，说起来就是两点：第一，和孩子一起阅读；第二，和孩子一起写作。也就是"共读"和"共写"。

尊敬的家长朋友：

我叫李镇西，本期开始就任武侯实验中学校长。我有一些真诚的心里话想对您说。

我首先感谢您把自己的孩子送进武侯实验中学，我认为这是您对我校的信任。我和我们学校的老师一定尽我们的全力不辜负您的信任！我也是一个女儿的父亲，我完全可以理解，当您把孩子送进我校的那一天，就对学校的老师寄予了厚望，希望您的孩子能够在老师的教育培养下成为一个有用的人才。但是，不知您是否想到过，其实，孩子是否能够成为一个有用的人才首先不是取决于老师，而是取决于您这位家长！

我们学校本期开始实施"新教育实验"，该实验有一个内容就是让所有学生家长学会做"新父母"。这点非常关键。

我一直坚持认为，一个孩子的成才，主要功劳不是学校而是家庭。道理很简单，家长是孩子的第一任教师，家庭是孩子的第一个课堂。家庭氛围如何，家庭教养如何，家长的素质如何，都将决定孩子的人生！

注意，这里所说的"家庭氛围""家庭教养""家长素质"，不一定和文化程度有直接的联系。在我的视野中，有的博士家长依然"培养"出了罪人，而大山里一些目不识丁的老太太却培养出了一个个有出息的孩子。我国著名生物学家、原北大副校长、现中国农业大学校长陈章良就是一个例子。他出生于农村，父母几乎没有什么文化，因此他也谈不上什么早期的文化启蒙，九岁才读小学，但因为他的父母是一个善良、勤奋的人，于是一粒科学家的种子便在这对农民夫妇的手中开花了。

因此，从这个意义上说，家长也是教育者——不管家长是否有很高的文化水平或是否学过教育学，只要有孩子，他就是教育者。这样看来，我们——就是我、我校的老师和你们家长——之间，本质上是一种同事关系，因为我们都是教育者啊！因为我们都有着共同的教育对象——您的孩子啊！因为我们都有一个共同的愿望——期盼着您的孩子成为有用的人才啊！

我校教师在多大程度上提高自己的教育水平，您的孩子就在多大程度上能够成为我们所期待的人才，这是毫无疑问的！

作为孩子的家长在多大程度上提升自己的教育素养，提高自己的教育水平，您的孩子就在多大程度上成为您所企盼的有出息的人，这是不容置疑的！

可是，是不是每一个家庭都有适合于孩子成长的环境呢？您的家庭里有没有这样的场面呢？——晚上（或周末），孩子在书桌前痛苦而心不在焉地看书，旁边，孩子的父亲在和一群哥儿们喝酒聊天；另一旁，孩子的母亲正和一群人在桌上大呼小叫地搓着麻将；而在厨房，孩子的爷爷或奶奶正在洗碗；父母的声响干扰了孩子的学习，孩子有点不耐烦了，从书桌前站起来想出去玩电脑，这时父母开始喝斥孩子……

我可以断言，在这样的家庭中，孩子绝对不可能有优秀的学习成绩，更不可能成为有用的人才！

当然，我相信，武侯实验中学的学生家庭不会是这样的；而且我还相信，武侯实验中学的家长都是合格的家长！

但是，作为校长，我还"得寸进尺"地希望，我们武侯实验中学的所有家长不仅仅是合格的家长，更是优秀的家长！

刚才我说过，我也是一个家长。我有一个天资并不聪明的女儿，但在我的教育下，她成长得很顺利。在女儿成长的过程中，我也在成长，这其中有许多故事。我把这些故事写成了一本书，叫作《做最好的家长》。现在，我把这本书推荐给您，也许您能够从中得到一些启示。也许有的家长朋友会说："我怎么能够和你比呢？你是专门搞教育的，还是校长，而我却不懂教育。"不对，刚才我不是说了吗？每一个家长都是教育者，其教育水平和所谓文化水平不一定有直接的联系。

我的体会是，和孩子一道成长，是最好的家庭教育。所谓"和孩子一道成长"，说起来就是两点：第一，和孩子一起阅读；第二，和孩子一起写作。也就是"共读"和"共写"。

因此，我真诚地建议您，从今天起，和孩子一起读一本有趣有意义的书。就从这本《做最好的家长》开始共读。这本书写的是我女儿从 0 岁到 18 岁的故事，她的成长对您的孩子一定有帮助的。这本书更写了我教育女儿过程中的酸甜苦辣，也有许多故事，我相信，我的教训和成功也一定会对您有参考价值的。请您和孩子一起读，一起讨论，一起反思，一起进步！

因此，我真诚地建议您，从现在起，和孩子一起写成长日记。成长的过程是一个不断反思然后不断超越的过程，而写作就是最好的反思。孩子通过文字，可以写自己的苦恼与喜悦，你通过文字可以写出自己对孩子的期待，写出自己对自己教育的感悟。可以毫不夸张地说，家长和孩子一起写作，是最好的成长方式。您也许会说："我文化水平低，写作能力差，哪能写呢？"这话错了！最早开始成功实施家长写教育日记的是河南焦作市，那里全市的中小学生家长都给孩子写教育日记。在这些家长中，相当一部分人连小学都没毕业，有的家长甚至是一边翻字典一边给孩子写教育日记。正是通过教育日记，许多让家长老师头疼的孩子成为优秀的学生。这样的故事很多很多。这里，我随信给您一份材料，就是河南焦作市的几位写教育日记的家长的事迹，您不妨看看，并试试。为了您的孩子，我相信你是什么都愿意付出愿意牺牲的，那么，就牺牲一点业余时间，从和孩子"共读""共写"开始你新的家庭教育吧！

请记住：只有家长好好学习，孩子才能天天向上！

我相信您能够成为成功的家长，而只有您成功了，您的孩子才能成功；只有您和您的孩子都成功了，我们学校的老师才能真正有成功感。

让我们一起努力，好吗？

您的同事　李镇西

2006 年 9 月 27 日凌晨 1 点 35 分

孩子之间的竞争，其实是家长之间的竞争

——给武侯实验中学家长的第二封信

孩子之间的竞争，其实是家长之间的竞争——家长的智慧，往往会化为孩子的智慧；家长的善良，往往会变成孩子的善良。同样的道理，家长的愚昧，往往也会化为孩子的愚昧，家长的恶习，往往也会变成孩子的恶习。

尊敬的家长朋友：

这是我给你们写的第二封信。第一封信发出后，许多家长都认真看了，而且还写了读后感交到班主任处，也有家长直接给我写信。这些文字很朴素，但很真诚，让我感到了家长们对我的理解，对学校工作的配合，当然，这种理解和配合都源于你们对孩子真正的爱。

更让我感动的是，一些家长开始坚持给孩子每天写教育日记了。这种方式虽然原始，但这是对孩子的期待与爱。以前我以为，要求家长们给孩子写日记，可能苛刻了些。但现在看来，家长们完全做得到。为了孩子，家长什么牺牲都愿意付出，的确如此。

我代表孩子们向所有为子女付出努力的爸爸妈妈表示感谢！

我个人向这些真正爱孩子的家长表示敬意！

武侯实验中学本期开学不过两个多月，已经发生了一些静悄悄的变化，其中包括家长们的变化。最近我找一些孩子聊天，他们对我说，这学期爸爸妈妈

对自己要耐心多了，也不只是用作业来压自己了；孩子们还说，爸爸妈妈打人骂人的时候少了。还有一个孩子说，她和爸爸妈妈抢着读《做最好的家长》呢！

我坚信，有了这些不断反思的家长，孩子一定会成长得更加顺利！

但是，毋庸讳言，至今仍然有部分家长没有太大的变化。有的家长根本不读《做最好的家长》，更不愿意给孩子写教育日记。有一个孩子对我哭诉了家长对他的野蛮教育（打骂）后，我问他："你爸爸妈妈怎么不读《做最好的家长》呢？"他说："爸爸妈妈说，我们的孩子我们知道怎样教育，还用得着校长教吗？"我听了真是感到无语……

孩子之间的竞争，其实是家长之间的竞争——家长的智慧，往往会化为孩子的智慧；家长的善良，往往会变成孩子的善良。同样的道理，家长的愚昧，往往也会化为孩子的愚昧，家长的恶习，往往也会变成孩子的恶习。

是通过改变自己的教育而造就孩子的美好未来呢，还是坚持自己愚昧的教育最终葬送孩子的前程？

——尊敬的家长朋友，我相信您会作出正确的选择。

那天，我在一个班为孩子们上了一堂班会课。我说了这样一个观点，从某种意义上说，师爱比母爱更伟大，因为教师和学生没有半点血缘关系，而家长对孩子的爱更多的是源于亲情。的确是这样的，老师对你们孩子没有半点私人企图，我对你们更没有一丝个人私利。我们对你们孩子的期待，纯粹是出于一种职业道德和职业良知，除此之外，别无所求。让每一个孩子健康地成长，是武侯实验中学所有教师的愿望，而这愿望的实现，必须靠每一个学生家长配合！否则，再优秀的老师，也不可能一厢情愿地培养出优秀的学生。

在这一期《新父母》中，我们选登了部分学生家长的来稿，大家可以看到这些家长的进步。有一封学生给我的信（我做了详尽的批注）可能会让许多家长触目惊心进而想到自己。我还特意选登了两则我的日记。日记中所写的内容绝对真实。家长们可以从中了解你们孩子的精神世界，以及你们和孩子之间可能的差距。我还特意给家长们推荐了河南焦作市《培优扶弱八十问》，供家长们参考。最后我还刊出了我女儿最近的一篇关于家庭教育的文章，也许对大家不无意义。

我再次希望家长朋友们和学校继续配合（我不是说过吗？我们是同事关

系），为你们的孩子健康成长而努力。

最后，我要重复一遍前次信中的一句话——

只有家长好好学习，孩子才能天天向上！

你们的同事　李镇西

2006 年 11 月 8 日

为未来培养优秀的父母

——给武侯实验中学全体学生家长的第三封信

在今天的中国，谈到家庭教育，人们往往首先想到怎么给父母提供一些教子"良方"，而且这些"良方"大多都是关于如何培养"天才儿童"的；而忽视了"怎样做父母"这样一个根本问题。

尊敬的家长朋友：

您好！

新年将至，我代表我校全体老师向您致以真诚的祝福！

同时，还要向您表示衷心的感谢——感谢您一学期来对学校工作的支持！

我今天想和您谈谈，如何培养未来的父母？

本期我就任武侯实验中学校长，在学校开展了"新教育实验"。"新教育实验"有一个重要的内容，就是培育现代父母。所谓"现代父母"，也称作"新父母"，就是具有现代理念、民主情怀、平等意识和科学家教观念的父母。要特别说明的是，这里的"父母"，既是指现在的父母，也就是你们；也是指未来的父母，也就是你们的孩子——他们将是明天的父母。

苏联曾有一位杰出的教育家，叫苏霍姆林斯基，他曾花了十年的时间，研究了两百个年轻家庭离婚的案例。他发现，其中有一百八十九个离婚案件发生的原因是由于彼此不善于了解对方。"这些青年男女对于互相之间应该善于培植复杂、微妙的感情一事一无所知，而这恰恰是婚后生活所必需的。"但是，这些年轻人在婚前却没有受过这方面的任何教育，于是，不幸的家庭便糊里糊涂地诞生了，然后是生孩子，然后是离婚……父母和孩子的不幸由此产生，家庭教育的不幸也由此产生。

所以，苏霍姆林斯基首先告诉教育者——家长和教师："应该从孩子小时候起就培养他做父母的义务感。"换句话说，家庭教育绝不仅仅教父母如何做父母——这当然也是非常重要的，还包括教孩子怎样做未来的父母！

教育者要在少男少女谈情说爱之前就教会他们怎样去爱——苏霍姆林斯基的这个观点即使放到今天，可能也是惊世骇俗的。他说："我们年纪较长的一代应当学会跟儿童们、少年们谈论这种伟大、美好的人类感情——爱情，结婚、生孩子、至死不渝的忠诚之情；在我们未学会谈论、思考这些问题之前，我们是不会培养孩子具有高尚、纯洁的心灵和情感的。无知识、无礼貌的环境，早晚会变成孩子的眼泪和愁苦。"

但苏霍姆林斯基说的观点是基于对这一现实的忧虑："不善于做丈夫和妻子的人，一旦成了年轻的父母，常常表现得像孩子似的无能力、无经验和束手无策；应当帮助他们，但很遗憾，就像帮助小孩子一样费力。当这些大孩子生小孩子的时候，更大的愁苦来临了，这对社会、对生下来的孩子都是不幸，因为按道德和精神发育水平来说，自己还是孩子的人又生了孩子。"

在今天的中国，谈到家庭教育，人们往往首先想到怎么给父母提供一些教子"良方"，而且这些"良方"大多都是关于如何培养"天才儿童"的；而忽视了"怎样做父母"这样一个根本问题。人们常说："家庭，是孩子的第一个课堂；家长，是子女的第一任老师。"但人们往往看重的仅仅是家长如何"教育"孩子，而忽视了家长自身的素质。

我从事中学教育已经25年，我从来都认为任何一个孩子首先是其父母的作品。我曾教过一个品学兼优的学生叫叶诚，他不但学习勤奋，成绩拔尖，而且思想纯正，为人朴实，对同学特别善良。有一次我去家访，他母亲给我说了很多叶诚在家孝顺父母和爷爷奶奶的事，他母亲说："我为我有这样一个懂事的儿子而自豪。"碰巧的是，有一次叶诚写了一篇作文，题目是《我为我的爸爸妈妈而自豪》，文中写道："本来我们家的住房条件是不错的，妈妈单位分的房子很宽很宽。但我们现在一直住在几十平方米的旧房子里，因为妈妈说，爷爷奶奶身体不好，而他们又不愿搬家，和他们住在一起好照顾他们。"从这里，我找到了叶诚为什么如此孝顺的原因。我还有一位叫钟楠的女学生，学习自觉性特别强，有着一般女孩子没有的毅力。奇怪的是，她的爸爸妈妈是很少管她的。我去家访时，给她的父亲谈起这事，她父亲说："我的科研所任务特别多，我的确没多少时间具体管孩子。但我认为我时时刻刻都在管孩子，这就是用自己的勤勉感染孩子。当女儿看到深夜的我还在伏案疾书时，她会明白，勤奋才是生活真正的内容。"对这样的家长来说，所谓家庭教育首先不是"说"，而是"做"。如果说叶诚和钟楠是优秀学生的话，那么首先因为他们的家长是合格家长。家长的人格对孩子无声的感染，这是家庭教育的上乘境界。

遗憾的是，我们许多为自己孩子头疼因而四处寻找良方的家长，往往自己却不会做家长。这样的家长几乎每一位教师都遇到过，而且远非个别。我常常面对街头那些痞气十足的少年叹息——不是为这些可怜的孩子叹息，而是为他们的父母叹息。我长期与后进学生打交道的经历告诉我，这些孩子的父母大多连做人的一些基本素养都成问题，却成了孩子的"第一任老师"。如果要彻底转变这些孩子，必须同时转变他们的家长，然而要转变已经成人的家长几乎是不可能的。于是，教育的遗憾乃至悲剧便产生了。而更大的遗憾和潜在的悲剧还在于，这些不良少年再过十多年又将为人父母！

套用一句当代中国的习惯语：提高父母的素质，"从娃娃抓起"。培养孩子的义务感，让孩子懂得为别人负责——这既是为了今天的孩子，也是为了明天的父母，最终也是为了明天的孩子。很少有人会想到，应该在一个人的少年时代便让他具备将来做父母的义务感和素质，这是一般人家庭教育观念中的盲点。愿我们武侯实验中学的学生家长克服这个盲点，不但能够努力使自己成为优秀的家长，也能够为未来培养优秀的父母！

感谢您认真阅读完了我这封长长的信，相信您能理解我的良苦用心。其实，这封信的内容，在我赠给您的《做最好的家长》里面都有的。只是我不放心每个家长都认真读过我的这本书，所以，在这旧岁将尽的时候，重复强调一下这个重要的话题。

　　说到我写的《做最好的家长》，我还要感谢所有读完了这本书的家长朋友！不少家长不但认真读，还认真写下了读书体会，并且在行动上开始改进自己对孩子的教育。我这里收到一些孩子的来信，他们在信中表扬自己的爸爸妈妈"变得亲切了""比过去耐心了""喜欢鼓励我了"……在本期《新父母》中，我们选编了一些家长的文章，供大家交流学习。

　　重复一遍我过去说过的话：只有家长好好学习，孩子才能天天向上！

　　最后，再次祝您和您的家人新年快乐！

李镇西

2006 年 12 月 25 日

蓝梅来信

改变家长比改变学生难。我从不指望一封信就能改变一个成人。我得准备
打一场艰苦的持久战。

刚当校长一个多月的一天中午，一位女孩子敲开我的办公室，她说她名叫
"蓝梅"（化名），给我写了一封信。我问有什么事吗？她说你看了信就知
道了。

她走了之后，我打开信，越看心情越沉重——

尊敬的李校长：

您好！

当黄老师说您有写信给家长时，我感到惊讶，我换过几个学校，但校
长给家长写信，我第一次遇到。您让我知道您应该是一位非常棒的教师、
校长。我又很认真地看你写的信，我的爸妈也有认真地看。我觉得要我用
写日记的方式来和家长沟通，可能永远不可能。平时，班上的《家校联
系表》我如果不让他们写意见的话，他们都不会主动地写，而且我也不
太愿意和他们沟通。不管用什么样的方式，我和他们没有一点共同的语
言，那（哪）怕是文写（字）也不会是共同的。我不知道，我为什么有
给您写信的念头，但我想到，便毫不犹豫就动笔了，也不知道是用怎样的

心情来写的，心里只想要您来帮助我。这封信是我看到您写的信（后）写的。我想让您知道，我在怎样的家庭环境中成长，我不想闷在心里，我被闷了两年多，我好累。我从没近距离看过你，你长啥样子我都不晓得，但我很信任你，这是我第一次给别人说我家里的事。在学校里，我尽量把在家里的我藏起来，以至于老师、同学都没有真正地知道我、认识我。

我的家庭条件应该是算好的。从小就在别的城市长大，和爸妈妹妹住在一起。小时候有奶奶、爷爷疼我，很不幸奶奶在我七岁的时候去世了，爷爷是攀钢的老工人，在攀枝花，隔得远，在家就没有人疼我了。在家爸妈都要来骂你（我）。对于他们来说不小心的一句话，会让我难过一两周。有时候甚至每周都会哭一两次。也许他们认为女儿的承受能力很好吧，但我真的受不了了。在邻居面前说你、骂你不留一点余地，"死短命娃""瓜婆娘""死人"诸如此类的词语，在我的生活中经常出现，您会想到这是一位母亲对自己女儿说的吗？有时会想，她到底是不是我妈妈？我很害怕回家，每（天）几乎都是七点多回家，一回家她就鸡蛋里挑骨头，没有挑的了，她就拿我和别人比较。

"别人的衣服换了就洗，你要堆在一起洗，懒死人。"我没洗吗？是她让我没有时间洗，却来骂我。

"别人月考，考了几十名，你才考二百多名，温（瘟）猪子，算了高中不要读了，早点去做皮鞋，还多挣点钱，像这和（种）好吃懒做的，讨口都讨不到；喂个狗十几年，看到你还要给你摇尾巴，你啥子都不会做，狗都不如。"是真的吗？这是从一位母亲嘴里说出来的吗？我好想跟她说，我是人，我不是狗，我是你的女儿，我有自尊。但说了多次，他们好像都是聋子，都听不到。他们一直认为他们养我，我就要按照他们的思想去做，要完美，要成绩好，要没有缺点，他们才有面子，可惜我只是一个人，而不是神。

成绩，这两个字让我感到恐惧，有时也会感到好笑。由于眼睛视力不好，坐在倒数第二排根（本）看不到黑板，回家我就给她说我要配眼镜。"不配，还配眼镜，戴了成绩就好？成绩不好还浪费钱。"这就是这个所谓妈妈的人的原话。我平时上课只会听，看一下书，就完了。有时根本也不会听，脑子里全是她骂我的话，让我怎样去学？我现在也想去学，无所谓，就让那个妈妈来左右，除了成绩。

其实我很恨为什么别人有理解人的父母，我没得，好不公平。我也想过自己的缺点是不是太多，有很多；但优点也有呀，为什么她都看不见了。我有自己的梦想，一直都在努力去实现，我比同龄人知道的东西多，我爱看书，喜欢书，可从来没买过书。学习该背都背，该写都写，不会考试，成绩不好，她就不满意。(我)有我自己的人生观、世界观，语言表达能力也很强，也有视(礼)貌，这些她全都视而不见，对她来说成绩最重要，我知道她是为了我好，但她方法用得太好了，以至于我不能接受，不是吗？我喜欢画画，我想去正规的地方学习，她却不让我学，这些她有那个条件，却从来不支持，这些都算了。

我现在什么也不想，要怎样无所谓，只要有一个能让我信任的人听我说，就好了。笑会笑，哭也会哭，不过都太没有意义了。对我来说，我只会为我自己的梦想去努力，不会在乎任何人，她怎样说，怎样打都行，只要不让我心痛就好，哪怕一点。

李校长谢谢您听我说完，身体不好要多休息，身体累坏了，就不好了。谢谢您。

初二(4)班蓝梅

2006 年 10 月 12 日

上面是蓝梅同学的原始信件。我读了之后，心情很沉重，我相信我们学校这样的学生家长还不少。这和我们学校的生源特点有关。我校地处郊外，90%以上的孩子都是当地失地农民和进城务工人员的子女。一位副校长告诉我，两年前学校曾经就学生家长的文化程度做过一个调查，结果令人吃惊：全校学生家长的平均文化程度是小学五年级！

要改变学生，首先得改变家长。我打算把昨天收到的那个女生的来信转发给学校全体学生家长。不过，为了保护这个女孩子，我将写信人的真名隐去，并对内容做了一些处理，然后我对这封信进行了评点。

尊敬的李校长：

　　您好！

　　当班主任老师说您有写信给家长时，我感到惊讶，从小学到现在，校长给家长写信，我第一次遇到。（李镇西批注：校长给家长写信是很正常的，因为只有让家长们了解学校的教育想法，他们才能和学校配合把孩子们教育好。）您让我知道您应该是一位非常棒的教师、校长。我有很认真地看你写给家长的信，我的爸妈也有认真地看。（李镇西批注：代我谢谢你的爸爸妈妈！）不过，我觉得要我用写日记的方式来和家长沟通，可能永远不可能。（李镇西批注：不一定，你也不要把爸爸妈妈想得太"坏"，要相信，为了你的成长，他们也会不断改进自己的教育方式的。）平时，班上的《家校联系表》我如果不让他们写意见的话，他们都不会主动地写，而且我也不太愿意和她们沟通。不管用什么样的方式，我和他们没有一点共同的语言，那（哪）怕是文写（字）也不会是共同的。（李镇西批注：是吗？这次试试如何？）我不知道，我为什么有给您写信的念头，但我想到，便毫不犹豫就动笔了，也不知道用怎样的心情来写的，心里只想要您来帮助我。这封信是我看到您写的信（后）写的。我想让您知道，我在怎样的家庭环境中成长，我不想闷在心里，我被闷了很多年了，我好累。我从没近距离看过你，你长啥样子我都不晓得，但我很信任你，这是我第一次给别人说我家里的事。（李镇西批注：非常感谢你对我的信任！虽然我是校长，但也可以做你的老师，老师所做的一切都是为了学生的成长。我愿意为你的成长，包括消除你的烦恼做些努力。）在学校里，我尽量把在家里的我藏起来，以至于老师、同学都没有真正地知道我、认识我。

　　我的家庭条件应该是算好的。从小就在城市长大，和爸妈弟弟住在一起。小时候有奶奶、爷爷疼我，很不幸爷爷在我九岁的时候去世了，后来奶奶也去世了。在家就没有人疼我了。在家爸妈都要来骂你（我）。对于爸爸妈妈来说不小心的一句话，会让我难过一两周。有时候甚至每周都会哭一两次。（李镇西批注：可怜的孩子，我真的很同情你！）也许他们认为他们女儿的承受能力很好吧，但我真的受不了了。在邻居面前说你，骂你不留一点余地，"死短命娃""瓜婆娘""死人"诸如此类的词语，在我的生活中经常出现，您会想到这是一位父亲对自己女儿说的吗？有时会想，他到底是不是我爸爸？有时候妈妈也说同样难听的话。我很害怕回家，每（天）几乎都是七点过回家，一回家他们就鸡蛋里挑骨头，没有挑的了，就拿我和别人比较。（李镇西批注：读了你写的这些，我很难过，也很惊讶。的确，很难想象做父母的会对自己的孩子这样说。也许他们气极了吧！）

"别人月考，考了前几名，你才考一百多名，温（瘟）猪子，算了高中不要读了，早点去做皮鞋，还多挣点钱，像这和（种）好吃懒做的，讨口都讨不到；喂个狗十几年，看到你还要给你摇尾巴，你啥子都不会做，狗都不如。"是真的吗？这是从我爸爸妈妈嘴里说出来的吗？我好想跟他们说，我是人，我不是狗，我是你们的女儿，我有自尊。但说了多次，他们好像都是聋子，都听不到。他们一直认为他们养我，我就要按照他们的思想去做，要完美，要成绩好，要没有缺点，他们才有面子，可惜我只是一个人，而不是神。（李镇西批注：作为老师，我也希望你的成绩能够更好些；作为父母他们的心情我也理解。只是，因为成绩不好而这样骂自己的孩子，孩子的成绩就能上去吗？如果孩子的成绩能够被骂上去，人人都可以当教师！）

成绩，这两个字让我感到恐惧，有时也会感到好笑。由于眼睛视力不好，坐在倒数第二排根（本）看不到黑板，回家我就给爸爸说我要配眼镜。"你这成绩还要配眼镜？简直是浪费钱。"这就是我爸爸的原话。我平时上课只会听，看一下书，就完了。有时根本也不会听，脑子里全是爸爸妈妈联合起来骂我的话，我听了不敢还嘴，只有在心里流泪。（李镇西批注：爸爸是不该说这话，不过也许他是气话，你跟他多沟通沟通，也许会让他有所醒悟。毕竟，我相信他还是爱你的。）

其实我很恨我自己不幸生活在这样的家庭！感叹命运不公：为什么别人有理解人的父母，我没得，好不公平。（李镇西批注：你要相信，你的爸爸妈妈也是爱你的，只是不知道怎样爱。他们可能没有意识到，他们在爱你的同时，却伤害了你。）我有想自己的缺点是不是太多，有很多；但优点也有呀，为什么他们都看不见了？我有自己的梦想，一直都在努力去实现，我比同龄人知道的东西多，我爱看书，喜欢书，可从来没买过书。学习该背都背，该写都写，不会考试，成绩不好，爸爸妈妈就不满意。(我)有我自己的人生观、世界观，语言表达能力也很强，也有视(礼)貌，这些他们全都视而不见。(李镇西批注：是的，你肯定有很多优点。那天你把信送到我手上的时候，我看你是一个很有礼貌很有文明修养的女孩子呀!)对爸爸妈妈来说成绩最重要，其他的都没用!我知道他们是为了我好，但他们这种所谓的"好"我却不能接受，不是吗？我喜欢弹琴，我想去正规的地方学习，却不让我学，这些我家里都有那个条件，爸爸妈妈却从来不支持，这些都算了。(李镇西批注：对一个学生来讲，学习成绩的重要性不言而喻，但对于一个人来说，学习成绩不是唯一的，人生有很多乐趣，学习的乐趣只是其中一种。)

我现在什么也不想，要怎样无所谓，只要有一个能让我信任的人听我说，就好了。笑会笑，哭也会哭，不过都太没有意义了。对我来说，我只会为我自己的梦想去努力，不会在乎任何人，(李镇西批注：这话说得太好了!不管别人怎么样，你一定不要放弃你的梦想!并且要努力去为之奋斗!)我已经习惯了在家里爸爸妈妈用非常难听的话骂我。我也无所谓了，随便怎样骂，怎样打都行，只要不让我心痛就好，哪怕一点。(李镇西批注：我相信你的爸爸妈妈看了这封信，一定会有所后悔的，他们对你的态度一定会有转变。)

李校长谢谢您听我说完，身体不好要多休息，身体累坏了，就不好了。谢谢您。(李镇西批注：你是个懂事的孩子，谢谢你对我的关心，我的身体这几天好多了。放心!)

初三＊班瞰宁燕

2006 年 10 月 12 日

(李镇西批注于 2006 年 10 月 13 日)

写给瞰宁燕同学——

当你给我送信的时候，我就感受到了你的礼貌和教养。读了这封信，我很难过，很同情你。但是，我想对你说两点：第一，不要把你爸爸妈妈想得那么"坏"，他们骂你是不对，但我坚信——你也应该坚信，爸爸妈妈绝对是爱你的。第二，我建议你把你在信中对我说的这些话，也写成信给你爸爸妈妈看，有时哪怕是天天见面的人之间，也要书面沟通。我相信，你一定能够让你的爸爸妈妈有所醒悟。第三，你一定要反思总结一下自己的学习，看看是什么原因阻碍了你的成绩提高。你一定要争气，为自己争气，让爸爸妈妈看看，他们的女儿是不是不爱学习。最后要让爸爸妈妈为你自豪！

再次感谢你对我的信任！

你的大朋友：李镇西

2006 年 10 月 13 日上午

写给这位孩子的家长——

尊敬的家长朋友，读了你孩子的信，我的心情沉重到了极点。我也是一位女儿的父亲，实在难以想象，一个父亲一个母亲，会对自己的孩子进行如此的精神伤害！当然，我可以设想，你们有一万个理由觉得女儿应该被骂，但有一个理由足以让你们感到不应该这样骂女儿：因为你们的女儿是一个有耻辱感有尊严感的人！我一点都不会怀疑你们对女儿真诚的爱，但在扭曲了的观念下，这些爱都成了伤害！在你们对女儿不堪入耳的谩骂声中，女儿的尊严被剥夺了，她的自信心被伤害了，她对你们的感情也在一点一点地泯灭！作为一个人，她在被父母"爱"的同时，却一再受到精神上的摧残，最后不成其为"人"，只成了一个用于发泄你们愤怒的工具！也许你们对女儿的成绩太失望了，也许你们对女儿的种种缺点已经到了无法忍受的地步，但是请记住，靠打骂而使学习成绩上升，古今中外没有先例；靠打骂而让自己的孩子有出息，似乎有过先例，但付出的代价太大，这代价便是两代之间的血肉亲情！

也许我的话说重了一些，但请理解我的心情。我现在是带着伤痛

（我的肋骨骨折）给你们写下这些肺腑之言。希望你们能够认真读我这段文字。谢谢！

2006 年 10 月 13 日上午

下午我找这个女孩的班主任黄静了解她的情况。黄老师说，其实这个学生很不错，学习成绩在年级排一百多名（我校每个年级一千余人），算是比较好的。而且思想单纯，也很有礼貌。我问到她的家庭情况，他说她父母都是做生意的，母亲卖菜，早出晚归。昨天母亲还来学校找了班主任，以孩子眼睛不好为由要求给孩子调换座位。

我说，这说明她的母亲还是很爱她的，只是不知道如何爱，更不知道她的"爱"伤害了孩子。我说，如果有机会，请这位母亲来找我，我和她聊聊。

课间的时候，我把这位学生请到了办公室。我大吃一惊，因为她并不是昨天送信来的那个女孩子，原来她说她不好意思交给我，便请同学转交。

我问她怎么想到给我写信，她说是因为看了我给家长们的一封信，便觉得我是一个能够让他信任的人，便给我写信诉说自己的苦闷。

我跟她聊了一会儿，说你妈妈其实还是很爱你的，只是方式不对。然后我说我打算把你的这封信印发给我校所有学生的家长。

我给她解释说："因为我感到，像你妈妈那样的教育方式很普遍，肯定很多家长都是那样的，许多同学也和你有着同样的苦闷。如果你这封信，能够让更多的爸爸妈妈改进自己对孩子的教育，那么许多同学便会少受很多苦，这也是你为我们学校做的一件好事。"

我又说："当然，我不能让你妈妈知道这封信是你写的，所以，我把信的内容作了修改。你看看，如果你认为哪些地方会暴露你，你就说出来，我继续修改。"

她认真地看着我修改后的信和后面写给家长的话，还有些给她的话。看完后，说："可以的。"

我谢谢他对我的信任，然后说："我们做好朋友吧？"

"好！"她很高兴地说。

我握住她的手："你以后还有什么苦闷都可以继续给我写信。我不在办公室，你就塞进门缝。如果你妈妈对你的态度改变了，你也告诉我，好吗？"

她说："好！"

"我们保持通信，我会一直关注你到初三毕业的。"我说。

其实，这是一个很优秀的学生，学习成绩也不错，只是没有达到她母亲的要求罢了。

那封信由德育处印发给了全校每一个学生的家长。一周以后，我在校园碰见蓝梅，我问她："你妈妈看到我那封信了吗？有什么反应？"她说："妈妈看了，对我说，你看，我比这个家长好嘛，是不是？"她还说："这一周，妈妈没再骂我了。"

我一下乐了："那说明你妈妈还是知道什么才是好家长。"

其实，改变家长比改变学生难。我从不指望一封信就能改变一个成人。我得准备打一场艰苦的持久战。

2006 年 11 月 30 日

倾听孩子倒苦水

多读课外书，扩大自己的视野。同时养成写日记的习惯，不断反思自己。

2006 年 10 月的一天中午，我正在办公室沙发上休息，三位女孩子来到我办公室，说想和我谈心。我问她们哪个班什么姓名，知道了她们是初二班的谌媛媛、洪美和方雁（均为化名）。

谌媛媛先向我说她的父母特别是她妈妈平时经常骂她，只要考试没有考好，除了骂就没有别的。"可他们只知道打麻将，根本不管我。"说着说着，谌媛媛流下了眼泪。

洪美说她的父母更狠，平时根本不管她，但只要是没考好，便打便骂，甚至罚跪，就在上个月月考之后，因为成绩下滑，她还被父母罚过跪。洪美开始还笑眯眯地说话，说着说着便泪流满面。她说："我爸爸妈妈在我很小的时候，就对我这样。我平时虽然脸上挂着笑容，可是我的心里特别孤独。常常一个人在自己的屋子里号啕大哭，但我从来不让他们知道。"

我问另一位叫方雁的女孩子："你的父母也这样吗？"

她说："我的父母从来不骂我，对我很好，但是我觉得我成绩不好，对不起他们……"说着便泪如泉涌。

我说："哦，你是一个非常懂事的孩子！"

听着前面两位女孩子的哭诉，我问她们父母的文化水平，结果她们的父母最多初中毕业，有的小学都没毕业。

我叹了口气，又问："这些苦闷，你们给你们的班主任说过没有？"

她们说没有，"因为我们都不喜欢我们的班主任。"

整整一个中午，三个孩子向我倾诉她们的苦闷和伤心。

我感谢她们对我的信任，我问你们怎么想到来找我呢？

她们说他们觉得我这个校长很亲切，没有架子，就觉得我值得信任。

我问了问她们的学习，她们说英语和数学很难。洪美说："我小学时数学本来不错，很喜欢数学的，因为教我们的数学老师对我们非常好，可是后来，后来……"说着说着她又哭了，"后来到了六年级最后一学期，我们数学老师走了，换了一个数学老师，我们都不喜欢他，我也不喜欢数学了。"

看着她满面泪痕，我心里想，有时候，一个老师的确可以决定一个孩子对某门功课的兴趣和成绩啊！

我给他们讲了讲学习方法，鼓励他们一定要把学习搞好。

最后，我对她们说——

第一，你们一定要理解你们的爸爸妈妈，他们绝对是爱你们的，只是方法不当，而且他们意识不到已经伤害了你们，作为女儿应该有一种宽容。

第二，你们应该学会和父母和老师沟通。你们应该把刚才对我说的话，对你们爸爸妈妈说，如果不好当面说，可以通过书信的方式。还要和班主任老师多沟通。你们对老师可能有偏见，也可能老师的确有不对的地方，哪里去找没有缺点的老师呢？但老师绝对是爱你们的，是会为你们负责的。你们可以试着与老师沟通。

第三，你们应该想想，影响自己学习成绩的有哪些因素，然后要尽力克服不利因素，把学习成绩搞好。让爸爸妈妈放心。

说到这里，我了解了一下他们的成绩，其实都不是很差，属于中等。

我说，你们一定要学会战胜自己，不但要考上高中，还要争取考上重点高中。

第四，保持你们的纯真。你们给我留下的印象是很纯真，是好学生，没有沾染坏习气。一定要注意结交朋友。还要多读课外书，扩大自己的视野。同时养成写日记的习惯，不断反思自己。

　　她们说原来都写日记，后来爸爸妈妈老要偷看，看了之后还要骂，说什么话不能给我们说，于是，她们干脆不写了。

　　我说，我可以在两个方面帮助你们，第一，我会通过家长会，通过给你们家长写信，逐步转变他们的观念，我相信你们的家长或多或少或早或晚都会有变化的，因为他们毕竟是爱你们的。第二，我可以通过和你们班主任交流，让班主任也改进工作，走进你们的心。以后你们有什么困难还可以来找我，我是你们的大朋友。

　　临别的时候，我特意和她们一一握手。

　　她们走了之后，本来我想继续在沙发上睡一会儿，但我怎么也睡不着，想到这个学校的学生家长的素质，觉得我所面临的挑战实在是太大了。

　　第二天，三个女孩分别给我写了信——

李老师：

　　我给您说过一些我家的事，我还有……

　　我不是本地人，我的父母从我两岁的时候起就在外面打工，后来我读小学了，小学的校长又是我的亲人，所以他对我管得特别的严。可是，六年级来到这儿读书，我父母都在纸箱厂上班，每个月的工资只有一千多，爸爸又成天上班，没有时间和我沟通，妈妈也是。每天爸爸和妈妈都是早上出去，我和弟弟在家，弟弟又成天玩。我在家，洗衣服，拖地，刚一做完了，又到了煮饭时间，自己煮饭，炒菜，这些做完了，便叫他们回家吃饭，他们吃了饭，嘴一擦，又走了。下午只有我在家，看到一起和我们租房子的那家人，他们那一张张幸福的笑脸，相比之下，我们呢？很少看到我们一家四口脸上有笑容，想到这儿我好伤心，又好想哭。

　　每天早上我起来煮饭，煮不好，妈妈就把脸一黑，嘴里说着："这么大了，连饭都煮不好，真没用，我们小时候像你这么大，什么都在做了。"爸爸每次都是很和蔼地说："这次没做好，下次来，总有一次你能做好。"就这样爸爸一次一次地帮我解了围，可是爸爸有三点不好：一、吃烟，二、喝酒，三、打牌。我跟爸爸说了好多次不要吃烟打牌，酒可以少喝点，多和我们沟通，可他把这些话都当成了耳边风，听了又忘了。

　　我觉得我对不起爸爸、妈妈，因为他们这样早出晚归地为了我们拼命地挣钱，而我呢？又在学校学到了什么东西？我并不是没有思想和主见的小动物，我只是没有时间和他们交流，身为一个学生，谁又不希望自己的成绩好呢？当听到其他同学的名次，想想自己的名次，我觉得好没有面子，才开学的时候我因为没有考好从三百多名掉到了六百多名，掉了三百多名啊！我在想："为什么呢？"后来刘老师找我谈心后，我才知道，我有一些心理障碍和心理压力，再加上所用方法不当而引起的结果，后来在五百多名时家长会再次召开了，看到了名次，爸爸妈妈狠狠地骂我为什么，我在想我们班有那么多人进步，我却……到了初二，我没有任何参考资料，成绩仍然在前进，这时我知道了克服困难。

　　好了，下次再向您诉苦。我有一件事麻烦您，想让您帮我申请一个"两免一补"，您看还行吗？

谌媛媛
2006 年 10 月 18 日

亲爱的李老师：

　　我是一个表面看起来很活泼的女孩子，但心里却是一个软弱无能、孤独的人。我的家里，爸爸妈妈对我也很好，但是……但是，我现在觉得爸爸妈妈跟我特别疏远。不过，这个特别，我要特别地针对我的老爸。当我看见他和别家的小孩那么亲热时，我便会不由自主地想起爸爸是怎样对我的，特别特别是小时候，我做错了一件事，把他惹火了，他就对我又打又骂，我那时感到我快死掉了。可是有时我却感到了快乐和温暖，特别特别是我爸当车夫（三轮车）的时候，我感到亲切和温暖是无与伦比的，那时他对我的爱是发自内心的爱。可是现在，我不知道，他有时对我千依百顺，可有时却骂我一番。李老师，你知道我爸还爱我吗？是发自内心的吗？

洪美
2006 年 10 月 18 日

亲爱的李老师：

我这个人性格内向，从不与人交流，今天鼓起勇气向您说出我这些年来的事，我感到很轻松。在此之前，我以为校长有多凶，没想到校长居然是这么慈祥的，我真的想，以后有机会再找你谈谈我的心事。

我还有些心里话没说，那就是我只跟您说了小学的事，因为受小学数学老师的影响，上了初中我还是讨厌数学，加上沈老师教我们数学的时候，总感觉听不懂，后来就有点想放弃了。我想请您教我一些学好数学的方法。

方雁

2006 年 10 月 18 日

再过一周便是全校的分年级家长会了，我决定下次初二家长会的时候，去给全体家长做个讲座，题目叫《教育，从尊重开始》。

2006 年 10 月 19 日

为了一个普通的顽童

孩子顽皮贪玩很正常，做家长的要细心引导。特别是要有耐心，要允许孩子反复。特别重要的是，不要只是批评责骂，还要善于发现孩子有没有一点进步，然后及时鼓励表扬。

2007 年 1 月 20 日早晨，我刚到办公室，班主任任昌平老师便给我看他班上一位家长的信——

尊敬的任老师：

您好！您辛苦了，一定要注意身体，当班主任不容易，更不用说像您这么一位尽职尽责的好班主任了。您付出了那么多，可是我的孩子却考出三四十分的差得不能再差的成绩，我真觉得对不住您！孩子从小学开始数学一直都不错，居然在进入中学第一次考试就考出这么差的成绩，把我气哭了。对他，我打也打过，骂也骂过，都不管用，我甚至有过不让他读书的念头。通过昨天的家长会，我才明白一切的责任在于我，我是一个不合格的家长，对他管教不严，没做出好的榜样，没配合好老师，才导致了这样的结果。从今以后，从我做起，给孩子树立榜样，认真完成校长布置的作业，对孩子严格要求。

开学才一个多月，我相信还来得及，让我们随时保持沟通、联系，共同来探讨吧!

　　谢谢!

李龙妈妈:卢秀芬

2007 年 1 月 4 日晚上

这位叫"卢秀芬"(化名)的母亲还给我写了一封信,请任老师转交——

尊敬的李校长:

　　新年好!

　　其实这封信是在我看了您的《做最好的家长》《新父母》之后就想给您写的,可我想到您的身体又不好,每天又有那么多的事,又在百忙之中随时都想到那么多的孩子和老师,我便不忍心打扰您。希望您谅解。当我看了您写给武侯实验中学孩子们的这封信的时候,不得不又提起手中的笔,因为我深深被您——一位这么好的校长而感动。

　　首先,我还是自我介绍一下吧,我叫卢秀芬,今年 33 岁,是四川省雅安市名山县人。我是初一(13)班李龙同学的妈妈,在四川小师妹汽车俱乐部工作。可我的命运很残酷,在我半岁大的时候由于患了小儿麻痹症,所以我的左下肢有残疾,虽然不是很严重,但跟健全人毕竟有区别,可我从小都是身残志不残。我上整个小学都是班上前几名,小学毕业还以 188 分,全乡第二名的成绩跨入中学,到了中学,初一也不错,到了初二就有些下滑,初三由于自卑的原因,想到自己是残疾人,成绩就下滑了很多,但是还是中上成绩。当时如果我再复读一次,肯定会考上,就不会是今天这个样子,现在后悔也没办法。小学教过我的老师包括校长都说我肯定是有希望、有出息的,想到辜负了他们的一片期望,至今也是一种遗憾。

　　李校长,从第一次家长座谈会后,我就不管再忙再累都每天坚持给儿子写日记,即使是生病,实在没精神写,我都是把要说的记在心里,等稍好一点立刻补上。从看了您写的《新父母》《做最好的家长》后,我就改掉了自己的缺点,每当看见儿子犯错真想揍他一顿,可一想到您写给我们的书，我又立刻收回了，就只有好好说服教育，讲道理，学着您的教育经验。可我发现我的儿子还是无动于衷，他最大的特点就是惰性，不管是学习上还是生活上都表现出惰性，其实他也是聪明的孩子，可就不愿用在学习上，我在日记上写了，也几乎是每天都在教育，我说你有那么负责的苏老师；带病都坚持给你们上课，甚至还亲自登门家访的何老师；还有那么尽职，一个月就瘦了十多斤为你们操劳的好班主任任老师；又有一个那么和蔼可亲并且还兼任你们的副班主任的好校长，有这么好的机会你不好好学习，对得起谁，世上什么药都有卖，唯独后悔药没有卖。可还是没有用。

他每天回家从来就没自觉把书拿出来看过，我说你又不是神童，不去复习、巩固，怎么能加深记忆？更气人的是闹天闹地买了复读机，回家根本不听磁带，看电视比什么都重要。说他，不但不听，反而还嘴硬，甚至还说你以前那么专心，为什么没考上大学，我听了真的是心在滴血。其实我也并不是要让自己的儿子一定要考上什么，最起码你要尽力，不让这三年的时间白费。

像我们这种文化水平不高的，就只有做出苦力又不挣钱的工作，但我不管做什么工作都做得很出色，我这个人做事就是，凡事就要做好。虽然我一个月工资不高，但儿子只要是提到买学习用品、书籍之类的，只要是在经济许可范围内的我都尽量满足，没有钱借钱都是会买的。我儿子的语文差，写作更差，我就经常给他讲，学好语文就得多读、多看、多写，可花钱为他买了那么多写作的书，他看都不看，您说起到什么作用了。

李校长，我看现在唯一能帮助我的就只有您了，您毕竟是专业的教育家，并且我的儿子也非常崇拜您，看着他才初一，就这个样子，我的心真的在流泪，有时，我都想不管他了，可这是不可能的事。他现在就是，教育他他还顶撞你，理由还充分，甚至每天早上都要叫很多次才能叫起床。

李校长，我求求您帮我教育一下，也给我指点一下教育方法，只要能改变我的儿子，您叫我怎么做都行，我会非常感激您的，毕竟现在还不迟。

最后，祝您身体健康，全家幸福！

谢谢!

您的同事　卢秀芬

2007 年 1 月 4 日晚 12 时

我看日期是半个多月前写的，便问任老师怎么现在才给我。他说："想到李校长很忙，我怕给您添麻烦。再说，我班里的事，让李校长操心，我心里不安。"

我说："怎么是你班里的事呢？我不还是你们班的副班主任吗？让我想想，怎么做做这孩子的工作。"

那一上午我心里一直惦记着卢秀芬那封信。下午，我把她儿子李龙（化名）找来谈心。

我问他："你妈妈给我写的信你看了吗？"

"看了。"他低声说。

我又问："妈妈写的是不是事实呀？"

"是的。"他依然低声说。

我继续问："你看了之后有什么想法？"

他说："我让妈妈生气了，我不对。"

我说："从信中看，你妈妈非常令人敬佩，自己身体有残疾，还挣钱供你读书，可你还惹你妈妈生气，唉！"

他很惭愧地低着头。

我问："你爱不爱你妈妈呀？"

他点点头。

我说："你妈妈现在全部的希望都寄托在了你身上。就眼前来说，她希望自己的儿子懂事，孝顺，能够体谅妈妈。就以后来说，她希望儿子有本事，有出息。你不要让妈妈失望啊！"

我和他谈了很多很多，讲了孝顺母亲的道理，他听得很认真。

我又说到学习，我问他现在什么学科最喜欢或者说学得最轻松，他说是数学；我问还有呢，他语文排第二。我问："你什么学科学得最不好？"他说是英语。我问为什么，他说是不努力。

　　我给他谈了我初中时学英语的经历，最初我的英语也不好，后来在老师的帮助下通过刻苦学习把英语成绩提上去了。我讲了我的一些故事，勉励他要相信自己能够学好。我说："英语其实不难学，尤其是初一的英语，只要多读多背，没有学不好的。"

　　我问他有没有什么坏习惯，他说他爱好打游戏，我说这可不好，打游戏容易上瘾，必然会影响学习，要克制自己。

　　他表示要改正缺点。我问："至少有一点你应该做到，就是不再说让妈妈伤心的话了。能做到吗？"

　　他说："能！"

　　我对他说："那你给妈妈写封信，就把你的这个决心说给妈妈听，好吗？"

　　他说："好。"

　　两天后，李龙把他写给妈妈的信交给我看——

妈妈：

　　对不起！我以后要听你的话了，不再和你顶嘴，不会再说让你伤心的话了。从现在起，我要好好学习，让你为你儿子的学习而骄傲，不会再让别人看不起我，要听你和老师、校长的话，不会和不听话的孩子一起耍了。

　　我向你保证了！

你的儿子　李龙
2007 年 1 月 23 日

我在上面批了几句——

卢秀芬：

　　我已经找李龙谈了，他表示要改正缺点。我们相信他，看他的行动吧！他有了进步，你再给我写一封信。

李镇西
2007 年 1 月 23 日

我对他说："李老师相信你会有进步，我等着你妈妈给我写信，报告你进步的好消息。"

我决定抽空去家访。第二天下班后，我一边问一边找到了李龙的家，家里却没有人，邻居叫我去"小师妹"洗车场找，说卢秀芬应该还没下班。

到了洗车场，还是没见到卢秀芬。有一个师傅问我是她的什么人，我说我是她儿子的老师，她便赶紧去帮我找。

不一会儿，卢秀芬来了。虽然她只有三十来岁，但面容却远远比实际年龄显得老，她的脚的确有些跛，见我来了，赶紧跑过来："李校长，我儿子让你操心了！"

我和她聊了起来。我说我昨天已经找李龙谈了心，他表示要改正缺点，我们都应该相信他。

卢秀芬不停地点头，说："但他以前也说过要改正，却不断做些事来气我。"她说儿子脾气不好，提的要求必须马上满足，不然就闹。以前还迷游戏厅，现在迷恋电视。

我开导她，说孩子顽皮贪玩很正常，做家长的要细心引导。特别是要有耐心，要允许孩子反复。特别重要的是，不要只是批评责骂，还要善于发现孩子有没有一点进步，然后及时鼓励表扬。

我谈了一会儿，她不停点头。最后我说，以后他有了进步，你也要给我写信。你可以对儿子说，你有了进步我要给你们校长写信表扬你。说不定孩子会受到激励呢！

天渐渐黑了，我再次对她说："不要急，我们一起来教育李龙。以后你有什么困难，还可以对我说，给我写信也行。"

她不停地对我说"谢谢"。

不久，李龙的母亲又给我写了一封信，说孩子在家表现不好，贪玩，在家不爱做作业，从不学英语，说英语不好学，不想学了，还不讲卫生，常常顶撞家长……"我一个人想了很多办法都不起作用，所以只得求教您——著名的教育专家、我的好帮手。"信的最后，卢秀芬这样写道。

看了这封信，我很生气。下午放学后，我把李龙叫到办公室，非常严厉地批评他。我问他妈妈写的这些是不是事实，他低下头，说妈妈说的都是事实。

那天我跟他谈了很久，我说你这样做实在对不起妈妈，他说他已经改正了，昨天和今天已经表现很好了。我说那我很高兴，但你要保持才是。他又说他学不好英语了，我再次以我小时候学英语为例，告诉他英语是完全可以学好的，关键是要舍得下功夫。

我说过段时间，我会问你妈妈，看你在家是不是真正表现好了。

他再次表示要改正，然后便回家了。我给她妈妈打了个电话，说了我和李龙谈心的情况。我说："他今天的认错是真诚的，但我估计他还会反复的。我们都要有这个思想准备。但愿他能够朝进步的方向发展。"

那以后，虽然作为校长我确实忙，但还是时不时向任老师问问李龙的情况，有时候利用中午时间找他谈谈心，或批评，或鼓励。他呢，表现时好时坏，反反复复，总的趋势还是在进步。我想这也是后进生的特点，做老师的一定要有耐心。

半年后的一天早晨，我刚到学校，走进办公室，便有人敲门，门开了，是李龙，他脸上笑嘻嘻的，手往裤兜里掏，向我走来。

我明白了八九分，问："一定是你在家有了进步，妈妈向我写信表扬你了吧？"

他笑着点头说："嗯，是的。"

说完把信从裤兜里掏出来给我。

我打开信看——

尊敬的李校长：

其实这封信前几天就该给您写，只是我一直在观察自己的孩子，是不是能坚持下去，改变自己。

非常感谢您——李校长，也非常高兴，这次通过您的教育，孩子确实有了改变。最明显的就是讲究卫生这方面，他现在每天洗澡、洗衣服，用不着叫，都知道去做。其次，学习上也主动些，最起码态度是端正的。不知道在学校里怎么样，但我会和任老师联系。还有现在也比以前听话，不像前一阵要脾气，顶撞家长，现在他还是比较尊敬家长。

尤其是今天，我下班回家就看见他在家里做作业，这可是难得的机会，我一下感到特别轻松，也特别高兴，当时我也表扬了他。其实，这孩子早就催我给您写信了，他是想我把他的进步告诉您，让您来表扬他。

真的，配合的重要性我真正领悟到了，如果没有您的帮助，那我们母子的感情继续恶化循环下去，到今天我自己也不敢想象是什么样。

这孩子对您是非常尊敬的。希望李校长您能隔一段时间抽出您宝贵的时间和他谈谈心，交流交流。

谢谢！

卢秀芬
2007 年 5 月 28 日晚 11 时 16 分笔

看完之后，我连声说："好！太好了！祝贺你！"

我紧紧握了握他的手，说："你一定要保持进步！希望以后经常读到这样的信！"

2007 年 6 月 8 日

第八辑

不灭记忆

挖掘机的故事

正规途径解决不了的，就来"非常手段"。有时候，非常手段比正常程序还管用。这也算是"中国特色"吧？

一

就任武侯实验中学校长的第一天早晨，我的车便被堵在了校门口外面的小街上。

这条小街，狭窄而拥挤，开车的，骑自行车的，骑电瓶车的，还有火三轮……行人只能在这些车辆之间的缝隙里胆战心惊地穿行。这里的"行人"主要是指背着书包上学的孩子们。

而如果这拥挤不堪的小街上再堵着庞然大物，其后果就更加不堪设想了。不幸的是，武侯实验中学大门外恰恰就存在着这样的庞然大物——几辆挖掘机，有时候还有大货车。

据说这几辆挖掘机长期把校门外的街边当作停车场。每天早晨七点多，正是孩子上学的高峰期，它们巍然屹立于要道纹丝不动。等九十点钟，街上逐渐清净了，挖掘机的主人便开着它们去作业，晚上又开回来停在此处。

这对武侯实验中学的孩子来说，是多大的安全隐患啊！尤其是冬天，骑车上学的孩子们骑到这条街上时天还没亮，万一撞上了挖掘机，后果真是太可怕了。

我问几位副校长和总务主任："挖掘机是谁的？"

他们都说是附近某个工头的。我问："为什么不给有关方面反映反映，让他们把挖掘机开走，到其他地方停放呢？"回答是："给有关方面的领导反映过好多次，没用。据说挖掘机的主人后台很硬的。"

我一下火了："那再反映！我就不信这事就没人管得了！"

于是，在一个工作日我和分管副校长来到街道办有关科室。我先点头哈腰地说了挖掘机占道停在我校大门外的情况，然后卑躬屈膝地把相关的反映材料低三下四地递给了有关领导。领导收下了我们的材料，说："我们了解一下情况再说吧。"便把我们打发了。

我们开始了等待。过了几天没有消息，我让学校再去反映，递交报告。依然没有结果。我坚持不懈地继续反映，还是没有动静。二十多天过去了，一直没有任何消息。我很是生气，几位副校长却无比淡定："这很正常，意料之中。以前反映了，都是这个结果。"

二

九月下旬的一天，张书记转给我一封街道办事处的邀请函，邀请"尊敬的李镇西校长"参加"各界代表人士中秋茶话会"。我一看信封上"街道办事处"几个字就想到挖掘机的事，一下火了："我不去！"我把印制精美的邀请函扔给张书记："你去吧！"

张书记说："人家指名要你去，我咋个能够去呢？"

于是，当天下午，我只好硬着头皮去参加街道办事处的那个"中秋茶话会"。台上坐着几位看不出表情的领导，看他们的脸上没有一点喜庆笑容，我觉得他们的表情和头上那一排"中秋茶话会"几个字简直就文不对题。某领导讲话大谈"过去的一年"是"不平常的一年"是"大改革大发展的一年"，然后是各种成果的数据，整个一个国务院总理政府工作报告的架势，最后又说了一堆高屋建瓴的套话。然后让大家自由发言，"不客气不客气随便说随便说"。

我本来就不想说什么，因为我心里装着那巍然屹立的挖掘机，但领导点我名了："李校长说几句吧，你是著名教育专家，刚来我们这里，应该有些感受吧……"我赶紧说："我再想想，等一会再说。"其实，我真不知道说什么。说套话，不会，也难受；说真话，谈我的"有些感受"，那不得罪人了？

但是，听了第一个发言，我感到很不舒服，因为他仍然是一通套话，"刚才听了领导的讲话，无比振奋"之类。我想如果我再等下去，听第二个第三个，岂不还要继续受罪？于是，我主动举手要求发言。

我尽量克制自己的情绪，开始了发言："我说三点吧，第一，感谢街道办事处对我的邀请，让我这个新来此地的人感到了温暖；第二，我有一个愿望，希望武侯实验中学成为所在社区的精神文明中心，为改善社区文化环境作出自己的贡献；第三……"我停顿了一下，犹豫着说还是不说，但我终于豁出去了："第三，我请求街道办事处的领导能够帮我把我校外面那几台挖掘机搬走！"

我最后这一句让大家都愣了，他们都没想到我会说出这么一句与"中秋"主题不相关的话。会场静默了十多秒钟。

开弓没有回头箭，既然说了，干脆就说个痛快："我请求领导们帮我们学校三千孩子解决一下每天上学放学时校门口的环境问题！"我越说越激动："每天早晨上学高峰期，校门口就停着两三辆挖掘机，给本来就拥挤的校门口增加了更多的安全隐患。这个问题，从这学期我来这个学校起，我们学校已经向有关部门反映了很多次，也打了报告，但至今没有解决。我就不懂，为什么请走几辆挖掘机就那么难？也许有一万个说明这几台挖掘机可以停这里的理由，但是，我只有一个理由说明这些挖掘机必须开走，这就是孩子们的安全！在座的都是为人父母的，你们设身处地地想想，如果你的孩子每天上学战战兢兢地从校门口进进出出，穿行于随时都可能发生交通事故的环境中，你作何感想？"

我很想领导就此说点什么，哪怕重复几句"下来了解一下情况"之类的话，也算给了我面子。但我看着台上领导的脸上依然毫无表情，我更加生气了："如果哪天武侯实验中学的孩子早晨上学发生安全事故，出了新闻，上了《人民日报》，我们这街道办事处一下就名声大振了！抱歉，我还有事，先走了。"

本来我还想走过去和领导礼节性地打个招呼告辞，毕竟我的身份是武侯实验中学校长，但一看他们那木然的神情，我想算了，有那个必要吗？

三

走出会议室，一拐弯，一个身着警服的人迎上来把我拦住："请别忙着走……"

我一惊：还有警察？难道因为我刚才的发言要对我采取什么措施吗？

我大义凛然地问："怎么？你是？"

这位警察年轻而帅气，他笑了："别误会，我叫叶伟，是刚刚调到这里派出所的指导员，也是应邀出席茶话会的。李校长，你的发言让我感动。我想帮你，所以我看你要提前走，便也提前出来在这里等你。你说的情况，我们争取帮忙处理，争取解决。"

我顿时心里一热，无比感动："谢谢！谢谢！但是听说这事应该由城管负责。"

叶伟说："是的。但是我们派出所也可以管，因为公安八条其中就有维护校园周边治安坏境的内容。"

我想到学校几位副校长说过那几台挖掘机的背景，估计这位新来的指导员还不知道其中的水有多深，也许他过于乐观了。但我想，人家是派出所的指导员呢！也算是"当官的"。

于是，我紧握着叶指导员的手，说："我代表我校三千多名孩子感谢你了！"

我们互相交换了电话号码，表示加强联系。

四

十来天过去了，国庆假日结束，我看到那几台挖掘机依然在校门口停着。我便给叶伟打电话，他说他过问过这事，"真没想到这几台挖掘机真还那么不好办……"我心想，知道水深了吧？

不过他说："李校长，你放心！我一定将此事过问到底！"

果然，仅仅过了三天，叶伟给我来电话，说他已经找了挖掘机的机主，要求他把挖掘机停在别处，挖掘机机主答应了。他电话里说："你注意一下，他是不是真的把挖掘机开走了，如果还继续停在校门口，你再给我说，我一定继续管。"

但第二天，挖掘机依然在校门口岿然不动。我执着地给叶伟打了电话。他说："知道了。"

接下来的几天，还是没动静。但我没有给叶伟打电话，我想，他肯定遇到非常棘手的困难了，给他点时间吧！

大概又过了一周，学校门口的挖掘机终于开走了。

老大难问题终于得以解决，我非常感动，电话里对叶伟直说"谢谢"。他说："不用谢，不用谢！这本来就是我们应该做的嘛！"

五

一周后，教育局发文件要求每个学校设置一个法制副校长，我想，叶伟指导员不就是最佳人选吗？两周后，叶伟应邀来到学校参加升旗仪式，并接受法制副校长的聘书。当我给全校师生说"就是叶指导员让长期停在校门口的挖掘机开走了"时，孩子们都热烈鼓掌。

升旗仪式结束后，我请叶伟到我办公室坐坐。我问他："后来你究竟是想什么办法把挖掘机弄走的？"他说："嗨，最后我没法了，不得已叫人采用了一些非常手段。挖掘机主人心疼了，便不敢再停在那里，只好把挖掘机开走了。"

正规途径解决不了的，就来"非常手段"。有时候，非常手段比正常程序还管用。这也算是"中国特色"吧？

我再次向叶伟表示感谢。叶伟说："不客气不客气，这本身就是我们的工作。那天你在茶话会上的一番话，让我们都很感动，虽然是第一次见你，但你的话让我感到你很正直，有一种正义感，你是真有爱心，真心把娃娃们放在心上，所以我提前出来把你拦着，说我来试试解决这个问题。"

然后他给我说他来这里后感受到的治安特点："许多学生之间引发的纠纷，容易变成家长之间的矛盾，最后又变成社会冲突。你们学校知道这一点很重要，可以提前做好相关的教育疏导工作。"他还说了一个很让我吃惊的现象："我们这里，一旦发生了纠纷，有些人便会请一些花皮鞋来助阵，造成一种恐怖的场面，威慑对方。"我不知道什么叫"花皮鞋"，叶伟解释说，花皮鞋就是那些地痞流氓，平头，戴个项链，赤膊，两臂交叉胸前，穿双花皮鞋。他们不一定动手，但往往站在旁边。这些人都是花一百元钱雇来助阵的。

叶伟的话让我这个长期生活在校园的人目瞪口呆，大开眼界。同时想，这么个社会背景和治安环境，难怪叶伟弄走个挖掘机都那么艰难。

六

好景不长，两个月后，挖掘机又停在了学校门口。我又给叶伟打电话。每次打了电话，校门口会安静几天。但不久，挖掘机又会重返故地。如此拉锯战，成了常态。

后来，因为行政区划的调整，武侯实验中学所在社区划归了另一个派出所，我就不好经常去找叶伟了。虽然叶伟每次接到我的电话，都会很认真地想办法处理。再后来，叶伟调离了我们这片社区，派出所没有"我们的人"了，我真是告天天不应告地地不灵了。

不过，从那以后直到现在，我们一直保持着非常纯净而又浓厚的情谊。叶伟那正直而富有社会责任感的人格，让我觉得人民警察队伍中的确也有对得起"人民"二字的热血男儿。

转眼到了第二年的5月31日。街道办事处副主任代表街道办事处给我校送来了六一儿童节的慰问金和书籍，我表示感谢。但同时，我非常直率地提出，请街道办出面帮我们解决校门口的"挖掘机问题"。我说我从去年就任校长开始，就不停地向街道办事处反映这个问题，但直到现在都没有解决。有一段时间因为派出所出面，挖掘机没有再停在校门口，但后来换了派出所，挖掘机又每天都停在校门口。这是极大的安全隐患。

我说："我恳求街道办事处做一件好事，如果这个问题解决了，其实是远远超过六一儿童节给我们送礼物的！或者说，你们把挖掘机弄走了，就是献给我们学校孩子最好的儿童节礼物！"

副主任答应给我们转达这个意见。

但没有结果。

七

时间到了 2007 年 11 月 26 日，距我调到武侯实验中学已经一年多了，我反映挖掘机的事也快十六个月了。那天早晨，我在校门口迎接上学的孩子们。结果看到一个推着自行车进来的孩子，走路一跛一跛的，一问得知，快到学校门口时，因为人多车多，他不小心撞到挖掘机，连人带车都摔倒了。虽然没造成骨伤，并无大碍，但我心中升起一股悲愤。回到办公室，我给区领导写了封信。我写道——

当校长一年多了，学校门口占道停的几台大货车、挖掘机依然如故，给我校学生造成严重的安全隐患。本学期开学初因为有重要领导来学校视察，各级领导都很重视，包括交警部门，所以大货车和挖掘机没有停在校门口。学校门口清爽了几天。但那一阵过后，一切依然如故。我多次找街道办事处、找交警分局等部门反映此事，每个部门都答应得很好，却不见有效的行动。包括某些区领导，当面给我答应得非常爽快，但现在一个都不理！如果按我过去的脾气，我早就爆发了，但我现在不会那么莽撞。可是，学生的安全隐患随时都可能变成安全事故，我真不知道现在该找谁！我就不明白，当初领导要来视察，这个问题都可以解决，为什么现在却不能解决？难道一个个学生鲜活的生命，还不如前来视察的领导们的面子重要吗？现在我该找谁？请领导给我支招。我真担心，现在天亮很晚，学生来到校门口时，天也没亮，哪天早晨出现一个学生的安全事故，受损害的就绝不只是我们学校了。

信发出去后，我耐心地等待了一个月。依然杳无回音。

2007 年 12 月 24 日早晨，浓雾弥漫，我在校门口看到骑自行车上学的孩子们，在浓雾中若隐若现，真担心他们撞着挖掘机了。

八

我突然想到，区委副书记王力平是区委安排负责联系我这个"拔尖人才"

的领导，教师节时，他曾代表区委到学校来慰问我，临走时给我留了个手机号，说："你个人有什么困难，随时都可以给我打手机。"我还从没用过他给我留的号码，因为我没有什么"个人困难"。

但现在看来这个电话非打不可了。

我拨通了王力平副书记的手机。电话那头，他非常温和地问我："李校长有什么需要我帮忙的吗?"我就像见到救星一样，赶紧给他说了围绕校门口挖掘机一年多来的遭遇，我说："恳请您帮我解决这个困难！谢谢！"

第二天，王力平副书记便亲自来到我校校门外现场办公，并叫来了街道办的王书记。我听王力平副书记对街道办的负责人说："这事非解决不可！想办法给挖掘机找一个停放点。"临走时，他指着那位负责人对我说："街道办一定会重视的，以后你直接跟他对接。"王力平副书记走后，我多次跟街道办"对接"，大概过了半个月，校门口再也没有挖掘机了。

但我已经没有了"胜利的喜悦"，因为此时，距我刚当校长已经一年半了。

2007 年 1 月 30 日

"5·12"这一天

越临近毕业，越要保持一颗善良的心，同学们之间要互相帮助。

早晨，升旗仪式上，我的讲话——

我们刚刚结束了第五届文化艺术节。文化艺术节不仅仅是展示同学们的才艺，更是为了提升大家的文明程度，包括思想道德境界。同样的，最近成都市正在进行创建文明城市活动。所谓"创建文明城市"，我的理解也不仅仅是背一些教条以迎接检查，更重要的是，要养成文明习惯。这些"文明"，更多的时候，不是体现于惊天动地的壮举，而恰恰体现于一些小事上面。在这方面，我们广大同学，首先要向我们的老师学习，他们就是你们身边的榜样！今天，我要为几位老师颁发一项奖励——新教育之星特别奖。之所以叫"特别奖"，就是因为这个奖不是综合的，而是针对老师们在某一件事上表现出来的风尚而给予的表扬。这里的奖励，纯粹是精神奖励，获奖者除了获得一张奖状，还有一本我个人赠送的书。

下面，我就一一宣布今天获得"新教育之星特别奖"的老师及其获奖理由：

赵春丽老师，作为这次艺术节所有辅导老师的优秀代表，她不辞辛苦辅导艺术团的舞蹈，看起来她并没有做什么大事，无非就是忠于职守地完成了学校安排的任务，但她做得很出色，做得很优秀。如何出色和优秀？我想大家已经从那天她登台演出的舞蹈中感受到了！

张月老师，有一次她被一个家长责骂，却忍辱负重，又不卑不亢，表现了老师的尊严和应有的克制与修养，后来这个家长意识到自己错了，给张老师赔礼道歉。我们应该向张老师的这种境界表达敬意！

潘玉婷老师，特别爱学生，在今年三月八日那一天上午，潘老师去医院看病，从医院出来之后，她便约上刚刚转到班上的一位新同学去看电影，给这个同学以关心。

徐玉梅老师，刚刚度完产假，还要照顾婴儿，可是她没有耽误一天早读。有一天早晨，徐老师出门刚好错过了公交车，为了早读不迟到，家住西南交大附近的徐老师打的来到学校，准时走进教室！

张永锐书记，平时在校园里行走，看到地上的纸屑，都会随时弯腰拾捡起纸屑，扔进垃圾箱。如果我们全校每一个人都能像张书记那样做，我们的校园将成为中华人民共和国最干净的一片土地！

张唐森老师，和张书记一样，也随时弯腰拾捡校园地面的纸屑，我们向他表示敬意！

在我们的老师中，在细节处表现出高尚风范的人还很多。以后我还会经常在这里颁发"新教育之星特别奖"。

我们有好的老师，也有很优秀的学生。但今天我这里不打算表扬优秀的学生，而要批评某些不讲文明的同学——

我们校园最近新添了三座雕塑，但是，那天我和几个同学在苏霍姆林斯基雕像前照相的时候，发现在那个小男孩的脸上，居然有鞋印！很显然，这是某一个极没有教养的学生干的！不知道这个学生是怎么想的！这种做法，岂止是有悖于中学生道德规范，就连做人的起码的准则，都没有！从这个意义上看，这个往雕塑小男孩脸上踩脚印的学生，有愧于做真正的人！

我再重复一遍我刚才说过的话，文化艺术节也好，创建文明城市也好，文明最重要的是要体现于我们日常言行上。希望我们的每一位同学都能够成为一个有文化、讲文明、纯真纯朴的好孩子！

　　美国一个叫福尔姆的哲学家写了一本书《我们得回到幼儿园》，其中写道——

　　1987 年 5 月，75 位诺贝尔奖获得者在巴黎聚会。有人问其中一位老人："您在哪所大学学到您认为最重要的东西?"那位老人平静地回答："在幼儿园。""在幼儿园学到什么?"

　　老人回答，在幼儿园学到：
　　要乐于同别人分享你的一切东西；
　　要公平正直、光明正大地与别人竞争；
　　永远不要打人；
　　把你找到的东西放回原处；
　　你弄乱的一切要由你来负责整理得井井有条；
　　不要拿不属于自己的东西；
　　在你伤害别人时要道歉；
　　吃饭之前要洗手；
　　要知害羞，要有廉耻之心；
　　热牛奶有利于身体健康；
　　要让生活过得丰富多彩；
　　不仅在每天都要有所学，有所思，还要在工作的同时作作画，唱唱歌，跳跳舞；
　　每天下午要小睡一会儿；
　　在踏入社会的时候，要随时注意交通安全；
　　要互相团结，彼此扶助；
　　要始终保持一颗惊喜、好奇的心。

　　第一节课，我去郑聪老师的初三（12）班给学生们上班会课。我给他们讲了两个大问题：第一，越临近毕业，越要保持一颗善良的心，同学们之间要互相帮助。我讲了原来我在石室中学的学生初三时互相帮助的感人故事，还讲了我女儿在高三时帮助同学的故事。第二，要正确对待压力，我给他们读了我以前的学生在初三时写的文章《初三是青春的摇篮》《让暴风雨来得更猛烈些吧!》。

已经辞职后,又想回学校上班的刘显勇五一过后上班了,可是他的辞职手续已经开始启动,他很担心。我给教育局丁科长打电话,问可否终止这个程序,他说有点困难。我便给陈区长打电话,希望她能够帮忙,阻止辞职程序的继续。她当时在外面,说听不太清楚我的话,要我下午上班给她办公室打。

午后,我想还是去陈区长办公室亲自跟她说。去之前,我先去理发。正在理发的时候,突然地震了,地面摇晃得厉害。我赶紧跑出屋子。看到街上已经有很多人了。摇晃了一会儿,要平静一些了,又接着理发。理发完毕,我打算立即回学校,便给陈区长打电话告诉她我不去她那里了,结果打不通。再给家里打,也不通。我知道通讯中断了。

我加大油门急速朝学校开,可是街上交通已经非常堵塞。我心急火燎却只能缓慢行驶。我不断给张永锐书记发短信,但发不出去;给副校长谢华发,也不行。后来终于给谢华发过去了,问他学校情况怎样,他回信说,两位学生受伤。我心里很紧张了。这时我的车被前面的一辆挡住了,我急了,探出头去喊道:“让一让吧!”这时候旁边一个男子看我很急,便问我是不是车上有伤员,我说不是,我说我是武侯实验中学的校长,近三千名孩子正等着我。他一听我的话,便叫我不要急,他来疏通车辆,他对前面的车大声说:“请这个校长先走,他要回学校,学生等着他!”前面的车渐渐让开了路,让我前行。那一刻,我非常感动,给那个临时“交警”挥手致谢。

回到学校,我看全校学生们都坐在操场上。老师们告诉我,学生们疏散非常有序。我问两位受伤的学生在哪里,他们说一个已经被家长领回去了,另一个在学校的面包车上,我来到那头部受伤的女生面前,问她是怎么受伤的,她说是在下楼时被掉下的物品砸伤的。我看她精神还好,安慰了她几句,便去看操场的同学,孩子们都很平安,情绪也不错,我放心了。

老师们跟我说,今天孩子们表现非常好,不但疏散的时候很有秩序,而且还有不少学生主动照顾老师。可孩子们跟我说,老师们太好了,非常镇定,从容指挥。一个女生告诉我,当时刘晓红老师给他们上课,地震的时候,刘老师让同学们钻到桌子下,等地面抖动过去了,再将大家有序疏散出教室。

让我感动的是一个叫黄丽的女生。这女生我以前就认识，刚到这个学校的时候，她就主动找过我谈心。后来我知道她成绩并不好，而且有时候表现也不太好，可是今天，她本来已经跑出了教室，突然想到班上的一位残疾同学，又返回教室把那个同学背了出来！我想，黄丽在一些老师眼中也许是差生，可是她如此善良的一面是不是被老师看到了呢？不一会儿，她爸爸来领她回家，我特意走过去和黄丽握手，我说："你今天的行为很高尚！"

不断有学生家长来学校，要求领孩子回家。我们要求他们到班主任处签字，再领走孩子。其余的学生，还是在操场待着，过了五点再放学回家。

我和几个副校长一起走进教学区查看教学楼受损的情况，发现不少教室的墙壁有裂痕，一些电线也掉下来了。这时候接到教育局电话，说如果教室危险就不上课了。可是，我们怎么知道这教室是否危险呢？这需要专业人员来鉴定啊！

过了一会儿，听到收音机里说，成都市教育局通知明天全市中小学放假一天。于是，我便对还在学校的老师们传达了这个通知，让他们尽快以各种方式通知学生。

六点钟左右，我和几位副校长开了个短会。我们总结了一下今天的情况，然后确定明天开教工大会，由我讲话，我说我打算谈谈深入学习杜朗口的事，同时要谈严格要求干部的问题，也要批评一些不良现象。大家讨论如何处理李青青打学生和不写教案的问题，我说，一定要在全校教职工大会上作检讨，并改正错误，如果她不接受这个处罚，下学期就停课。

住校生们还有些害怕，我便过去和他们聊，叫他们不要害怕，有值班老师。我又和几个副校长开会研究了相关的事情。八点左右离开学校。

回到我家所在小区，我看到所有住户都在外面，小区的电梯已经停了，保安也劝我不要进去，高楼危险。我爱人也在外面，叫我别回去，说12楼万一有什么情况，跑都来不及。我只好在车里待着看书，饭也没有吃。后来爱人拿了牛奶和面包，我吃了一点。在车里坐到十点多，我想，周围都是高楼，如果真有剧烈地震，这里根本不安全。于是我把车开出城外，沿途都是或坐或睡在街边的市民，还有许多小车也停在路边。我在一空旷地带把车停下，坐在里面。这时候，手机短信不断，我根本来不及回复，渐渐地，手机没有电了。

迷迷糊糊坐到一点钟，车里实在太闷热，开窗蚊子又多。于是我决定还是回家。等我开车到了我家的小区，看到许多人依然睡在外面。我犹豫了一下，还是决定回家。车开进地下车库，我看电梯居然已经开通，便坐电梯上了12楼。

进了屋，看到屋内无大碍，但饭厅的吊灯已经在摇晃中碰碎，玻璃撒了一地。（写到这里，又开始余震，但感觉比较轻微）爱人去收拾，我进书房，打开电脑，上网，发了一个帖子向朋友们报平安——

放心，我还活着！

2008 年 5 月 13 日凌晨

"把我们的血肉筑成我们新的长城！"

我们每一个人在这国难当头的时候，都能够奉献出自己的力量，"把我们的血肉筑成我们新的长城！"

2008 年 5 月 19 日。早晨的升旗仪式没有像往常一样搞经典诵读。在国歌声中，国旗升到顶端再降至半旗。然后，全校师生向地震死难同胞默哀一分钟。

默哀完毕，我发表讲话——

老师们，同学们，同胞们：

大家注意，我在这里用了一个"同胞们"的称呼，这个称呼平时不常用，往往是在国家遇到灾难的时候才用，这个称呼让我们彼此之间感到了一种凝聚力。而我们国家现在正遭遇灾难。刚才老师和同学们唱国歌唱得比过去都认真响亮。我们从来没有像今天一样，感觉"中华民族到了最危险的时候"，也从没有感到今天的中国，需要我们"把我们的血肉筑成我们新的长城"！上周，星期一，也就是 5 月 12 日，我们遇到了前所未有的大地震，无数生命瞬间消失，现在都还有同胞埋在废墟当中。我们每一个活着的人，都应该伸出我们的援手。上周四，在教师大会上，我用了"共赴国难"四个字来表述当前我们遇到的情况。的确，国难当头，我们每一个同胞都应该尽尽自己的责任！

上周一的这个时候，我在这里向几位老师颁发了"新教育之星特别奖"，几个小时之后，大地震便发生了。在那一刻，我们的老师表现出的高尚，让我们的同学感动。今天，本来我也想给一些老师颁发"新教育之星特别奖"，可是，颁给谁呢？因为我们每一个老师都表现得非常好！因此，我把这个奖颁给我们所有的老师。我们的老师都很普通，但他们很伟大。比如，周先平老师，在一个同学受伤之后，第一时间开着自己的车子把这个同学送到医院，及时处理伤口，和周老师一起去送受伤同学的，还有邱俊杰老师。

下面，我念几张同学们写给我的纸条………

这些纸条都是最近几天学生写给我的。

第一张——

2008年5月12日，下午2：30，一个特殊而又意义深刻的时刻，成都平原上发生了我第一次遇到的地震，当时我们正在上英语课，大家很投入，突然，我感觉到脚下的地在晃动，大家都不知道发生了什么事儿，大家正在议论，一个女同学说是地震，大家恍然大悟。在一片恐慌之中，一些女生哭喊着，不知所措。"保持镇定！"一个洪亮的声音传来，黄静老师说，"大家就在自己的位置上不要走动。"黄老师说完很镇定地走到教室门口，她在门口挥手，我们急忙跑出教室，教室外一片恐慌和混乱，而我却看见了黄老师疏散了同学之后，还冒着生命危险，在剧烈晃动中镇定地指挥。接着我又看见了李老师和其他几位老师在地震最厉害的时候，不顾个人安危，始终在第一线保护同学们的安全，这真是患难见师情啊，最后在众多老师的指挥和细心的帮助下，我们安全疏散到操场，一切恢复了平静。

通过今天的地震事件，我懂得老师对我们的爱是无私和伟大的，我们不能辜负了他们对我们的爱，这是千金也买不到的东西啊！

第二张——

尊敬的李校长：

我是初三（15）班的一名学生，在5月16日中午发生强烈余震时，同学们深感恐惧。当时我们班主任杨翠容老师正在一楼，而当余震发生时，她没有迅速跑向操场，而是奋不顾身朝三楼跑，想来看看我们，虽然当时的情形很乱，学生们堵住了楼道，但杨老师的行为深深感染着我们。

第三张——

李校长：

您好！

我们是初三（13）班的学生，在5月12日下午的第一节课，无情的地震向同学们袭来，从来没有经历过地震的我们，被吓得不知所措，脑子一片空白，尖叫声和哭声杂成一片。这时，正在为我们上英语课的徐全芬老师，像作战总司令一样叫道："安静，镇定！有序快速撤离，到操场上去。快……每个同学不准推拉拥挤！"说完她站在门口，护送我们下楼。不少同学都喊："徐老师，你也走呀！"她毅然回答道："你们先走。"就这样，徐老师被挤到人流之后，我们非常担心徐老师，因为她的身体一直很糟，她有胃病，经常带病坚持上课，身体也很虚弱，我们担心，却无奈。

上帝保佑，我们终于在操场上见到了徐老师，大部分人都激动和感动地哭了，后来，我们得知，徐老师还有一个在上小学的儿子，她非常担心。我们都劝她去接儿子，可是，任凭我们磨破嘴皮，她都不去，她说："你们的班主任有事不在，我就要对你们负责。"

我们爱徐全芬老师，就像她爱我们一样，就像我们爱自己的妈妈一样。

这些老师平时都很普通，可是在那一刻都是那么伟大！让我们用掌声向老师们表示敬意！作为校长，我为有这样的老师而自豪，而感到幸福！

（在我读纸条的过程中，不少同学还交上纸条，我当场宣读——）

在地震那天，周艳老师正在给我们上语文课，地震来临时她让我们先跑，待我们跑完了之后她才走的。虽然事情很小，但这体现出一个老师在危急关头对学生的责任感和爱。我们衷心地感谢她。

初 2008 级 12 班

郑聪老师在地震的时候本来可以早早地到操场来，但是她没有，她担心班上学生的安危，特意跑到我们班的教室，看我们走了没有，看到教室里没人了，她才随初二的同学一起到操场，来到我们班上之后她说："你们都是我的孩子，你们都没下来，我怎么能下来呢？"这句话令我们非常感动。这是一位班主任对学生的爱和责任感，我们永远也忘不了。老师，谢谢你！

初 2008 级 12 班

他——让我们骄傲

2008 年 5 月 12 日下午 2 时 28 分，激烈的摇荡充斥着四川盆地，一场罕见的大灾难轰然降临。当我们认真地上美术课时，突然，大楼在剧烈地摇晃，楼层中的叫喊声此起彼伏，我们迅速向楼下跑去。我班的一名同学张万星在与同班的张有鹏向楼下跑时，由于人多拥挤走散了。张万星焦急地寻找并呼喊张有鹏。在下二楼时，墙面的碎块砸向一位同学的头，张万星迅速地用左手挡在了那位同学的头上。但是，他自己却被碎块砸伤了。

张万星同学在我们眼里是一位不好学、爱逃课的坏学生。但在这次地震中他让一名同学安全地逃离了危险。他是我们班的骄傲，我们因为有他而感到幸福！

初二（4）班全体同学

李校长：

您好！

我是竹叶青的队员，因为地震，我们的计划发生了巨大的改变。目前有一个计划叫爱心计划，它的主要内容为：每班设立废纸回收箱，每个废纸回收箱由各班班长负责。竹叶青周五将对废纸进行统一回收，周六我们会将这些纸换成钱。换来的钱我们会买一批钢笔，把钢笔送给灾区的孩子。听说我们学校会来一批孩子，如果属实，我们会把钢笔送给他们。计划就这么简单，钢笔微不足道，但是这代表我们小队、我们学校的一份心意。

在这次地震中，我一次又一次地流下了泪水。因为生命的顽强，因为中国人的团结友爱。作为四川人，作为中学生，竹叶青不能去当志愿者，不能去献血。但我们真的很想贡献出我们一点点力量。这封信就是希望您能用空闲的时间，向全校所有师生发出收集废纸这个倡议。因为时间紧张，竹叶青来不及大量宣传，您的一句话胜过我们十句话。

所以希望您能帮助我们发出这个倡议，越快越好！

拜托您了，谢谢了！

李校长，感谢您在危难时刻在我们的身边，您的故事不仅感动了我，也感动了我的亲人。他们都为武侯实验中学骄傲！希望中国平安！

……

除了老师，我们的同学们表现也非常好。许多老师都跟我说，那天不少同学还拉着老师往下跑，有许多同学看不到自己的老师很着急，急得都哭了。还有很多同学互相帮助，或者主动搀扶帮助有困难的同学。这里我要特别表扬初三（4）班的黄丽同学。我以前就认识黄丽同学，知道她是一个很普通的同学，也有这样或那样的缺点，可是地震那一刻，黄丽本来已经跑出了教室到了安全地带，她突然想到班上还有一位行动不便的同学，她担心这个同学是否也能安全跑出来，于是黄丽又往回跑，返回教室把那个同学背了出来！

她这一行为也很普通，可依然伟大。在这件事上，黄丽同学无愧于英雄的称号！我们要向黄丽同学表达崇高的敬意！

（话音未落，操场上已经响起热烈的掌声。）

我这里要特别赠送黄丽同学一本书——《爱心与教育》！

（黄丽同学有些不好意思地从队列中走出来，走到台上，从我手中接过我送的书。掌声再次响起。）

这一周来，我们已经从电台、电视台等各种媒体上，知道了许多催人泪下的感人故事。这里我还想给大家读几则小故事……"

这些故事都是我从报上精心选择的，故事很简短，但很感人——

绝境中的同学互相对话，用心灵呵护着对方；

北川中学高一学生，在地震来临时，体育委员高声喊道："男生要坚强，女生不要哭！"一个老板搬来一匹红色呢子布，为遇难的孩子保住最后的尊严；

搜救中，因出现险情而不得不中断救援，一名刚从废墟中带出一个孩子的战士跪了下来，大哭："求求你们，让我再救一个！我还能再救一个！"

地震时，手术室48名医护人员无一人离岗，8台手术顺利完成；

11岁哥哥灾难中背着3岁妹妹走了12个小时；

父亲血肉之躯顶住断梁护女儿；

母亲临死之前，用身体护住孩子，并写下手机短信："亲爱的宝贝，如果你能活着，一定要记住我爱你！"

北川中学刘宁老师保护了59名学生，但自己的女儿却永远离开了他，学生哭着对他说："老师，我们都是你的儿女！"

丈夫身绑妻子遗体送往太平间；

一九四四年，国难当头。成都，一长串衣不蔽体的乞丐，一个挽一个跟跟跄跄把乞讨来的全部铜元、镍币，叮叮当当放进"救国献金柜"，然后蹒跚下台。顿时，全场哭声四起；

汶川灾后，某献血站，一位五十多岁前来献血的男子说："我是个下岗工人，没有钱，就出点血。"此言一出，举国感动……

学校将组织为灾区同胞捐款。前几天，老师们已经捐款，我们一百多名老师，共捐款六万多元！我相信，同学们的表现也会不错！

　　我更坚信，我们每一个人在这国难当头的时候，都能够奉献出自己的力量，"把我们的血肉筑成我们新的长城！"

2008 年 5 月 19 日

留给百年校庆

我们埋下这些物件，埋下今天学校的发展，埋下了给未来的记忆。时间会继续流逝，学校也不会停止发展。无论岁月如何向前推进，我们的校训必将穿越时空。

今年是我校十年校庆的年份。但我打算搞一个朴素而没有庆典的校庆。没有庆典，不但没有庆典，也没有请领导来题词、发贺信，甚至连媒体都没请。但我们用了整整一年的时间搞了系列活动：比如书画、征文、手印墙、请往届校友回校座谈、"岁月记忆"埋藏……没有庆典的校庆朴素而有意义。

2013年最后一天的迎新演出，也是校庆系列活动的句号。

下午三点，"岁月记忆"物品埋藏仪式在校园晏阳初塑像后面的草坪上举行。这是我的提议，将最能反映我校现在发展情况的资料埋在地下，校庆五十年以后再挖出来，让那时的老师们看到学校今天的风貌。埋藏物有我们学校的宣传片，有展示学校各方面情况的画册，有我校老师的故事，有学生写给未来同学的一封信，有我写给五十年后一百年后师生的一封信，有我的一套著作……

部分学生和教师参加了埋藏仪式。埋藏之前，我做了简短讲话。

我先问旁边的孩子们今年多大，她们说十三岁，还有一个同学说十二岁。我问她叫什么名字，她说叫"李茂晗"。我说："那四十年后，校庆五十周年的时候，你五十二岁了。记住，到时候你也许在成都，也许在外地，甚至在国外，到时候你一定要设法回到这里，回到这棵树下，你要想到这是当年和李校长的约定，你来见证这些物品的出土，那是一个激动人心的时刻。其他同学到时候也五十三岁了。我如果还在，也只能坐轮椅来了。我们这里现场的老师们那时也七八十岁了。你们都可以见证学校的发展。"

我对大家说："今天，现在，的确是一个历史性的时刻，我们埋下这些物件，埋下今天学校的发展，埋下了给未来的记忆。时间会继续流逝，学校也不会停止发展。无论岁月如何向前推进，我们的校训必将穿越时空。同学们，我们把校训再朗读一遍！"

"让人们因我的存在而感到幸福！"嘹亮的口号声响彻上空。

最后我说："祝福学校，祝福同学们！"

然后我和同学们把装有物品的三个透明罐子——其中两个罐子是五十年校庆的时候开启，一个罐子是百年校庆后开启——放进了挖好的坑里。

下午四点左右，学校十年校庆暨迎接新年演出开始了。除了邀请退休老师和老校长，我们没有邀请任何领导和来宾，就自娱自乐。体育场内三千多师生济济一堂，笑声阵阵。在演出过程中，刘欣宇同学和我分别向全校师生宣读了致百年校庆的信。

我告诉大家，我和刘欣宇同学的信都已经埋藏在校园的草坪下面了，留待未来的师生阅读。

今天演出的节目特别精彩。在演出过程中，学校还专门为七位今天过生日的同学赠送礼品。特别值得一提的是，我校年轻老师演出的情景剧《文明在哪里》和学校舞蹈队赴澳大利亚演出过的《家乡的味道》，赢得了特别热烈的掌声。

最后，全场齐唱校歌《因我而幸福》——

……
善良播进沃土，
雨露滋润，
爱在流淌；

　　童心辉映校园，
　　纯真陪伴，
　　我在成长。
　　大树顶天立地，
　　小草纵情歌唱。
　　人们因我更加幸福，
　　世界有我更加芬芳。
　　……

气势磅礴的声音回荡在体育馆。

最后一个"节目"是全校每人发一颗棒棒糖，象征着一家人的甜蜜与幸福。

半年后，我们在花园里纪念物埋藏点上修了一座美丽的小亭子，并取名为"校庆亭"，作为给未来师生的标记。亭子前的一块大石头上有几段文字——

校庆亭铭记

　　校龄十年，历史一瞬。日月同行，风雨兼程。践行常识，恪守良知。师生互爱，亦亲亦敬。教学相长，如切如磋。朴素最美，幸福至上。图文并茂，深埋在此。影像俱佳，珍藏于斯。教书育人，记载今日。传薪续火，勖勉来者。

　　　　　　　　　　　　　　　　　　校长李镇西撰铭
　　　　　　　　　　　　　　　　　　公元 2013 年 12 月 31 日

　　　　　　　　　　　　　　　　　　2016 年 6 月 15 日

最后一天

2015 年 7 月 4 日，这是我作为武侯实验中学校长任职的最后一天。

上午 8：30，教代会代表和领导工作小组的老师都来到阶梯教室。衡书记对改革方案进行了说明，并解释了最近遇到的突发情况，因为国家马上要进行工资调整，在这种情况下，继续进行改革不太合适，然后请代表们投票决定是继续搞，还是暂缓搞。结果大多数老师都同意暂缓改革，等待以后条件成熟再继续搞。

同时进行投票表决的还有一个提案，就是以后新进的后勤教辅人员，其收入不能高于一线教师。这个提案顺利通过了。

原来的计划是 7 日进行改革方案的表决，然后召开教师大会，那时我再给老师们做最后一次演讲。但今天教代会投票决定改革缓行，我决定提前在今天下午对老师们进行告别演说。上午 9：30 教工大会开始，内容是中层干部述职，并进行民意测评。我便赶紧上办公室准备下午演讲的提纲。

我办公室的书太多，本来我想送给图书室，但我想不如直接送给老师们。于是，中午蒋长玲、张月等老师到我办公室来选书，选好后我让他们盖上我的私章，以作纪念。蒋长玲和张月老师都对我说："李老师，我们好舍不得你啊！"我说："我也是舍不得大家！"

下午两点钟，老师们聚集在阶梯教室。我说："本来我们的改革方案正在修改讨论，准备交给教代会表决。但是现在出现一个新的情况，就是国家工资调整即将进行，这和我们的分配制度改革有所冲突，经今天上午教代会表决，决定暂缓改革，等待时机更加成熟后我们再继续推进。决定搞，是全校投票决定的，本来是否缓搞也应该全校投票，但时间来不及，因此只是教代会和领导小组的老师投票决定。他们也具有代表性，现在既然老师们说缓搞，那我们就暂时缓缓。以后条件成熟继续搞的时候，我依然会尽我的力量，潘局长和教育局也会支持我们的。"

接着我说："我说过，每学期开学前，我都会给大家播放一部电影或一个视频。今天是播放一部纪录片，本来这部纪录片应该放在 8 月下旬开学前教工大会的时候给大家播放，但是因为，"我停顿了一下，"因为众所周知的原因，我提前在今天给大家播放。"

我问大家："知道贺绿汀这个人吗？"有老师点头。但没人回答贺绿汀是谁。我继续问："他是写小说的，还是写诗的？"有老师说："写小说的。"我一愣："嗯？"下面另外有老师说："写诗的！"我乐了："你们太容易被我误导了！"这时候张月老师说："是写歌的……"

我大声说："对的！是写歌的，是著名音乐家！我以前给大家播放过纪录片《大师》，今天继续看《大师》之《贺绿汀》。"

我开始播放《贺绿汀》，老师们认真地看着屏幕。但中途有个别老师在小声议论，于是我按暂停，对老师们说："向大师致敬，需要虔诚敬畏的态度。有老师在小声说话，这样对得起贺绿汀吗？"个别老师安静了，我继续播放《贺绿汀》。近五十分钟，老师们被贺绿汀的人品、才华和风骨打动了。

然后我开始了我的演讲……（演讲内容另文推出，这里省略）

演讲结束后，衡老师上台谈了她听了我的演讲后的感受。她说，李老师的确不是一个一般的校长，他是一个有梦想的人，是一个单纯的人，是一个执着的人，有童心的人，是一个好人。为了今天的演讲，他认真做了那么多的准备，推心置腹真诚地给老师们谈心。李老师对我们学校，对我们老师的影响是巨大的，是长久的。我们向李老师表示敬意！

老师们热烈鼓掌。我起身转过去向老师们抱拳："谢谢！以后有什么需要我帮忙的，尽管说！"

会议结束后，刚走出阶梯教室，许多老师要求和我合影，要求合影的老师越来越多，后来他们不得不排队。我非常感动！

等我走进办公室，许多老师已经来选书了。他们选了书，又抱着书和我合影。彼此真的恋恋不舍。

晚上，我参加了七八月份过生日的老师的生日晚宴。我们做游戏，吃蛋糕，生日宣誓……老师们纷纷过来向我表示敬意，表示不舍。有老师说："今天下午，你在讲话的时候，我一直在流泪。"许多老师都说："以后你常回来看我们呀！""我们会想你的！""以后我们去教科院搞教研活动，就看你去！"

七点多，我收获着满满的感动告别了老师们，走出饭厅。我来到厨房，向师傅们告别："我不当校长了！感谢师傅们几年来辛勤的劳动！"师傅们向我挥手，表示祝福。

然后，我走到学校大门处，向门卫保安师傅道别："谢谢你们了！你们为我付出了太多的辛劳，谢谢你们！我不做校长了，这就离开学校了，再见！"

车驶出学校大门，我的校长生涯正式结束。

开了一段路，我看已经快八点，如果回到家里估计不容易集中精力，于是我把车停在机场路边，在车里拿出笔记本电脑，开始写今天的工作日记，追忆并记录告别演讲。

手机不停地响，是老师们陆续发来的手机短信——

"送给您——一位令我尊敬的与众不同的校长，满怀理想的教育者，童心未泯的老男孩！"

"李老师，我知道早晚我们会分开，但的确不知，这一天会来得这样快。我深知，历届领导，都曾给我那样多的关怀，而唯有你，除了关怀，更有那兄弟般的友爱。送君送到大路旁，君的恩情永不忘。风里浪里任驰骋，正气一身谱华章。"

"李老师，听说您要走了，是真的吗？要是您不在我们学校了，那什么时候才能看到您啊？李老师，千万分愿意向您学习！我会努力的，绝不让您失望！李老师，以后见您的机会就少了，真的很舍不得，其实当初找工作时，我也是冲着您，然后选择了我们学校，您是我的偶像，不管您身在何处，我都会一直惦记您，一直向您学习！祝李老师身体健康！工作顺利！"

"李老师，今天的讲话和照片，以后也只能是一种回忆了，想到这点，还是很舍不得。以前觉得我们都是一起在奋斗，你不在学校，感觉就不是了。不过，你不在我也会努力的，放心！"

"很舍不得您！很后悔当时不听您的话，不好好提升自己。您永远是我们的好校长，祝愿您在新的工作岗位，天天开心，身体健康！"

"李老师，数年前，读着您的《爱心与教育》，我的班主任工作取得了进步，曾获得过区政府授予的'十佳优秀班主任'称号。去年至今，带着一颗学习的心，有幸来到您身边工作。现在，您卸任了校长，离开了武侯实验中学，老师们真心不舍！虽然我与您同事仅一年，但您对我的影响是深远的！我将不断阅读着您的著作进步成长！感谢有您，尊敬的李老师！祝您身体健康，生活愉快，一生平安！"

"李校长，听到你要离开的消息我很震惊，也很不舍。非常感谢你在这九年中给予我的帮助和厚爱，你不在就再也没有人问我读没读书，写没写文章了，我害怕没人监督和引领自己会变得懒惰。心里好失落呀！离开我们学校你的压力会小一些，注意身体，希望你能天天开心。我会去看你的！"

"您就是安全感和幸福感的来源，感激曾有校长如您，感激一直有师如您！好像有很多要说的，哪天写写。愿您一切顺利，最最重要的是：康健长寿！您走后，我们肯定都会很想您的，想想眼睛都酸了，以后非常想您时我们可否相约去'骚扰'您？已经流泪了……"

……

但我一个都没回。我不停地追忆并记录下午的演讲，一直写到 11：30，一看字数，已经有一万两千多字。

回到家里，刚好零点整。

2015 年 7 月 4 日

后　记

李镇西

对我来说，当校长是一个"意外"。我当初参加工作时就没有想过将来要当校长——从来就没有这个"追求"，所以在很长一段时间里，我多次放弃当校长的机会。因为我一直追求做一个纯粹的自由的教师。直到我从教 24 年之后的 2006 年，由于某种特殊的机缘，我被任命为校长。（详细原因和经过，见本书有关部分。）

但我一开始就不是一般意义上的校长。我把一般事务性的管理工作交给了副校长们，给自己定位于四种角色：一是引领航向——把握学校宏观的发展方向；二是深入课堂——或听课，或上示范课，直接参与学校课堂改革；三是走进心灵——和老师们聊天，找孩子们谈心；四是传播思想——参加必要的社会活动，交流教育，分享智慧。如果把学校比作"天上人间"的话，那么我就上"天"（方向、思想）入"地"（课堂、心灵），"人间"就全交给副校长和中层干部们啦！

去年卸任时，我对老师们说："我始终是一个学者，而非传统意义上的校长。既然是学者，我就始终以研究者的眼光看待学校的一切，包括管理。我研究学校，就是研究一个个具体的人。"既然是研究，就必然有案例，有分析，有思考。这一切都记录在我的工作日记中。九年里，我共写下 485.5 万字的日记。

应出版社的约稿，我从这近五百万字的日记中，精选了一些案例、故事、演讲……整理成这部著作。在整理的过程中，一个个故事又涌上心头，一个个人物又浮现眼前。我既有欣慰——学校的确发生了巨大的变化，特别是许多年轻老师成长起来了；也有遗憾——学校还有不少我想做而没能做成的事，特别是还有些老师基本没有变化。但无论如何我研究过，探索过，已经尽力。卸任校长时，我对老师们说，我不想对自己的功过做自我评价，还是留给未来去评价吧！

在教育局为我建的"李镇西教育资料馆"里，我自拟了这样的说明文字："这里的每一行文字、每一幅照片和每一件实物，都见证了他教育成长的足迹。他有过改革的成功，也有过探索的失误，有过引以为豪的硕果，也有过追悔莫及的败笔。无论如何，他的经验，或者教训，客观上都已经成为广大一线教师共同的财富。"

这段话同样适用于这本书。有关我做校长的其他的话，我就不愿多说了。

我从来认为，无论做什么，首先要做一个真诚的人。因此，我怀着真诚，把这本书献给所有关心我的人。我向你们表达深深的敬意和谢意！

2016 年 6 月 19 日于福州至成都的航班上